傷風敗俗文化史

十五個改寫人類文明的墮落惡習

羅伯・埃文斯 著
Robert Evans
鄭煥昇 譯

A Brief History of Vice

How Bad Behavior Built Civilization

獻給辛蒂亞

目錄

序言

小學五年級的時候，一名「抗拒毒品濫用教育」（DARE）[1]，也就是要教我們「向毒品說不」的長官蒞臨我們教室演講，他要宣傳的是痲醉藥品的危險性。有兩個月的時間，他會每週來學校一遍，每次來都會帶著上頭畫著毒品的海報，然後按部就班地帶我們「領略」痲藥的各種「眞相」。關於MADA[2]會如何在我們的腦子裡鑽洞，乃至於人如何吸大痲吸到精神錯亂而殺人，我確定我學到了很多莫名其妙的事情。但別誤會，我並沒有覺得那些課上得莫名其妙，因爲德州普拉諾（Plano）除了是我的故鄉，也是當年美國的「海洛因首都」。光是小五那一年，普拉諾就有十名年輕的孩子因爲海洛因吸食過量而死。

爲《滾石雜誌》（*Rolling Stone*）撰稿的麥克·葛雷（Mike Gray）發明了一個詞叫做「德州海洛因大屠殺」，而我不少老師都多少認識這場屠殺中的年輕死難者。這事件讓美國每座城市裡的爲人父母者都嚇得屁滾尿流。也因爲如此，我們的毒品防治教育變成了一個散播恐懼的過程，然後開始見神殺神，見佛殺佛。任何酒精或毒品，只要有一點點濫用的可能，就會被視爲是一個可能的漏洞，都可以把死亡一點一滴注射到我們體內。到了DARE課程的尾聲，我跟每個同學都簽了一張合約，內容是保證我們這輩子都滴酒／毒不沾。

DARE提倡的態度是「清醒才是眞爽」，但這樣的觀念並沒有陪著我成長。事實上大部分的孩子應該都沒有把這樣的態度放在心上。二〇〇九年的一項研究分析了DARE課程的效果，結論是有上過DARE也好，沒上過DARE也罷，青少年對毒品的好奇心都不會受到影響。

像我就是個好奇心啟蒙很早的「菸酒生」。我第一次喝酒是十七歲，吸第一口大麻煙是十九歲，然後從大麻煙升級到迷幻藥只多花了兩個月。當時有一個朋友陪我，我們一起狂嗑了一種處於實驗階段的「化學物質」叫2Ci，這玩意兒之所以不犯法，是因爲它太新了，所以當時還沒有法律可判違法。賣這東西給我朋友的是一家很詭異的加拿大公司，而且他們收的還不是加幣，而是比特幣（Bitcoin）的前身。在我跟二十一世紀一大票麻醉藥品談起戀愛時，美國政府也慢慢從「大麻戰爭」中撤軍，並且睽違一個世代，老大不情願地又重新核准起迷幻藥品的醫學應用研究。

這樣的小發展，說明了大勢所趨。公眾已經開始體會到許多曾經被我們說成「不檢點」

1 譯註：Drug Abuse Resistance Education
2 譯註：亞甲雙氧甲基安非他命，台灣俗稱「搖頭丸」或「快樂丸」。

的事情，也並非一無是處。二○○三年，性工作的醫療價值獲得了認可，主要是「性代理」（性代理人會眞槍實彈地與病人從事性行爲，以便幫助他們排除特定的性功能障礙）已經在全美宣告合法。正面裸露跟坦蕩蕩的性事橋段已經從色情的範疇與少數的藝術電影，跨足到小螢幕上若干當紅影集的主角戲份。至於對麻醉藥品，美國的國情也在不知不覺中從「堅決說不」過渡到「偶爾來一下也無妨」。

「偏差行爲」慢慢找回了輿論的同情。近幾年來，你可能曾讀到過不少文章是類似的看法。像在二○一三年，《紐約時報》（*The New York Times*）刊載過一篇文章叫〈啤酒爲文明之母〉（*How Beer Gave Us Civilization*），當中就宣稱人類遠祖會以農耕生活定居下來，就是爲了想多釀點美酒來喝個痛快。我後來有找到這篇文章幕後的科學家並與他聊聊，他說眞正的理論才沒有這麼無聊。按照他的講法，催生出文明靠的不是「啤酒」一己之力，而是爲了擺出排場更大，口味更好的宴席——沒錯，是來搭配啤酒——的這種欲望，這才是人類文明誕生的重要起點。

這麼說一點都不浮誇。我們開始建立群居，最後建立起城鎮乃至於都市，初衷其實就是想**開趴**。

各位看官，我承認我很宅。我只要發現自己喜歡一樣東西（以此處而言是「吃喝嫖**毒**樣樣來」），直覺的反應就是找書來看，而且是狼吞虎嚥地看。靠著無差別閱讀，我得知女權在歷史上的一大勝利，得歸功於一位後來以皇后[3]之尊母儀天下的妓女，也發現了現代的基因科學能得以成形，是因爲兩名不同科學家吸了迷幻藥而不能自己。

我一邊學習到「放棄道德底線」是如何推著人類歷史朝好的方向發展，一邊讀到了如今早已失傳，但古人曾以此縱情的把戲。老實說，我覺得很佩服，受到啟發。我帶著實驗精神，嘗試了古代美洲原住民的「鼻煙管」；我按照衣索比亞人的風格吞下了「咖啡能量球」，四天沒有進食，生命只靠混了大麥跟起司的葡萄酒維持，就只爲了看這玩意兒能不能讓我變身成聖賢先哲，搞懂希臘的哲理；我四處尋覓一款傳說中的迷幻飲品的做法，據說是要把有毒的蠑螈淹死在酒裡。

關於那些「我們不好意思公開說自己喜歡的事情」，我會在這本書裡跟大家分享我的發現。希望藉此傳頌的是那些經常醉醺醺的勇者，因爲如今遍布全球的人類文明，一磚一瓦便是由他們堆起。這不僅是本傳遞知識的科普，也是本一步一步告訴你該怎麼做的食譜。只要看得懂字，你就能複製人類先祖把自己搞到醉醺醺的方式。我希望透過這本書，讓讀者們可以體會到在人類共同的歷史長流裡，「不當乖寶寶」是何等的重要，同時也能了解現代人有辦法這麼**嗨**，是因爲有前人的肩膀讓我們踩。

3 譯註：狄奧多拉（Theodora），低級妓女出身的拜占庭女皇。

Chapter 1

大自然是酒保的祖師爺

我上過最重要的一堂歷史課，要從我的第一處公寓，廚房裡一桶爛掉的水果說起。

那年我十九歲，沒有老到可以買酒，但也沒有小到可以清醒地度過週末。這是個很尷尬的局面。當然，我有認識的人已滿二十一歲，也有人願意幫我買酒。但你如果想說「會願意替小毛頭買酒的人一定不是好東西」，那你就對了，他們大部分都不是。還有一樣——我很窮，所以我買得起的酒種類不多。我頂多花六美元買一瓶像無鉛汽油一樣沒什麼「爆震」的伏特加。要是手頭緊到一個不行，那就只剩下「布恩農場」（Boone's Farm）的廉價紅酒可以考慮。

所幸我有位好朋友在**他的**廚房裡釀了啤酒，也把發酵過程中的基本化學原理傳授給我。我知道要先有酵母，也就是超大一群生活在一起的單細胞黴菌。酵母吃下去的是糖，「大」出來的是酒精。釀酒的人只要把酵母關進由一堆含糖爛熟水果廚餘加水的容器「天牢」內，然後就可以收工休息了。他們只要坐著等，最後就會有啤酒可以「收成」。

但其實我連啤酒都釀不起。五加侖（約十九公升）的啤酒得花五十美元才釀得出來，而這還是最陽春的狀況。所幸另外有一條髒但是便宜的捷徑，我可以買一堆便宜的水果，搗爛扔進加了水跟酵母的桶子裡，然後讓桶子裡的東西變成看了讓人頭皮發麻，但喝了也能醉的東西。我朋友跟我把這樣釀出來的東西叫做「流浪漢之俗又大碗酒」，下面是我盡可能回想起的「食譜」：

材料：

一個容量五加侖的食物級塑膠桶

一段水管，手指頭的寬度即可

一個小一點的水桶

足夠的鳳梨、柳橙、蘋果，反正用亂七八糟的水果把桶子裝到半滿就行。

做法：

把水果切塊和去皮，然後把桶子裝到半滿。要是你真的想跟清醒二字劃清界線，你可以再加水跟蔗糖。如果你跟我一樣窮到要被鬼抓去，那你可以直接去雜貨店的冰箱裡把五加侖的濃縮果汁抓來取代貨真價實，老天爺賜給我們的水果。總之不論你選哪一種，最後記得放一包酵母進去——弗萊希曼（Fleischmann）的麵包酵母就很管用了。最後把蓋子蓋上。

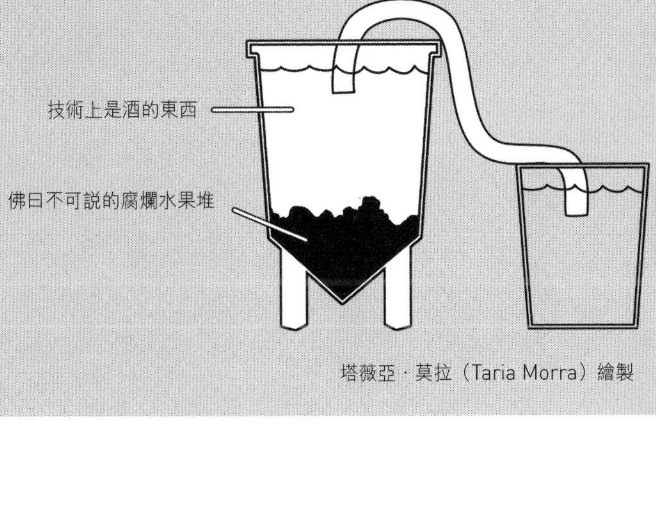

塔薇亞．莫拉（Taria Morra）繪製

接下來的步驟是關鍵：酒在發酵過程中會釋出大量的二氧化碳。所以你最好在桶子上開個小洞，接上準備好的水管，水管的另外一頭要是裝滿水的小水桶。有了這條水管，二氧化碳就不會累積在大桶裡面，你就不用擔心釀酒變成是在做土製炸彈。想專業一點的話，你可以去附近的釀酒材料行買個像是氣體「單行道」的氣閥鎖。一切布置完成之後就開始等，二到四週後可見分曉。

那桶腐爛的水果跟吃得不亦樂乎的酵母在我的廚房裡卯起來發泡泡，花了三週的時間。最後我們把蓋子掀開，把成果一瓶瓶分裝起來。老實說，那味道並**不**好聞，但也別忘了剛獨立的我才十九歲。要說從那間廚房裡飄出的味道，最臭的絕對輪不到水果發酵。重點是，我成功了，我從無到有做出了酒精飲料。

那東西微酸中又帶點甜，嘗起來不只一點像麵包黴。但滑過喉嚨的瞬間卻會讓人感覺到「燒酒」該有的灼熱。喝到第三杯，我已經算不上清醒，對味道也就無從挑剔了。當年我滿腦子想的只有一件事情，那就是我突破了盲點，我知道怎麼樣不花錢，但又可以當個酗酒的青少年。沒想到事隔多年，在為了寫這本書做功課的時候，我才發現年輕時的自己在無意間複製出來的東西，其實很接近我們靈長類祖先曾咕嚕咕嚕喝下肚的「始祖酒」。

動物界的遠古酒精

懂得品酒，甚至酒後亂性讓人送命，可不只是人類的專利。二〇〇二年一群大象（當然是年輕的公象）踏進印度阿薩姆（Assam）邦的一個村莊，偷了一堆酒。藉酒裝瘋的結果是暴力紛紛出籠，結果人類這邊死了六個倒楣鬼。所以沒錯，喝酒會出問題**不是**人類的專利。但話又說回來，以量而言，智人（*Homo sapiens*）絕對是動物界的酗酒冠軍。

人類跟酒精的第一類接觸，可以想像不是很意外的事情——酵母在空氣中無所不在，這意味著水果凡腐爛都會發酵。很久很久以前，可能有個傢伙實在餓得受不了了，便莽莽撞撞地一頭栽進了分解中的「芒綠果」（Marula fruit）裡。結果這人頭一抬起來就明白了一件事情：這他媽的感覺**「神」**美妙。但說到人跟酒精的邂逅，故事其實要從更早之前說起。多早呢？早到這世上不存在男人，不存在女人，也不存在任何有那麼一點像人的東西。人類能夠喝醉，是因爲有能力代謝酒精，而人代謝酒精的能力，可上溯至地球上最初的靈長類。人類（跟大猩猩還有猴子）能夠消化酒精，得歸功於ＡＤＨ4這種酵素。這是種能讓我們覺得威士忌酸酒（Whiskey sour）中的乙醇是很棒的一種酵素。而ＡＤＨ4的一種變形，最早出現於約**一千萬年**前。

這就意味著比起現代人類存在於地球上的時間，原始人類（hominid）喝酒的時間要比較長。爲什麼我們能適應呢？最早開始喝酒的靈長類一定是因爲「酒量」跟把酒弄到手的能力而得到了某種「獎勵」。**「獎勵」**就是這些喝酒的前輩們喝得夠多，酒後跟同類小動物亂來的次數夠多，於是他們「酒國英雄」的基因就這麼傳了下來。星期五晚上去鬧區的街上看一眼，你一定會覺得百思不得其解：喝醉酒的人根本一無是處啊，除了跟異性鬼混、跟人扭打成一團，把頭伸出車窗吐得到處都是，這些人到底還會什麼？

總之無論如何，我們確知酒精是在數百萬年前，靈長類老祖宗們會「服用」的一種麻藥。那麼「我們」一向都喜歡「不醉不歸」嗎？最接近眞相的答案，可能藏於科學史上名號最直白的一個假說裡。

醉猴子假說

根據「醉猴子假說」（Drunken Monkey Hypothesis），人類遠祖在距離演化時鐘上的「下午五點」還更早之前就開始喝酒，有一個「神」棒的理由。「醉猴子假說」（眞的有這個假說，我沒有唬爛）對我們毛茸茸、古錐古錐的祖先們來說，喝酒這習慣眞的有其好處。

當水果一開始發酵，就代表這玩意兒已經熟到不能再熟。「熟」有另外一層意義是「糖很多」，因而產生大量的卡路里，假設你一整天都得在樹叢間邊來邊去躲獵豹的話，那糖分當然是多多益善，永遠不會嫌少。別忘了，喝酒的一個副作用無人不知，無人不曉，啤酒肚是也。啤酒、葡萄酒跟烈酒[1]都屬於高熱量。酒也喝，飯也吃，那動物就會變得很大隻。人類今天是唯恐熱量過多，但那是因爲加油站有太多食物，而我們的腰線已經快看不見了。

任何一個物種想在野外求生，最低門檻是「不要餓死」，但這也是一大挑戰。話說當你要從A點到B點，全程都得用走的或跑的，而且所有的食物還得要靠獵捕或採集，沒有辦法去喬氏超市（Trader Joe's）採購的時候，你每天要消耗的熱量是很驚人的。在這種狀況下，酒精確保了我們的祖先可以攝取更多寶貴的生命能量，還可以指引他們前往最「肥美」的食物來源。

吃發酵出酒精的水果，跟現代人喝酒配晚餐的習慣有異曲同工之妙。科學家甚至很努力地確認了一點，那就是比起光喝酒或光吃飯，結合兩者可以讓人吃進更多的卡路里。邊喝酒邊吃飯，眞的是演化上的好主意，乃至於「性生活」活躍到足以延續基因的猴子，正好就是

1 譯註：啤酒（beer）通常是用麥芽等穀類的澱粉發酵而成，然後會加入啤酒花（hops），也就是蛇麻的雌花來增添風味；葡萄酒（wine）顧名思義是用紅白葡萄釀成，但其實也可以用其他的水果；蒸餾酒（liquor, spirits）通常是用玉米等穀類或小麥發酵後蒸餾而來，酒精濃度至少在二十度以上而且不能加糖，像伏特加、琴酒、蘭姆酒、龍舌蘭、波本等烈酒都算，要是加了糖或香料，那就有另外一個名字叫利口酒（liqueur）。

那些喜歡喝酒的猴子。維持「超嗨」的狀態，絕對是演化上的優勢，所以我們玄玄玄玄（後面省略X個玄）祖輩的類人猿（simian）[2]公媽，才會因此發展出**專門鎖定**乙醇氣息的嗅覺。

「醉猴子假說」屬實的證據還不僅止於此。這一切的一切都要從德國拜羅伊特大學（University of Bayreuth）動物生理學者法蘭克・韋恩斯（Frank Wiens）跟安妮特・齊茲曼（Annette Ziztmann）發現筆尾樹鼩（pentailed treeshrew）**真的**好像最愛從發酵的花蜜中取得熱量說起。

筆尾樹鼩值得一提，除了牠們長得像浣熊跟西洋梨交配出的後代以外，另一點就是牠們被認為跟原始靈長類祖先長得一模模一樣樣。除了跟我們的老祖先有很多相似處以外，這些小傢伙還讓人想起俄羅斯的碼頭工人，主要是他們都有本事一個晚上幹掉至少九瓶酒，還一副什麼事都沒發生的樣子。筆尾樹鼩的一生就像是永無止境的酒吧續攤，棕櫚的枝幹就像水龍頭，花蜜就是他們的生啤酒。

棕櫚的花蜜經過在空氣中自然出現的酵母「定殖」（colonize）後，可以在樹鼩開始舔食之際達到百分之三到四的酒精濃度。九瓶啤酒，不像是隻像猴又像鼠的小動物會有的酒量，在野外爛醉如泥可是會有生命危險的。但筆尾樹鼩的表現卻像是動物界的葉爾辛[3]。馬來西亞的叢林間沒下起樹鼩雨，沒有不省人事的樹鼩在地上倒成一片，證明了一件事情：酒精作用在樹鼩身上，並沒有產生對人一樣的效果。

剛剛講過，科學家認爲筆尾樹鼩很接近我們最早期的靈長類祖先。而這也顯示我們是想尋找酒精，攝取酒精**在前**，發展出對酒精的愛好**在後**。我們一開始跟酒精產生關係，是因爲酒精能降低我們餓死的機率。但隨著時間過去，我們取得了直立站起的能力，最後還一舉發明了Netflix來方便追劇。在站立與追劇之間的某個點上，我們喝酒的目的不再是「增肥」，而是「買醉」。

時至今日，酒幾乎已是地球上最多人使用的痲醉劑了。放眼全球，我們一年所花的酒錢遠超過一兆美元。當然喝酒有時是爲了放鬆，有時候則眞的是神聖的職責所在，不喝不行。不受國界阻擋，基督教教會都是用紅葡萄酒來象徵上帝之血。古希臘與羅馬人則是反其道而行**把酒奉為**

就演化的觀點而言，這些小傢伙是我們老媽不想多談的遠房舅舅。

2 譯註：simian 也可指猴子。

3 譯註：有酗酒問題的俄羅斯前總統。

神。人類最不離不棄也投入了最多創意的「毒品」，酒說第二沒人敢說第一，而這一切的起點，就是發酵的棕櫚花蜜。

棕櫚樹與酒精的不解之緣

棕櫚樹幾乎可以憑一己之力讓我們相信一件事情，那就是世界上有神，而且祂還是一位愛喝酒的神。筆尾樹鼩所鍾愛的**玻淡棕櫚**（Bertram palm），你可以將它想成是大自然開的酒吧。在花粉成熟的一個半月間，玻淡棕櫚會持續分泌花蜜到數百朵小小的花朵中。這些花朵會由一種特殊的酵母進駐，花蜜因而會快速發酵。對像筆尾樹鼩這樣的小動物來講，糖的氣味與「開放式酒吧」都有著難以抗拒的吸引力。

玻淡棕櫚酒吧走一趟，雖然說是爽在毛茸茸的小酒鬼身上，但樹本身也不是在做公益而已。樹鼩在花蜜喝到飽的同時，棕櫚樹也得到了一支醉醺醺的花粉傳播大軍。生物在這當中互相利用的心機讓人看了頭暈，酵母菌以花蜜中的糖分爲食，糖發酵時散發出釀酒廠般的香氣，把樹鼩、樹懶等動物吸引過來。一年下來，玻淡棕櫚只有爲期不長的時間分泌花蜜，但個別的樹株會彼此把「發情」的時間錯開，如此免費的花蜜吧檯就可以天天開門，馬來西亞叢林裡的大小酒鬼就可以天天開心。

有趣的是，熱中於供酒給靈長類的棕櫚樹，並不是只有玻淡棕櫚一種。棗椰樹（Phoenix dactylifera），也就是會結出椰棗的棕櫚樹，被認爲是人類最早的一種酒精來源。棕櫚樹對酵母菌之友善，其糖漿糖度之高，你可以把每株植物都想成是具體而微的釀酒廠。

要發酵出有起碼勁道的啤酒，最快也得兩到三週，實際上通常比三週還久。但棕櫚糖漿一旦收集完且暴露在空氣中，卻僅需區區兩個小時就可以達到百分之四的酒精濃度。在斯里蘭卡與馬來西亞的部分地區，很多「酒」仍舊是這樣做出來的，而且還有人隨隨便便一天就喝超過一公升。話說這種棕櫚酒一發酵出來，基本上都得一天以內喝完（用膝蓋想也知道這種酒不可能愈陳愈香）。

布萊恩．海登（Brian Hayden）博士是位人類學家，而他大半輩子都致力於古人飲酒習慣的偉大研究。他點出棕櫚樹汁實在太容易發酵，所以很受穆斯林歡迎，主要是有穆斯林性喜杯中之物，但又希望有辦法能撇得一乾二淨。

「我曾經因爲工作在北非待過一陣子，當時我見識過市集裡有賣棕櫚樹汁……嗯，怎麼說呢，穆斯林照理說不能喝酒，但這玩意兒是人一邊買賣它一邊發酵，你看得到泡泡卯起來冒泡。」

在某個角度上，棕櫚糖漿跟蜂蜜是兩個極端。自古以來，這兩樣東西是人類釀酒的原料，但蜂蜜發酵非常慢：「蜂蜜酒」（mead）的製備需要數月之久。就算是現代版的「快速蜂蜜酒」在眾多水果提供糖分發酵的幫助之下，也需要六週的時間。相對之下，棕櫚糖漿變酒就像「點石成金」，只不過這種酒來得快，崩壞得也快。

棕櫚樹的企圖很明顯，這種植物就是要把你我灌醉，而且最好是一喝就醉，就像在趕時間。相對於此，我可以想像蜜蜂會氣呼呼地看著我們居然把牠們辛辛苦苦採回的花蜜變成酒，這種經常壞事的液體。

但就是因爲蜂蜜相對地難以發酵，加上蜂蜜的採集有其危險性，蜂蜜酒成了古代酒客心中的逸品。棕櫚酒始終沒有在國際間流行起來，但有空去逛逛你家附近的「全食超市」（Whole Foods），你應該不難在某條走道找到蜂蜜酒在對你招手。

對此我不禁感到一絲淡淡的哀傷。我們只顧著喝酒而忘本了。身爲靈長類的我們能認識喝酒帶來的狂喜與狂悲，功臣不是**蜜蜂**。玻淡棕櫚在一千萬年前還不存在，但當時很可能有種跟棗椰樹很像的樹，而那種樹就是我們酒保的祖師爺。

至於祖師爺釀出來的酒是什麼味道？那又是另外一個問題了……

第一次〇〇就上手：始祖酒的釀法

在正式介紹食譜之前，我想先回答一下剛剛那「另外一個問題」。**「始祖酒」他X的超．難．喝**。除非你是喜愛甜食，熱愛甜食，沒有甜食就吃不下飯就睡不著覺，甚至會活不下去的甜食痴、甜食狂，或者是你只要一嘗到感冒糖漿的味道就會高潮，否則我想你應該不會喜歡始祖酒。比較可能的場面會是你掙扎著連一杯都喝不完。萬一我以上所說的不但嚇不倒你，甚至還讓你覺得興致勃勃，或者是你跟自己的舌頭有不共戴天之仇，那麼你就可以先去準備下面的東西了……

材料：

二十四盎司（約六百八十公克）**的有機純棕櫚糖漿**

十二盎司（約三百四十公克）**的水**（視個人喜好）

一包酵母

一個釀酒桶與氣閥鎖

棕櫚糖漿並不如想像中好找。我原本想要用棗椰樹的糖來代替，主要是棗椰樹可能比較接近最早出現在人類生活領域中的產糖棕櫚。但話說以椰棗為原料製成的糖漿還算容易入手，但要拿到用棗椰樹汁做成的糖漿可就難了。這一部分原因是孟加拉等國已經禁絕了棗椰樹汁的銷售（或出口），考量是棗椰樹汁容易感染到由蝙蝠帶原的各種可怕疾病。

棗椰樹糖漿的收成可以說簡單到不行：只要拿開山刀在樹幹上劈出個洞，然後在洞底下掛上桶子，一整夜來接樹汁就好了。蝙蝠會在晚上出沒，然後因為濫墾之故，一桶桶掛著的樹汁就成了牠們最可靠的食物來源，而牠們也老實不客氣地啜食有人替牠們端出來的棗椰樹糖漿大餐。問題是蝙蝠不光吃，牠們還會留下自己的體液。對於普天下熱愛棗椰樹汁的人類而言，蝙蝠的體液存在著致命立百病毒（Nipah virus）的風險。

細節我在這兒就不多講了，但立百病毒殺人如麻。而且因為人類手中既無疫苗也無特效藥，所以地方政府不惜禁止棗椰糖漿的銷售或出口，也不願意冒著造成疫情爆發，屍橫遍野的風險。所以OK，我們不拿棗椰樹汁玩命。但所幸產糖的棕櫚樹並非只有棗椰樹跟玻淡棕櫚兩種。東南亞與印度都是「董棕」（Caryota urens）的產地，而董棕的樹汁與前兩者非常相似，而且也非常甜。最重要的是，董棕糖漿在奧勒岡州與加州的部分地區都買得到，上網搜尋一下關鍵字「Kandy Mountain」就會出現。

做法：

我們的目標是要複製出靈長類祖先意外嚐到的第一口酒，所以耍太多花樣其實意義不大。我們就是拿出棕櫚糖漿，倒進釀酒的桶裡，然後加入酵母。我自己做的時候會加水，主要是把卡在瓶子裡那一、兩盎司的糖漿給沖出來。我剛剛忘了說Kandy Mountain有點貴，所以一滴我也不想浪費。

發酵照理說會隨即展開。我的那一桶是兩小時內就冒出小泡泡，還長出了一個由白色泡沫構成的「大頭」。當天晚上，氣閥鎖瘋狂地冒出泡泡，酵母顯然在桶子裡「開趴」。再經過二十四個小時，我已經把約半品脫（約兩百三十六毫升）的始祖酒倒進我的杯裡，並且咬著牙準備「自作自受」。雖然已經加水稀釋，但始祖酒喝起來還是非常濃厚而且甜得不像話。你可以想像把Skittles彩虹糖拿去融化，然後等溫了之後一口乾掉的感覺。

這裡頭是有酒精的，但並不烈，酒精濃度大概就百分之二到三而已。半品脫喝下去，我牙齒還是得嚼，那感覺就好像我喝下了半加侖（約一點九公升）摻雜著鋁箔的柳橙汁。我差一點就撐不住了。如果想靠始祖酒把自己灌醉，不可少的是鋼鐵般的意志力。但這並不是說始祖酒一無是處。糖分直衝腦際的感覺**好極了**。我喝進第一小口時已經深夜，而且白天還累了一整天，但這兩瓶養樂多大小的始祖酒一下肚，沒幾分鐘我又活蹦亂跳。我開始像瘋子一樣用快要抽搐的速度打掃跟整理房間。你想不到我只是喝了點酒，你會以為我是吃了「阿德拉」（Adderall）[4]。

第一個分享始祖酒的是我的未婚妻瑪珍塔（Magenta）。她是重度甜食愛好者，我想知道覺得始祖酒噁心是不是只是我個人的品味問題。結果瑪珍塔也覺得這東西甜過頭了，所以她還沒體會到腦子被糖「全面佔領」是什麼感覺就放棄了。我選擇等待，我讓這酒又多發酵了兩天，然後才在一群朋友面前第二度試飲。

但這次還是不成功。在被我說服嘗試的六個人裡，只有一個人覺得合胃口，這人甚至把始祖酒比喻成像卡魯哇（Kahlúa）[5]這樣的利口酒。我同事兼朋友大衛・貝爾（David Bell）的反應算比較特別：

「你要是能用這個灌醉自己我就服了你。這玩意兒濃到簡直像男生的那個，你知道的，然後泡沫才這麼一點點。簡單講這根本是廚餘。」

他說的真貼切，單喝始祖酒真的是不可能的任務。但有東西搭配的話就另當別論，所以請容我向大家介紹另一款全新創作的飲品，而我選擇的配角是雖然比不上始祖酒，但也相當古老。

始祖咖啡

唯一一位喜歡始祖酒的受試者提議我們把一杯烈酒（shot）[6]的量加進熱的黑咖啡裡。在他的建議下，我倒了一杯的始祖酒在用馬克杯裝的咖啡裡面，使勁地攪了攪，然後小小口嘗了一下。**這下子對了**，這組合好喝極了。我平常並不會加很多糖到咖啡裡，但始祖酒爲原本苦到極致的咖啡添加了一分美好的香甜。咖啡的自然風味完全被帶了出來，而酒精的成分雖然不特別明顯，但醣分點燃的能量噴發跟使人清醒的咖啡因可以說搭配得恰到好處。

始祖咖啡不是你一大早應該喝的飲料，就像酒精也不是大部分人一清早就應該碰的東西。但如果你眞的習慣大白天喝酒或喝咖啡，那我其實還比較推薦血腥瑪麗或愛爾蘭咖啡能帶給你衝勁。不過時間換到傍晚之際，我就會推薦始祖咖啡給大家了。弄個幾杯給你跟你的

4　譯註：被稱為聰明藥的一種中樞神經興奮劑，本質上是安非他命的緩釋製劑。
5　譯註：以甘蔗提煉，加入咖啡香味的南美酒種。
6　譯註：通常用來裝酒的小玻璃杯量，各國乃至於美國各州有不同的容量，除猶他州之外並無標準可言，大致上落在可一飲而盡的四十毫升出頭。

朋友，喝完大家再一起出發去聽演唱會、去夜店或其他有打算喝酒的週末夜晚——始祖咖啡的能量可以讓人一舉突破午後的懶散。

你可以按照始祖酒的食譜試做看看，然後用咖啡調和來跨過入口的門檻。準備出門喝酒喝一整晚（但絕不鬧事酒駕）之前，來一杯特調咖啡，讓這杯有點過頭又一堆泡沫的「甜在心」咖啡帶你跟靈長類的祖先連上線。感謝牠們讓我們在漫長而蜿蜒的數百萬年後有一杯又一杯的生啤酒、葡萄酒、蒸餾酒可喝。

Chapter 2

音樂是最早的藥？

音樂是一種藥嗎？

按照牛津英語字典（*Oxford English Dictionary*），「藥」可以是任何經攝入或以其他方式進入人體後，可產生生理效應的物質。把音樂歸類成一種物質讓人有點不置可否，但聲波確實是由原子組成，所以當然跟物質一樣擁有質量。

比較好回答的問題是：聲音會不會對人體產生生理上的效應？如果這是是非題，那答案爲「是」；若是申論題，答案爲我接下來要說的每一個字。我想先從哥倫比亞大學的奧立佛・薩克斯（Oliver Sacks）博士說起。薩克斯博士是音樂醫藥化（Musical drugification）的先驅，在他二〇一五年去世之前，就是用音樂去治療各種患者，包括因爲帕金森氏症（Parkinson's disease）而癱瘓的病人與有「注意力不足過動症」（ADHD）的過動兒。本書想談的是跟過動兒有關的部分，因爲音樂在協助過動兒上的實績實在令人耳目一新。

過動兒獨具一種基因變異，那就是他們腦中接受多巴胺（Dopamine）的受體與「正常人」不同。關於這個名爲「DRD4-7R」的有趣小突變，我們會在後頭的章節詳細介紹，此刻各位只需要知道DRD4-7R會讓人變得比一般人更加熱衷於「嘗鮮」。這些人會有股動力想去體驗新事物，因爲坐在那兒專心做一件事情，不能讓他們得到大腦的多巴胺獎勵。

多巴胺是人類大腦綁在棍子上的那根胡蘿蔔。作爲一種神經傳導物質，多巴胺負責傳遞生命中大大小小的滿足感受。拿到冠軍時的那股得意忘形，就是由多巴胺這種化學物質傳遞而來。過動兒可以透過治療讓狀況改善，主要是藉由療程，我們可以訓練大腦對靜靜坐著閱讀的過動兒多釋出點多巴胺。若想要手動打開大腦中的多巴胺閘門，我們發現音樂就是其中的一把鑰匙。

瓦勒麗・沙林普爾（Valorie Salimpoor）與米契爾・班諾渥伊（Mitchell Benovoy）這兩名科學家主持了二〇一一年的一項研究，並且把結果發表在《自然神經科學》（*Nature Newroscience*）期刊上。透過功能性磁振造影（fMRI）設備，這項研究確認了音樂可以觸發受測者腦中的多巴胺釋出。受試者會被催生出強烈的快感，甚至於會對喜歡的音樂產生癮頭。聽音樂可以讓多巴胺增加多少呢？沙林普爾與班諾渥伊觀察多數受試者聽到喜歡的即興音樂，體內的多巴胺約會增加百分之六到九，這跟享用美食是差不多的水準。在極端值裡有一位受測者體內的多巴胺狂飆百分之二十一，這等於是替他省下了買古柯鹼的錢。

在現實中，你可能不覺得聽音樂可以解決什麼事情，但以生理學的角度來看，音樂還眞的是個靈丹妙藥。而且說音樂是藥，還不只是說聽一聽可以增加快樂化學物質的釋出而已。二〇〇四年日本筑波大學的兩位科學家須藤（Sutoo D.）和秋山（Akiyama K.）還發現音樂可以改善老鼠們的高血壓。

我猜在開始研究前那些老鼠還不是莫札特的「腦粉」。有些特定的節奏就是會跟大腦作用而產生具體可測的物理變化，是不是粉絲對結果並無影響。即便超狂吉他solo對大腦的效力仍不及一丁點「中國白」[1]毒品的萬分之一，但音樂有療效的說法絕對有其根據。

音樂可當藥醫人的說法不論你買不買帳，有一項事實你一定得吞下去，那就是「對」的節奏可以改變人的意識。這麼說的意思是音樂應該是人類最早的「麻醉劑」之一，甚至還是唯一。人類目前發現最早的樂器，可以追溯到約四萬年前。相較之下啤酒的釀造只能回溯到西元前一萬兩千到一萬三千年。人類最早的迷幻藥不是聖佩德羅（San Pedro）仙人掌，就是裸蓋菇屬（*Psilocybe*）的蕈類，而這兩樣東西都只能回溯到西元前八至九千年而已。

所以人類靠音樂來「自嗨」已經非常非常久了。甚至有證據出土顯示史前的人類曾爲了加大音樂這種藥品的「劑量」，而在石器時代蓋起了超殺的環繞音響系統……

巨石陣原來是專門開趴場地？

信史前存在的任何建物，其生辰八字我們都只能猜個大概。學者相當篤定巨石陣（Stonehenge）的動工是在西元前三千年到兩千兩百年之間。這一來一往差了八百年，**美國歷史都可以跑三遍**了。但這還算好的，因爲我們對於巨石陣一開始爲什麼要蓋，我們連個大概都說不出來。

在風行的理論中，有比較腳踏實地的（祖先的神主牌、巨型的天文曆），也有人天馬行空地說那是外星人的降落區。但我這兒有一種你應該沒聽過的版本，那就是巨石陣是一個**巨型的音效系統**。古代如果有所謂的大型場館，長得應該就是這副模樣。或者用英國人聽得懂的說法，這就是古人在廢棄的倉庫裡搭了一間DJ的混音室。

索爾福德（Salford）、布里斯托（Bristol）與哈德斯菲爾德（Huddersfield）等大學的學者研究顯示巨石的陣型能產生人耳可輕易辨別的音效——想當然那些慢慢把石頭拖到定位放置的史前人類也有耳朵。布魯諾．法詹達博士（Dr. Bruno Fazenda）是位科學家，他長年投身於巨石陣的音場研究。對於研究的發現，他抱持著審慎的觀點。所以在我跟他連絡上之後，他第一件事就是要我別把事情想得太簡單了，巨石陣很可能不是爲了單一的功能而生。

我們應該假設巨石陣在古人的心中，是一種有如瑞士刀的實用主義概念。這麼多巨石要多少人才拖得動？要供養這些人的資源，在五千年前肯定不是「小數目」。何況當時的人不論居住在地球上的哪個角落，恐怕都還沒有精通一門藝術叫做「不要被狼吃掉」。當時的人爲了物盡其用，巨石陣很可能「身兼多職」，而且主要的用途還可能在建造的過程中幾度換過。

不過巨石陣是史前某種「演唱會」場地的理論，還是可以解釋這些石碑的一項成分之謎。巨石陣用上的較小石塊，都是屬於青石（bluestone），也就是輝綠岩或粗粒玄武岩（spotted dolerite）。人類學家咸信這些青石是從約兩百英里（三百二十餘公里）外的地方拖來——不過也有一說是這些青石搭了冰河移動的便車。明明不遠處就有很多大石頭可用，立陣

---

1 譯註：China white，一種由海洛因製成的人工合成毒品。

者爲什麼要捨近求遠，大費周章地弄來這些特別的石頭？

嗯，關於舊石器時代音樂家的經驗談，現代的聲學知識已經可以解開。倫敦皇家藝術學院（Royal College of Art in London）的學者發現普萊西利群丘（Preseli Hills）作爲巨石陣可能的青石源頭，上頭的許多青石都有一個特色是敲擊後會產生「共鳴」。拿給專業的打擊樂手測試，這些青石甚至能當作高音鐵琴（glockenspiels）使用（高音鐵琴像是木琴，算是兄弟）。

要測試這理論有一個顯而易見的難題，那就是巨石陣是珍貴的文化資產，不可能讓人隨便拿根棍子去敲。現行法律甚至禁止在巨石陣中使用多種電器。所幸皇天不負苦心人，美國有一個一比一的巨石陣複製品，就在華府**瑪麗丘**（Maryhill, Washington）的一間博物館裡，是位百萬富翁要求設置的。

山姆．希爾（Sam Hill）——山姆是個活生生的人，不是老掉牙的「惡魔」委婉語——的職涯都在美國西北各地造橋鋪路。不過眞正披荊斬棘的不是他本人，是一大群勞工弟兄的功勞，他的身分是建設公司的老闆。總之，他賺到了錢，蓋起了屬於**他自己**的巨石陣。所以你看人有多「長進」，以前蓋個東西要耗費幾代人的韌性，現在只不過是有錢人的任性。

不過我想替山姆講兩句話。他複製巨石陣的動機，並不只是想要把史前懶散的山頂洞人給比下去，他還沒那麼無聊。他的初衷是想替在一戰中戰死的數百萬青年立碑。在當時，主流的觀念下巨石陣是祭壇。而在希爾的心中，一戰也是個無形的祭壇，犧牲品就是那些莫須有死去的百千萬年輕人。全尺寸複製歷史上最知名的異教徒衣冠塚，眞的恰好是致敬之舉。

希爾複製的巨石碑，其實也是美國第一次有人以建物來紀念一戰死難者。實際上，極少有證據指向原版的巨石陣是作爲人類獻祭之用。在歷史的長河中，巨石陣所在的區域有不少人安葬，但看得出被處決或犧牲的人數甚少。經年累月，巨石陣見證了五花八門，甚至狗屁倒灶的各種事件，但我們可以確信這裡辛辛苦苦蓋起來，與建者心心念念想的絕不是一個午門或刑場的概念。

儘管如此，瑪麗丘巨石碑向死難者致意的心意仍舊非常溫暖，而山姆本人也很合情合理地在這裡埋骨安息。我對他充滿了感激，因爲有他才有這座複製品，而有這巨石陣的複製品，我才有機會測試巨石陣作爲遠古的環場音效設備，到底稱不稱職。

建造石器時代迪斯可的科學

瑪麗丘的巨石陣是水泥做的，不是青石或任何一種自然的岩石。但蓋的人很用心地讓複製品呈現出逼近本尊的質感。索爾福德大學法詹達（Fazenda）博士的團隊選擇在華府進行他們驚世的聲學實驗，就是因爲華盛頓「贗品」與英格蘭「眞貨」間的音質差距小到可以忽視不計。

法詹達團隊的研究發現瑪麗丘石陣的回聲程度正符合人類預期中良好的講堂設計。該研究發現石陣會導致聲學活動的增加，不論是演說或「念經」都會產生顯著不同的效果。當然你會說任何一處場地或房間夠大、夠圓，多少能產生一些回響，但巨石陣的設計恐怕不是這麼單純。

巨石之間穿插的兩圈石頭雖小，對整體音效的挹注卻很大，讓音波在其中進行折射跟散射。根據索爾福德大學的報告，這意味著「空間內所有音波會各自以不同的方向前進，而不會走得整整齊齊。」

這樣的設計其實會抑制一去一回的回音，同時促進聲音在音場內回響。這代表身處在石陣中的任何一點，都不會有聲音的死角，不會有任何聽眾聽不清楚的情形發生。但我對在石器時代的「國家音樂廳」沒有興趣。我看到媒體報導法詹達博士的研究，記者下的標題長這樣：

「巨石陣是遠古的銳舞（rave）[2]派對地點」（發現頻道新聞〈Discovery News〉，二〇一三年）

「巨石陣：一個超屌的銳舞場地」

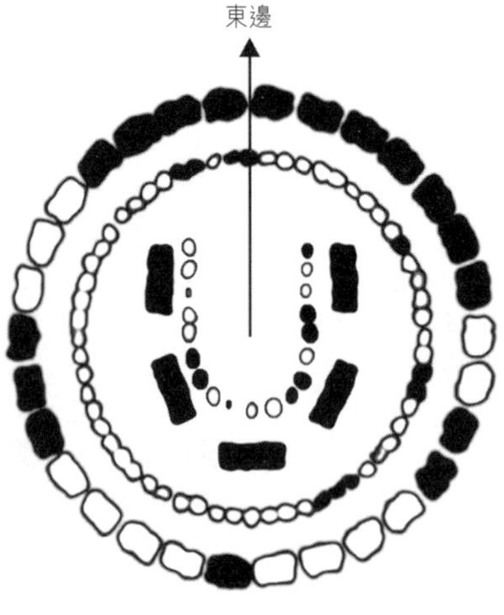

上色的石頭補完了石陣的原始配置，也就是石陣在被歲月跟遊客聯手摧殘之前的模樣。我們很幸運，瑪麗丘複製的是完整版的石陣。

塔薇亞．莫拉（Tavia Morra）繪製

（國家廣播公司新聞〈NBC News〉，二〇〇九年）

法詹達博士二〇一二年在索爾福德大學發表《巨石陣的聲學原理》（*Acoustics of Stonehenge*）可以說是旁徵博引，但也乾得可以：一大堆數學算式，「銳舞」或像「一個超屌」的用法一次都沒有出現過。就在這個時候，我誤打誤撞看到了魯伯特・提爾（Rupert Till）博士受訪的資料。提爾博士是位音樂專長的人類學家，也參與了法詹達博士在瑪麗丘碑址的測試工作。

提爾博士描繪的光景就鮮活多了。他把類似巨石陣民族的音樂風格比喻成森巴樂曲，快步調、有大型樂團助陣，而且參與者可能多達數百人。提爾博士親自跳下來把數千年前的場面比喻成銳舞派對，收錄在二〇一二年《獨立流行音樂研究學會學報》（*Journal of the Independent Association for the Study of Popular Music*）的報導中。他說巨石陣的音場效果是間接證據，當時應該有「一大群人聚在一起演奏『重拍、旋律簡單、有著反覆強烈節奏的音樂』來進入恍惚或出神的狀態」提爾博士接著說：

2 譯註：銳舞是英文rave的音譯，是一九六〇年代，加勒比海裔倫敦居民的用語，意思就是派對。經常通宵的銳舞派對甚為狂野，特色是會有ＤＪ播放電子音樂。

類似的活動可以在電子舞曲音樂文化中的「銳舞」活動中看見……許多目擊者都形容那樣的場面對參與者而言，具有儀式性或宗教性的意義。

如果提爾博士所言不虛，那麼現代的銳舞派對與音樂節就不是源自嬉皮世代的墮落象徵，而是古老的人類文化片段在沉睡多年後甦醒過來。但提爾博士說的恍惚或出神，是什麼意思呢？

改變人心的節奏是一門奇妙的科學

鼓有一個自然的共振頻率。用特定的頻率擊鼓，會產生出大而清晰的聲響。像是演奏廳或是大禮堂之類的空間，也跟鼓一樣有其共振頻率。意思是只要找到那個頻率，我們就有辦法讓空間共振，產生一種嗡嗡的低鳴聲，就跟你用手指滑過玻璃杯時的效果一樣，只是這個「玻璃杯」大很多罷了。

提爾與法詹達兩位博士估計巨石陣的共振頻率是十赫茲（Hz／Hertz）。赫茲是科學宅的說法，說白了就是聲音每秒發出幾次。十赫茲大約等於每分鐘震動一百五十到一百六十次

（BPM）。所以理論是只要音量夠強，而且頻率穩定保持在每分鐘一百五十次震動，巨石陣就可以共鳴得像是個巨型的西藏頌缽。

所以音量夠大的嗡嗡聲是如何讓我們進入石器時代的銳舞情境，進而出神忘我呢？關鍵字是**腦波共振**（brainwave entrainment），也就是使用特定的節奏與頻率去誘發特定的心境。思緒與感覺可經由「腦波」測量得知。不同的心境，往往會對應到不同的腦波頻率。比方說，與睡眠相關的是頻率在四到七赫茲之間的「西塔腦波」（θ，Theta brainwaves），至於放鬆或冥想時的腦部則傾向於「阿法腦波」（α，Alpha brainwaves），頻率在八到十四赫茲之間。

仔細想想，你會發現十赫茲剛好落在阿法腦波的頻率區間內。提爾博士的理論是鼓手夠多，頻率夠穩，那十赫茲的低鳴就能累積出足夠的強度把眾多聽者的腦部串聯起來。提爾博士是沒有把「巨石陣是古代的洗腦工具」這種話說出口……但這話還蠻符合實情的。

在某個點上，巨石陣的石頭還曾經過「整理」，其目的就是要增強音效。提爾博士表示石牆「存在曲線並經過打磨，顯然是人爲塑形的結果」且「內層的石材呈內凹，而外層的石材則否，……推測應該也是出於音效的考量。」

若想親身測試腦波共振的效果，你可以下載一些「雙耳節拍」（binaural beats）。雙耳節拍常被網友說成是「可以讓你嗨起來！」的聲音。嚴格說起來，雙耳節拍是分別在兩耳播放不同頻率的聲音而創造出的效果。兩耳的不同節拍會影響大腦，讓大腦以與兩耳頻率差相同的頻率震動。所以一耳收聽到的頻率是四百一十赫茲，另一耳是四百赫茲，那大腦就會產生十赫茲的阿法腦波。

請放心你**不會**被雙耳節拍「燒壞腦袋」。你可能會因爲設計來讓你進入阿法波的節拍組合而感到一股輕微的放鬆，也可能因爲高赫茲讓你進入貝塔腦波（Beta brainwave）的節奏組合而略顯躁動。雙耳節拍能否改變人類意識，存在高度爭議。一份臨床報告由提娜．黃（Tina Huang）博士和克莉絲汀．克爾頓（Christine Charyton）博士（由透明社團法人〈Transparent Corporation〉——腦波夾帶軟件公司贊助），在回顧了二十項研究後，表示腦波共振可以用來舒緩頭痛、壓力，甚至連經痛也可以稍作改善。

派翠克．麥克尼爾（Patrick McConnell）和彼得．佛洛立格（Brett Froeliger）於二〇一四年發表在《心理學前沿》（*Frontiers in Psycholory*）的文章〈聽覺驅動自主神經系統〉（*Auditory Driving of the Autonomic Nervous System*）則顯示用雙耳節拍來誘發與專注有關的西塔腦波，其效果並不會比集各種頻率於一身的白噪音顯著多少。

所以我們對於雙耳節拍還是只能不置可否。就我自身而言，我可以跟各位保證所有宣稱聲音可以讓你進入迷幻之旅的說法，**大多**是在唬人。你可以上網查各種東西來測試，但請你不要期待聽東西可以讓你感覺像吸了什麼東西一樣，否則你會非常失望。

話說回來，把節奏當成止痛劑來使用確實有其文獻記載。而且你還不用聽什麼奇奇怪怪的電腦語音。如果你身處於劇痛而手邊又沒有藥品的話，你可以想一首喜歡的歌曲然後開始哼唱。

貝爾納茨基・格策（Bernatzky Goetze）於二〇一一年發表《現代醫學中音樂的情感基礎作爲一種非藥物疼痛管理工具》（*Emotional Foundations of Music as a Non-pharmacological Pain Management Tool in Modern Medicine*）的論文中顯示音樂可以作用於大腦中的鴉片類受體（opoid receptors）上，而這麼做可以減少痛覺。還可以減少止痛劑需要的用量。

手術時遇到醫師評估止痛劑的使用會危及患者安全時，音樂經常能派上用場來降低手術的「刺激感」。我訪問過一位先生是靠聽莫札特挺過開心手術的，由於他的健康問題非常糟，他的醫生是不會冒險使用任何一種麻醉劑，而音樂卻幫了他大忙，雖然他更偏好鴉片。有趣的是雖然播放病人喜歡的音樂可以說效果最好，但由他人挑選的音樂也不會不管用，甚至有時候別人挑的音樂還**更能**奏效，而這點也顯示喜歡不喜歡是一回事，但節奏對人體有好處應該是確定無誤。

當然，建造巨石陣的人類連**輪子**都還沒有發明，所以想說他們費了九牛二虎之力弄出這玩意是要控制人心，也未免太「以小人之心度君子之腹」了。事實上我們雖然可以測試巨石陣的音場來下結論是「沒錯，這個設計可以強化音效」，但我們確實無法肯定地說前人蓋這東西是要幹嘛。

在二十一世紀的今天，讀到這段文字的每個人都得應付數百種人造的聲音，有些小到快要聽不到，但實際上你沒有哪分哪秒可以完全獨處。於是乎我們摸索出了一種能力，那就是把不重要的雜音濾掉，只專注在我們認爲重要的聲音上。相對之下，史前人類的生活裡幾乎無人造的聲音。

比起人類釀酒的歷史，我們製作樂器的歷史長度是兩倍有餘，這是很値得玩味的一項事實。柏克萊大學的威爾特．費德曼（Walter Freedman）在一九九九年出版的著作《音樂的起源（暫譯）》（*The Origins of Music*）裡指出人類創作音樂的發想要比生火更早。在還沒有藥品，還沒有市中心，也還沒有什麼東西可以自娛或對自己好之前，聽好音樂來激發多巴胺，已經是人類能力所及的一大「自嗨」利器了。

所以或許巨石陣的建造者是懂音樂的，或至少他們應該知道這東西蓋出來會有特殊音效，也知道該如何透過細部的修改讓效果達到最高點。所以如果硬要說巨石陣是個巨型的心靈控制音箱，這應該不完全是無稽之談。甚至要是說先人多少存著想要弄個「超殺」音樂場地的念頭，那可能性又更高了。

所以這巨石陣到底要如何使用？我非把這點弄清楚不可。

第一次○○就上手：「復刻」巨石陣銳舞派對

瑪麗丘的巨石陣是對外開放的，所以任何人只要花個幾百塊美元，都可以包場辦活動。如果一毛錢都拿不出來，你也還是可以湊齊二十個人弄個森巴樂團，然後開始搞自己的科學實驗。

加州阿克塔（Arcata）外圍有個森巴鼓號樂隊叫「森巴多一點」（SambAmore），我朋友布蘭登就是成員之一。他跟他的樂團剛好在六月份巡迴來到華府，而我成功說服了他們花四小時繞到瑪麗丘來幫我測試巨石陣式銳舞場地的理論。

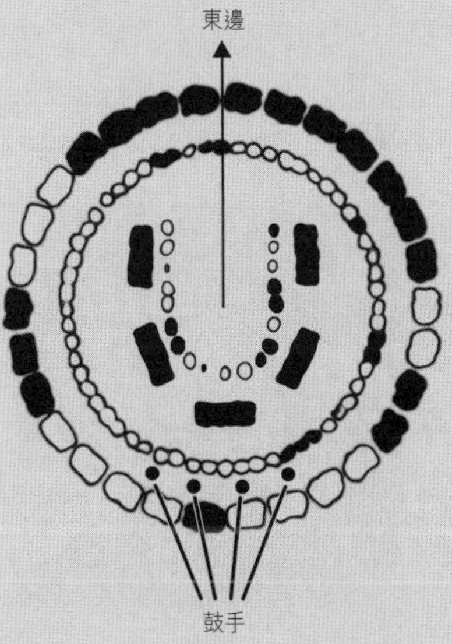

在跟樂團會合到瑪麗丘前的兩個星期，我開始寄電郵給魯伯特·提爾博士，也就是銳舞理論原始的研究者。提爾博士建議我

們要讓鼓手站在石陣最外圈的裡面並且背對外圈，也就是面像石陣的中心。他另外推測我們需要兩百名人手才能讓實驗成功，但「森巴多一點」只有二十名成員，而且還不是人人都是鼓手。

但我們還是決定姑且一試。並且我們首波的嘗試是讓樂團的十名鼓手以相同的間隔與石陣的其中一側排成一排，所有人都面對中心的「祭壇」。

鼓手們一開始的音量抓在中等，節奏則大概是每分鐘約一百五十六拍。我站在樂團的正南側，從大致與中心石板切齊的位置面對著他們。嗡嗡聲在二到三十秒左右後開始變得明顯，而且還感覺愈來愈大聲。那聲音讓我聯想到澳洲原住民的迪吉里杜管（didgeridoo）。

我的攝影師麥特站在石陣中的另外一處，某

麥特・布萊克（Matt Black）攝影

麥特・布萊克（Matt Black）攝影

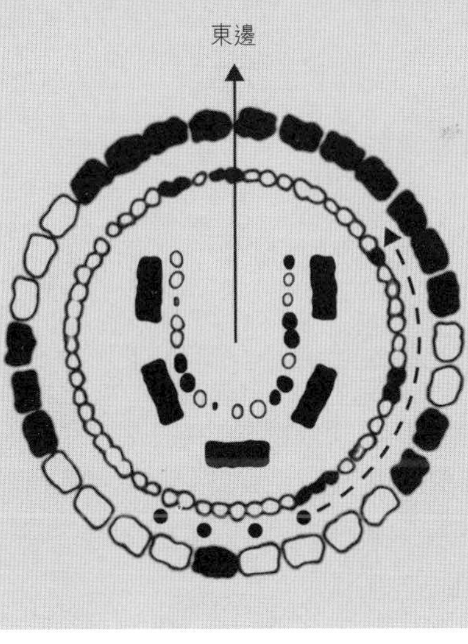

「ㄇ字型」牌坊（trilithon）的內側。在他拍下的影片裡，嗡嗡聲起初並不明顯，聽得比較清楚要等上一分鐘，然後兩分鐘後達到最高峰。影片證明了相對位置對於音效的影響，我聽到的樂團聲音要大很多，但麥特拍攝的位置其實比較近。

幾分鐘之後我們決定把樂團一分為二。一半的人負責把鼓聲的音量加大，而另一半的人則到中間跟我一起當聽眾。留下的鼓手再度啟動，然後嗡嗡聲又回來了。大家都很興奮，團員們開始在石陣中跑來跑去，看看嗡嗡聲會不會隨之產生變化。

沒過多久，森巴多一點的樂手開始童心大起地「玩弄」起石陣，就像石陣是個由真鼓所推動的超級大鼓一樣。布蘭登突發奇想讓演奏巴西蘇多大鼓（Brazilian surdo）的樂師一邊打鼓，一邊逆時針沿著石陣外牆的內側行走。

差不多快一分鐘過後，鼓手們來到另一端的各ㄇ字型牌坊旁。這時站在石陣內側最高那個ㄇ字型牌坊底下的樂團成員突然叫出聲來。他對樂團喊的是「停停停，不要動！」，而對其他人說的是「來來來，來這邊！」

在他的指揮下，「聽眾們」開始大風吹，然後只聞大家異口同聲的一陣「喔」、「啊」、「哇」、「靠」：最大ㄇ字型牌坊的前後位置，如左頁圖所示……

……絕對是最棒的位置。正在ㄇ字型牌坊下的中心點，或是牌坊的正前方，你聽到的回響強到就像你身處在銅鑼的中央。

按照你所站的位置不同，嗡嗡聲會在數秒或整整一分鐘後變得清晰可聞。我們試過讓四位蘇多鼓手朝內站在石陣的四個角落。結果嗡嗡聲再度出現，花了十到十五秒不等。從我位於中央的祭壇位置，嗡嗡聲聽來要更低沉，更渾厚。

實驗結束，我們最重要的發現是巨石陣的獨特音效：

1. 在當中演奏的樂手可立刻察覺
2. 具有高度的可塑性

短短兩個小時，森巴多一點的樂師們就發現了好幾種方法可以改變石陣嗡嗡聲的音高與音調。巨石陣會一蓋近千年，也許就是因為人類不斷在為其「調音」。石陣的建造者或許實驗了各種不同的石頭形狀與位置，不

麥特・布萊克（Matt Black）攝影

斷測試過產生的音質，最後才慢慢把石頭與陣形調整到理想的樣態，以便石陣的音效能發揮到極致。

這場實驗，讓一切真相大白，至少我可以說「沒錯，巨石陣的音效，遠古的樂師不可能不知道」。我說的不只是嗡嗡聲，還有石圈自然共振的特質讓在陣內演奏的音樂更響亮、更豐潤。那感覺就像現代人在音樂廳裡表演一樣。

但腦波共振一事又如何呢？石陣裡的鼓聲與嗡嗡聲都正好十赫茲，但我不能說我有感覺到自己的大腦進入了恍惚出神的狀態。事實上所有跟我一起身處在石陣裡的樂手都沒有這種感覺（我想是我們都玩得太開心，根本無法靜坐冥想吧）。但也可能是大型的樂團才可改變人的腦部吧！

不過，它確實有產生眩暈，是當我們開始弄清楚如何操縱嗡嗡聲時，出現在樂團與聽眾們之間。有一點很確定的是在發現嗡嗡聲可以控制的時候，大家都樂不可支。聽石頭跟水泥唱歌，就是這麼令人興奮。或許在四周不見喧嘩，孤寂一望無際的數千年前，石陣的嗡嗡聲就像大地開了口，在向寂寞的人類說話吧。

Chapter 3

名人崇拜與希臘人早料想到的八卦頻道

本章的開頭就從我在勞爾夫（Ralph's）排隊開始，勞爾夫是離我洛杉磯家最近的一家「雜貨店」。就像所有的日用品或各種大型專賣店一樣，通往收銀台的走道上都一邊擺滿了糖果與碳酸飲料，一邊是讓人眼睛睜得大大的一本本《*Us*》、《*GQ*》、《*People*》雜誌，甚至連像《國家訊問報》（*National Enquirer*）這種有點不入流的小報都沒缺席。這些刊物有著同一組行銷方程式——名人的臉＋腥羶的爆料。我的美編畫了個示意圖，免得你們當中有人住在某個與世隔絕的叢林部落，不小心在空難殘骸中撿到了這本書。

有人覺得這些刊物代表著世風日下，人心不古，也有人想到的是**哇靠，珍妮佛·安妮斯頓（Jennifer Aniston）的孕肚藏不住了，你看到了嗎**？你可以看不慣這種八卦文化，但你否認不了的是名人的臉蛋就是引人入勝，而且我說的是幾十億人。我這麼說真的不浮誇，而且順道一提，我講到珍妮佛·安妮斯頓也不是巧合。

在本世紀前十年的尾聲，有位叫做伊茲哈克·弗瑞德（Itzhak Fried）的神經科學家把嚴重癲癇患者的腦部當成了「研究現場」，你知道神經科學家都是那副模樣。話說病人在開腦部手術的時候醒著是還蠻常見的事情。而既然患者有意識，他們的腦部又像在擁擠的公車上的暴露狂一樣一覽無遺，弗瑞德博士索性決定來順便做個實驗，在濟世救人之餘撈一些科學知識，算是多賺的。他的做法是讓受試者觀看一系列看似隨機的動物、素人與少數名人圖像。在某個點上，珍妮佛的照片會順勢登場，而弗瑞德博士則會趁勢觀察在顳葉內側放電的某個神經元。

他試了好幾位病人，結果非常一致。出於某種原因，弗瑞德博士所研究的每個大腦都對珍妮佛起了反應。這個神經元只會對珍妮佛有反應，其他名人也在部分病人身上引發其他神經元的反應。名人與神經元的各個組合只是冰山一角，人的大腦還深藏著數以千計，但仍舊數不清的神經元。

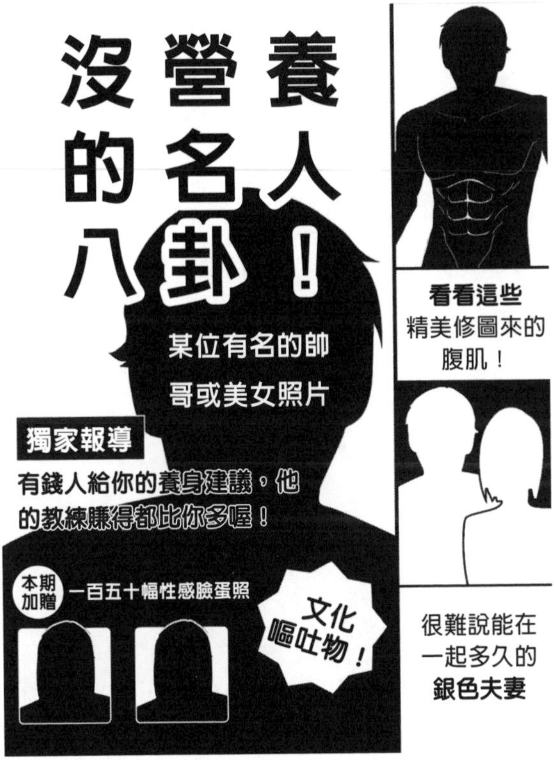
沒營養的名人八卦！
某位有名的帥哥或美女照片
獨家報導
有錢人給你的養身建議，他的教練賺得都比你多喔！
本期加贈
一百五十幅性感臉蛋照
文化嘔吐物！
看看這些精美修圖來的腹肌！
很難說能在一起多久的銀色夫妻

恭喜大家學了一些莫名其妙的英文！

對於這個現象，我也很想帥氣地跟大家說原因就是如此如此，讓大家對我佩服得五體投地，但很可惜這答案還不存在。像弗瑞德博士這樣的神經科學家認爲無數神經元的堆疊裡有著我們關於人的各種記憶與印象。疊在最上層的「大老闆」神經元的作用就有幾分像是「保全公司」，一有人闖入就會警鈴大響地通知腦部的「安妮斯頓」檔案區，讓夥伴知道該開機上班了，珍妮佛的身影出現了。

有神經科學家抱持不同的看法。但不論各自背後的理論爲何，可以確定的是**人腦裡有專責單位負責處理名人**。我們可能一輩子都沒見過珍妮佛本人，但這無妨，你的大腦灰質（皮質）會很自然地知道她很重要，二十四小時將她列爲雷達的搜尋目標。

這點讓我覺得人很糟糕。我們自然可以痛快地把一切怪到網路或媒體身上，但事實上人類對名人的崇拜與迷戀其實有著更深更古老的根源。如果你放得下身段，承認我們就是這麼不堪，承認我們就是會忍不住有那麼一點點在意川普說話多像個渾蛋，那我就只能使出渾身解數來告訴大家這一切的開端……

太初之始，有了猴子跟明星

書架上滿滿閃耀著光芒的八卦雜誌裡不是誰誰誰懷孕了，就是某某某有毒癮，再不然就是歐美名人分享減肥妙招，任誰看了都會覺得這就是「時代的象徵」。要不是一個時代已經豐衣足食到理所當然，沒有人吃不到飯，否則怎麼會有人甘願拿寶貴的時間跟金錢去盯著素昧平生的人臉看啊看，看啊看，一看就是幾個小時。還得靠打獵與採集維生的人類，怎麼想也不可能做這種事情吧，畢竟劍齒虎才是他們比較需要關心的事情。

但其實這種想要關注少數同類明星的想法，是我們克制不了的衝動。這點不僅不是現代人才有的現象，甚至根本不是**人類**才有的現象。早在二〇〇五年，杜克大學的科學家就聯手找來一群猴子，並且讓牠們倆倆「同居」。每隔一段固定的時間，猴子會得到一個選擇。牠們可以選擇拿到固定分量的好喝果汁，或者可以選擇不同分量的果汁外加一張照片。照片有三種：下層地位猴子的臉、上層地位猴子的臉，或母猴的屁股照。

我跟參與研究設計的麥可・普萊特博士（Michael Platt）談過，博士本身也是「類人猿」的情色研究先驅，而他對於研究結果的描述如下：

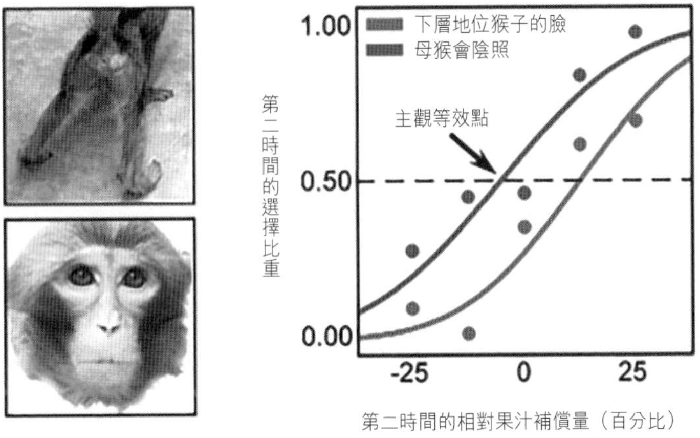

科學家稱呼左上方的照片是「會陰照」，但屁股就是屁股誰不知道？

（來源：Michael Platt / Duke Institute for Brain Science）

「猴子（應該是在無意識的狀況下）『放棄』了果汁來看照片上的母猴外陰與上層地位的猴臉。但要是希望牠們看下層地位猴臉的照片，那你就得多付出點果汁，他們才會願意。」

別忘了這些猴子並未住在正常的社群之中。牠們是倆倆當室友，但所有的猴子還是處在同一個區域當中，也就是說研究中其他的可口毛猴子正妹就在牠們的附近。雖然完全沒有接觸，但猴子們還是看得出哪些猴子身分高貴，哪些猴子地位低賤。

「如果你待過猴群是倆倆住同一間，但仍然瞄得到、聽得到也聞得到猴群的其他成員的話，那你就能肯定牠們即便沒辦法產生觸覺上的互動，但仍舊能發展出尊卑的社會階層與其他各種關係。」

你可以找到一些有趣的評論說吼叫與體味是最原始的「臉書」（Facebook），但我不想在這裡把討論搞得太混亂。我們在此的重點是猴子**也**願意放棄資源來看高貴的美女，就算永遠無法「一親芳澤」也沒有關係。我們想問的是，猴子看陌生高貴母猴的目的是什麼？我們看陌生上流正妹的**目的是什麼**？

答案是「知識」。普萊特博士形容上層地位猴子的臉具有「高訊息密度」。猴子在社交上的學習能力很強，這包括牠們會觀察社交手腕高超的同伴，看牠們的臉部表情與行爲有什麼值得學習之處。這當中當然有些微妙之處，主要是比起母猴屁股，研究中的猴子願意爲猴臉付出的代價比較少，就算是上層地位的猴臉也不例外，畢竟上層地位的猴臉會讓牠們有受威脅之感。但整體而言，牠們還是願意多少付些代價（果汁對猴子來說就像金條一樣）來換得機會一探強者的成功之道。

獼猴並不是人類的祖先，但我們人可以合理地假設普拉特博士的實驗命中了靈長類源遠流長的一項傳統。鎖定食物最多或發展機會最多的同類來向下傳遞DNA，顯然是很合理的行爲，這點即便在狩獵／採集的時代也不例外。至於這種觀念的徹底實踐會如何隨著時間有所變化，其實也不難想像，畢竟人類的社會群體不斷在放大，我們對於成功的定義也早已從「餓不死跟不停做愛」擴大爲「住在豪宅裡不停做愛」。

從某個角度看，現代人的肥胖問題跟失控的追星心態其實系出同門。兩者都是因爲我們被強大的原始本能拉著跑，我們會不受控地掏錢來填補這種本能的慾望。

追星追出病來

二〇〇二年，若干心理學家聯手設計了一份「面對名人態度量表」。基本上，這量表或測驗可以告訴你一件事情，那就是你的朋友是眞心喜歡「某某人」（任塡你喜歡的名人），還是你應該代表「某某人」去申請人身保護令了。

受測者會在「面對名人態度量表」上看到一系列的說法來描述他們「最喜歡的名人」。因爲我本身是派翠克・史都華（Patrick Stewart）[1]的超級粉絲，所以我接下來就用派翠克・史都華的名字帶入所有的名人，因爲我喜歡邊打字邊微笑的感覺。量表中的陳述尺度相當廣，從「人畜無害」的「掌握派翠克・史都華的新聞時事是閒暇時的一大樂事」，到「讓人毛骨悚然的」的「我願意拿命去換派翠克・史都華不死」，乃至於到讓人無言以對，哭笑不得的「若是有幸能見到派翠克・史都華本人，他叫我去做犯法的事情，我想我應該會奮不顧身去做」。

量表的指示會請受測者從一到五給每個問題評分，一分代表「非常反對」，五分代表「非常同意」。然後根據算出來的分數，此量表會把受測者分爲三類。萬一我只是純粹喜歡在電視前轉來轉去，遇到派翠克・史都華的電影或節目就看一下，那我的歸宿就會是「休閒娛樂」組。如果我只是非常確信在內心深處，他跟我存在某種靈性的結合，那我大抵會被劃入「不能自已」組。如果我是個在屁股裡塞滿了派翠克爵士的禁藥，樂於飛身替派翠克爵士擋子彈的傢伙，那這量表多半會將我歸類爲「病態邊緣」組。

「面對名人態度量表」還相當新，但初步調查的有限樣本已經顯示「名人崇拜」是普遍、持續有擴散的現象。而且其效應可能比你想像得更加微妙。你可能以爲名人崇拜就是

YouTube上一堆粉絲睜著大眼，對著偶像喊到撕心裂肺。但請記住人腦獎勵我們去留意強者，是因爲效法「勝利組」有其演化上的正面意義。只不過這跟二十一世紀的時空反差有點過大，所以你才會覺得產生違和感。

拜整形手術之賜，我們這種想要模仿人中龍鳳的深沉本能，現在眞的可以徹底地執行了。試舉例說明二〇一〇年一份由約翰・馬特比（John Maltby）與莉茲・戴伊（Liz Day）兩位博士發表在《青少年健康期刊》（*Journal of Adolescent Health*）上的研究探討了迷戀名人對年輕人整形比例的影響。美國每年有超過二十萬名青少年接受某種形式的整形手術，而馬特比跟戴伊的研究發現這個年齡層的名人崇拜特別明顯，包括二二・八%的人屬於溫和派的「休閒娛樂」組，八%列名「不能自己」組，另外二・五%則達到「病態邊緣」組的水準，這三個比率都顯著高於「成年」人口的對應數據。

不論是女生著迷於查寧坦圖（Channing Tatum）類的不用修圖的猛男，還是男生喜歡看跟修過圖一樣完美的麥莉・賽洛斯（Miley Cyrus），對現實生活的影響都非常明顯。馬特比與戴伊的研究發現「不能自己」組的動刀比率高出平均很多（「休閒娛樂」組雖然感興趣，卻不會受影響）。

1 譯註：英國電影演員，代表作包括《星艦迷航記》中的畢凱艦長與《X戰警》系列中的X教授。

若「美得像假人的帥哥跟正妹如何混淆我們下一代的價值觀」是一門研究領域，那這當中的文獻牽涉到的範圍其實相當廣泛。二〇〇六年的一項研究發現，光是盯著纖細名模登場的音樂錄影帶看幾分鐘，十六到十九歲少女對自己身體的不滿意度就會開始蠢蠢欲動。高自尊對這種現象沒有太大的中和效果，就算是對自身身體感到滿意的女孩兒也無法倖免於ＭＶ的挑釁。人眼在ＭＶ中看到的不只是「骨瘦如柴」與不食人間煙火的身體被奉若神明，在二〇一一年英國心理協會（British Psychological Society）一份由埃希卡里與迪特瑪（Ashikali & Dittmar）所主持的研究發現，光是看到名人的生活豪奢與家財萬貫，女性對自己的身材評價就會下降。

至此，媒體如何影響身體形象的研究都聚焦在女性，尤其是少女身上。但小伙子們不用覺得沒有參與感，因爲一大票的證據指出我們男生也深受其害。在近十年來的電影裡，男主角的形象已經從五官端正加身材勻稱，「進化」到魔鬼終結者的身材——八塊肌已經不夠看了，現在要八十塊肌——上面再套上一張超人的帥氣臉龐。二十一世紀的今天你想要進演藝圈當男主角，你得先下定決心以健身房爲家，不惜打人類生長激素來傷害身體，還得在要拍上身被扯破畫面的前一天滴水不進，總之就是不擇手段讓肌肉看起來沒有最大，只有更大。

不知怎地，在這一路走來的某個點上，我們「見賢思齊」的本能歪掉了，師法強者的天性被扭曲成想要模仿男神或女神的困獸之鬥，殊不知男神跟女神不存在於現實中。橫掃票房的一線演員有很多一般人難以望其項背的資源，這包括私人教練，整組的電腦修圖專家、經紀人與公關公司。這些人會在後方或第一線為明星擦脂抹粉，讓明星在鏡頭面前永遠不老，私生活也永遠討喜的不得了。不論你再怎麼仰臥起坐，再怎麼電波拉皮，都不可能達成自我改造的傳說，登上男神或女神的寶座。那些寶座永遠只為名人們保留。

名人崇拜與宗教信仰間的曖昧關聯

你若想要知道古代的八卦雜誌長成什麼模樣，看希臘人就行了。如果說現代人只要跑一趟家附近的超級市場，走一回結帳台前由雜誌封面組成的「星光大道」，你就能完全掌握哪位知名帥哥又把哪個當紅正妹的肚子搞大了（或哪個美女又跟哪個猛男睡了）的話，那西元前三百年的雅典公民就必須要諮詢最近的祭司來止偷窺癖的癢。

綜觀希臘神話，宙斯睡過的人或「東西」大致如下：

1. 天鵝一隻（宙斯當時也是隻天鵝，這說來話長）。
2. 姊姊狄蜜特（Demeter）。
3. 波瑟芬妮（Persephone），宙斯跟狄蜜特生的女兒。
4. 月之女神歐羅巴（Europa），宙斯「上」她的時候不知什麼原因，先變成了一隻白色

的公牛。

這張清單當然不可能只有這麼短，我停在這裡是因爲以本書的篇幅應該列不完，但我的意思你應該明白。古代的宗教跟今日的八卦雜誌文化至少有幾個共通點顯而易見。回想二〇一三年，我在《聯合學者雜誌》（*United Academics Magazine*）上讀到卡莉安・塔斯（Carian Thus）所撰的〈宛若禱者：名氣是新的宗教嗎？〉（*Like a Prayer-Is Fame the New Religion?*）一文，她納悶的是在宗教逐漸退潮的二十一世紀，名人崇拜是不是趁勢補上了百萬顆人心的空虛。

華府的非營利組織「宗教新聞社」（Religion News Service）把美國從一九五二年到二〇一二年的宗教活動製成表格，上帝看了可能也會大嘆「時機歹歹」吧。二〇一一年西北大學（North-western University）做的研究發現「無特定宗教信仰」

（religious non-affiliation）是世界上成長最快速的一個族群。二〇一二年的一份蓋洛普民調顯示平均而言，世界上有百分之十三的人自認是無神論者，比二〇〇五年高出九個百分點。我不打算在這點上死纏爛打，反正意思我表達到了。宗教性的崇拜在全世界都一路下跌。宗教除了在美國沒有銷路，放眼全球也一樣是個「慘」字。

除非你拜的是名人。名人崇拜不但不跌，而且還漲得讓人憂心忡忡。這一漲一跌之間絕對有跡可循。我們已經確定的一點是人會沉迷於名人偶像，會為了更像偶像一點而不惜去整形。所謂的「更像」名人，也包括**想要**跟偶像一樣出名。這種想法相當常

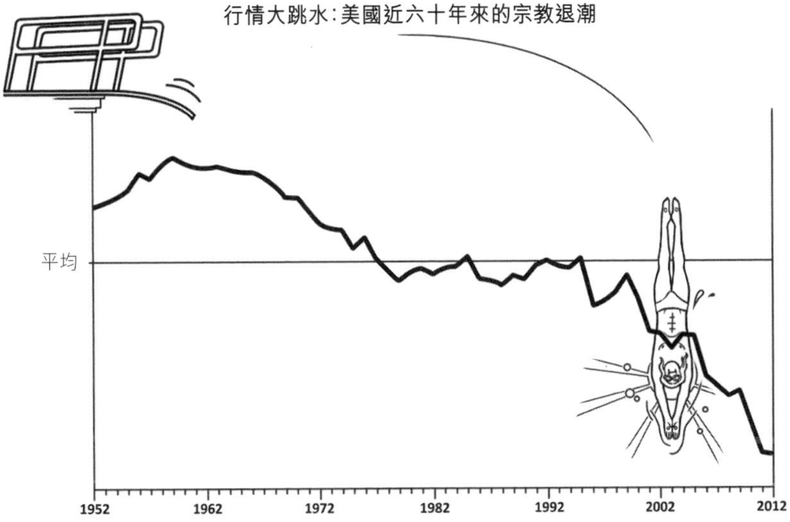

因為很帥氣，所以在原圖表上多畫了跳水板。塔薇亞．莫拉（Tavia Morra製繪）
資料來源：Aggregate Religiosity Index, J. Tobin Grant, Sociofogical Forum

見，特別是從教會跟信仰中出走的年輕族群之間可輕易發現。

宗教的一項傳統「功能」是撫慰信徒對於死亡的恐懼。相信上帝存在，就等於在某種程度上相信來世存在。那既然眞心相信有來生的人愈來愈少了，大家就只好開始尋求另外一種「不死」的慰藉，而名氣就是一種「永生」。

針對實驗的受訪者，學者設計了兩句話來激起他們所稱的「死亡的凸顯性」。說「死亡的凸顯性」可能太學術了，大家聽不懂。翻譯成白話，意思就是「讓人確切感覺到自己某天會死」。一旦經過這兩句話的「洗禮」……

1. 請形容一下想到自己有一天會死，你心中會產生什麼樣的情緒？
2. 盡可能明確地寫下你覺得自己正在死跟死透了的時候，生理上會發生哪些變化？

……受測者就會深刻地體認到自己在等死，自己某天會死的事實被「凸顯」到極致。這樣的他們會老老實實地向你招出死亡的必然給他們什麼感受。《自我與認同期刊》（*Journal of Self & Identity*）在二〇〇七年刊出的一項調查中指出死亡的凸顯性會讓人益發想出名，就算是像花錢讓小行星以自己爲名，這種很「鳥」的名氣也沒有關係。但死亡不僅會讓人想要出名，死亡還會使人想跟他們原本就崇拜的名人產生聯繫。死亡認知獲得喚醒的個體會更加表達出對現代藝術的愛好，但僅限於創作者是名人的現代藝術。

一邊是宗教崇拜在降溫，另一頭則是名人崇拜在升溫。事實上這種現象並非首見於當前的美國社會。如果能信任古代研究學者艾瑞克・道茲（Eric Dodds）的話（沒有在酸他，是認眞的），那西元前三百年左右的古希臘就有過這種事了。由於兩千多年前還沒有超好用的蓋洛普民調，所以艾瑞克只好改參考屍骨已寒（很久）的希臘平民墓碑來評估他們對於宗教的態度。他注意到隨著「希臘化時代」（Hellenistic Period）向前推進，神明或來世被提到的次數也愈來愈少。伴隨著當時這種大家愈來愈「鐵齒」的現象，有粉絲基礎的名人崇拜也隨之而起。包括一統馬其頓的開國者得米特里一世（Demetrius I），都躋身當時的偶像之列。

雖然沒圖，但有眞相，眞相就在一首獻給得米特里一世的頌詞裡。這篇作品主要是讚揚他拯救雅典於同名的征服者之手：「其他的神祇不是離我們好遠，就是沒有耳朵可以傾聽我們，他們或許不存在，或許不把我們當回事兒。但在您身上，我們看到的是此時此刻，我們看到的不是木材或石頭，而是實實在在的眞人。」

一九五一年，道茲在著作《希臘人和非理性》（*The Greeks and the Irrational*）對這篇頌詞的反思是：

舊神退場，空虛的神座呼喚著繼任者的出現。只要管理得當，甚至無須管理，任何臭皮囊都可以被捧上那個空出來的位子。

這樣的道茲，一定不會驚訝於馬特比博士在二〇〇四年發現「宗教上的純粹主義」可以像「防腐劑」一樣杜絕名人崇拜。人若篤信其所選之神的教誨，就不會活得渾渾噩噩，就比較不會得東張西望別人在幹嘛才知道該怎麼過每一天。

老實講，不論你信神也好不信也罷，我們每個人都想要偷看「人生意義何在？」這個大哉問的答案。我們走這一遭是要幹嘛？我應該做些什麼？**我跟誰或什麼東西發生關係才沒有關係**？即便是猴子，也知道有些答案必須向外去找。對於我們，有些人會從哲學、從歷史，或從他們生活中的榜樣身上挖寶……但更多人會看著日子過得最爽的人來找答案。

Chapter 4

喝醉的雙方如何創造（破壞）文明

故事得從啤酒講起。

「故事」，指的是人類文明與體制的總和，而「啤酒」代表的是你冰箱裡六罐裝（或六箱）的那個玩意兒。你可能會說各地啤酒的面貌與風味殊異，但啤酒是個大家庭，所以沒有關係。

這本拙作，就是從史前人類與發酵飲料的牽扯不清說起。靈長類在**智人**登上世界舞台前不知多久就開始喝酒。但人類在喝酒這件事上還是略勝一籌，因為我們喝酒時有一件事情與靈長類祖先不同——我們是故意的。

用水果（或其他材料）釀酒的能力，人類一直都有，我們的皮膚上常駐著各式各樣的酵母。傳統的「醉酒」考古學認為有組織性的啤酒釀造行為，最早出現於西元前第八到第四個千禧年，這至少要比農業的誕生早約一千五百年，意思是啤酒與城市乃至於人類文明，基本上算是在歷史上「同屆入學」的三劍客。

但考古學家一直懷疑一件事情，那就是啤酒的釀造工藝還可以推到更早。你可知道用來釀啤酒的穀類就只能釀酒，不釀酒的話就談不上什麼營養價值了，更別說這種不能煮粥的穀類要去殼，還麻煩到令人頭皮發麻。對新石器時代的人類而言，遠比這好到手的食物不是沒有。他有動物可以用矛去叉，有水果可以摘，有植物的根部可以咀嚼，有一大堆選擇，用不著他們坐在土地上把農業發明出來。

啤酒，乃至於未來喝不完的啤酒，是讓人可以「享受犧牲」的主因。二〇一三年，一組考古學者（Brian Hayden, Neil Canuel, Jennifer Shanse）發表了一篇研究叫做《納吐斐文化在釀什麼東西？》（*What Was Brewing in the Natufian?*）。他們在欠缺直接證據的狀況下做出了強有力的推論，那就是人類文明得以演化，是因爲新石器的祖先厭倦了靠天吃飯。他們不想再從大自然的施捨那裡得到「天然酒精」，而千方百計地想獲得穩定的酒源。要固定有酒喝，就得有可以釀酒的穀類，而要有穀類收成，就只能靠農耕。於是人類祖先就改行當農夫了。

一如我在引言中所提，你可能之前就在別的地方讀到引用自海登博士的文章了。海登博士的文章在二〇一三年登出來時，網路爆發出一陣類似文章的旋風，這當中就包括《紐約時報》上的《啤酒爲文明之母》跟《富比世》雜誌上的《啤酒如何創造出文明》（*How Beer Created Civilization*），但海登博士覺得這些文章都有過於簡化的問題，而且還遺漏了一樣非常酷的東西。

飲宴聚會之於納吐斐文化，就如同聯合國之於我們。部落會邀請鄰居，甚至是敵族來訪，然後利用慶典來當作一個機會來誇耀自身的強大。飲宴是投射力量、鞏固結盟、化解政治紛爭的一種方式。海登博士對我描述了飲宴的整個過程：

> 飲宴文化裡有一種輪轉的系統，所以這一周可能是某個家族設宴，下星期又會是另外一個家族作東……這種輪流甚至是以家戶為單位，一家家接棒下去，沒有終點。要說社交生活的活躍程度，這些社會遠勝現今的工業社會。而且他們所有的社會關係都與啤酒息息相關。

相對於那是一個「基於啤酒而建起」的社會，海登博士在他的筆下提出了另外一種角度的速寫：「愈是複雜的社會群體，飲宴的頻率就愈高，酒代表對（社交）資源的一種投資，因此酒的地位高、價值也高。而為了釀出更多的酒，其中一個結果就是農業規模的擴大。」

我很納悶的一點是網路上只見「啤酒立農」的角度，卻沒有人去炒作海登博士那個「炫炮」很多的觀點：**派對是國際性政府的基礎**。釀酒不是經營農業的唯一目的。但因為酒的人氣旺，又是地位的象徵，所以確保酒的產量就成了國家級的要務，這點早在一萬四千年前就已經是如此。

考古學已知最早的釀酒食譜出自蘇美人之手，形式上是一篇寫給啤酒女神寧卡西（Ninkasi）的頌詩（「寧卡西」直譯是「塡滿嘴的女士」。〈我知道你在想什麼，但當時還沒有發展出這種色色的聯想〉）。總之，這份食譜詳實地記載了古蘇美人釀製啤酒的過程。

釀啤酒要從烤麵包開始，而麵包的原料包括大麥麵粉、大麥麥芽與蜂蜜。看著這些字眼，你可能會覺得「好像很好吃耶」，但這種名叫**「巴皮爾」（bappir）**的麵包，並不是烤來吃的。這種麵包會烤兩遍，然後儲放一段時間，最後才拿出來壓成麵包粉，加到碾碎的椰棗裡加水混合，以此釀出豪邁的啤酒原液。這應該不會是人類最早的啤酒，但這絕對是人類最早有食譜可循的啤酒——事實上這應該就是人類最早的食譜。

古蘇美人眞的超愛啤酒的。啤酒不是他們偶一為之的放縱，而是維繫他們社稷與生產力於不墜的「絕緣膠帶」。家家戶戶大都會自己釀平常要喝的啤酒，而政府也會固定釀酒，並且**每天發一公升的量**給蘇美的「公務員」。我忍不住想說要是美國政府也能比照辦理，公務員天天都有公家的酒可喝，那各州監理處的日常業務一定會順暢許多，不再大排長龍。退休金計畫是什麼，能喝嗎？對吧。

蘇美人多半是跟親朋好友聯手釀酒，然後釀出來也有福共享。飲酒最早的歷史紀錄，可上溯至西元前四千年，這項紀錄雖然相隔數千年，但現代人也能一目了然——他們就是在開趴，就是在灌酒。上層那些人可不是在抽水煙，那是一個大酒瓶裝滿啤酒，旁邊的人一個個插著吸管在喝。這有點像一人一個水龍頭的概念，只不過稍微不衛生一點。這幅圖完全說明了一件事情，那就是喝到別人的口水，是個幾千年前就有的問題。

各位「好捧油」讀到這裡，應該都很了解我了，所以應該不會驚訝於我接著要做的事情——沒錯，又到了做實驗的時候了。

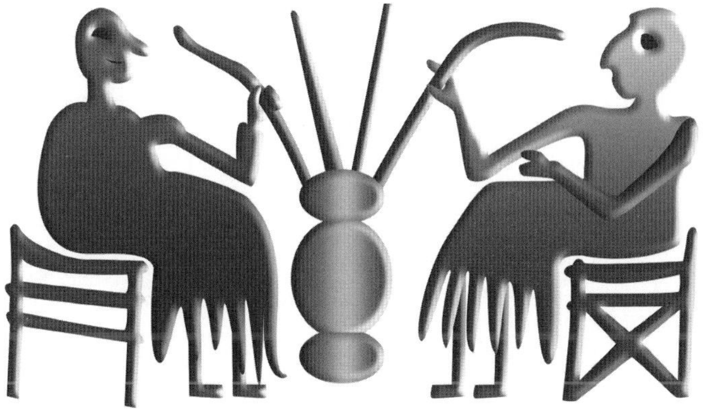

現代畫家重現的蘇美象形文字。塔薇亞・莫拉（Tavia Morra）繪製

第一次〇〇就上手：學蘇美人喝酒

我自己先招，我不是第一個想到要測試這份古代食譜的人。我連邊都沾不上。早在一九八九年，海錨釀酒公司（The Anchor Brewing Company）就開發了現代版的蘇美麵包啤酒。而在為本章的書寫做功課的時候，我還發現到一份鉅細靡遺的蘇美啤酒食譜，赫然出現在二〇〇七年《釀酒雜誌》（*Brew Magazine*）上，作者是丹・茂爾（Dan Mouer）。

這兩個現代版本的根據，都是西元前十九世紀那首頌詩的譯文，但詩中教的釀酒法可說相當粗略。橫看豎看，那都不是個一百分的食譜，當中有好幾個步驟都丟給釀酒的人判斷。但我的計畫仍舊是盡可能按照字面意義去複製四千年前的東西。如此一來，我們首先需要的就是椰棗酒。話說除非你住在埃及或家旁邊就有一家貨源特別多元的全食超市，否則你連椰棗酒都得自己動手做。

材料：（每五加侖，約十九公升）

一個食物級塑膠桶或木桶，容量五加侖

一個金屬材質大碗，容量兩加侖（約七點六公升）

一個氣閥鎖（釀酒材料行或網路上都買得到）
三點五磅（約一點五九公斤）的椰棗
一包麵包酵母（bread yeast）或葡萄酒酵母（wine yeast）（釀酒材料行有賣）

做法：

頌詩並未細談椰棗酒是怎麼釀出來的，只簡單說椰棗酒會混入最終的啤酒裡。很多椰棗酒的食譜都提到大量的糖，還提到紅茶等材料。我在此想盡量把事情單純化。蘇美人應該還生不出紅茶來，同時他們應該也還沒從「哇，水果爛掉變成的東西也太狂了吧」的震撼中恢復過來，我合理推測他們還沒有足夠的理智去管太多跟基本原理有關的閒事。

拿出搗馬鈴薯泥的傢伙，把弄來的椰棗搗爛。又或者真的很講究的話，你可以去找古董級的杵臼來用。搗得差不多了，就加水以文火熬煮到水分完全吸收椰棗的顏色為止。煮出來的東西，全部倒進你那五加侖的釀酒桶裡，然後加入足量的水，大概滿到比四加侖（約十五點一四公升）少一點就行。

再來輪到酵母登場。古蘇美人應該是不小心用到了搭椰棗外皮便車的天然酵母，而我的椰棗（跟你的椰棗）在拿來釀酒之前都必須洗掉外層的殺蟲劑——和所有的東西——若不想看到辛苦買來的椰棗「放水流」，畢竟椰棗並不便宜，我們就得在酵母的使用上作點小弊。為此我用上的是「香檳酵母」（champagne yeast），但其實「蘋果酒酵母」（cider yeast）或甚至一點「傅萊許曼麵包酵母」（Fleischman's bread yeast）也就夠用了。

把酒桶封住，裝上氣閥鎖，然後就把整桶原料「放生」一星期。但你只能休息三天，因為進入第四天，你就要開始烤巴皮爾麵包了。

＊＊＊

材料：

三磅（約一點三六公斤）**大麥麥芽**

一磅（約四百五十三公克）**大麥麵粉**

一點二五磅（約五百六十七公克）**生蜂蜜**

水

做法：

烤巴皮爾麵包會麻煩一點，因為我們得多動點腦筋，才能思考出該如何將頌詩的內容當成食譜執行。獻給寧卡西女神的頌詩按照米蓋爾・西維爾（Miguel Civil）先生的譯文，講了下面這些東西：

妳是處理麵團的人，（且）妳手握大鏟，
在凹洞裡混入，帶著甜香的巴皮爾麵包，
寧卡西，妳是那人，妳在處理著
麵團，（且）妳手拿大鏟，
在凹洞裡混入，帶著（椰棗）蜂蜜的巴皮爾麵包。

妳是在大烤箱裡烤巴皮爾麵包的人，
把去殼的穀物一堆堆放整齊囉，
寧卡西，妳是那人，妳在烤著
巴皮爾麵包，在那大烤箱，
把去殼的穀物一堆堆放整齊囉。

各位朋友，這只是兩段，但整首頌詩都是這個調調。製作啤酒的每一「動」都是寧卡西的功勞，好像辛苦在釀酒的那些都不是人，都是空氣。好像賦予甜香的香料都會自己往麵團裡跳，而麵團本身也懂得自己鏟自己。但話說回來，這頌詩雖然繞得有點花俏，但這份「食譜」大致上講得還算是白話，整理一下就是拿鏟子把麵團混入坑洞中，摻入蜂蜜，最後送進「大烤箱」。

這樣搞出來的東西，看起來有點像蛋白質棒（protein bar），而且吃起來其實口味不差——我拿了兩塊去配咖啡當早餐，吃得算是相當開心。除非是時機歹歹到一個程度，否則蘇美人應該是沒有把巴皮爾麵包當食物的習慣，只不過我自己還蠻愛這一味的（事後證明比蘇美啤酒好入口多了）。

等麵包烤好，椰棗酒釀好，我們就開始來做蘇美啤酒了。再來讀詩找線索吧！

妳是澆灌地上那些麥芽的人，
尊貴的狗兒讓貴為君王者也不得靠近，
寧卡西，妳是那人，妳在澆灌
地上的那些麥芽，
尊貴的狗兒讓貴為君王者也不得靠近。

妳是把罐子裡的麥芽浸溼的那人，
不分潮起潮落，
寧卡西，妳是那人，妳在浸溼
罐子裡的麥芽，
不分潮起潮落。

我大膽假設頌詩裡說要用狗兒去擋掉某些大人物，指的是有些大官會犯了酒癮而跑來打擾釀酒師傅工作，不用狗狗嚇嚇他們不行。

麥芽傳統上指的就是發芽的大麥，但頌詩／食譜裡用上的是以大麥麥芽做出來的巴皮爾麵包。把巴皮爾麵包壓扁，放進大約一加侖水的罐子內，然後把浸溼的巴皮爾麵包以小火慢燉。罐子裡的「麵包糊」會慢慢變厚、變黏稠，並慢慢呈現出一種白中有棕的顏色。這樣弄出來的麥芽汁（wort）攤開在「大面積的蘆葦蓆子上」，或者找不到的話就用現代的碗篩代替也可以。總之把麥芽汁的水分濾掉，然後把剩下的麥芽汁一股腦兒倒進椰棗酒的桶裡，然後重新密封。

讓這整團東西「靜一靜」，不要管它，就讓它去發酵個兩週，讓它去發泡發個夠，直到完全「冷靜下來」為止。到了那個時候，你就把這團開始有點像啤酒的東西再拿去濾（我剛剛有叫你碗篩先不要收起來嗎？），至少把大一點的固體濾掉。頌詩裡是說要用大濾桶，但其實隨便一種濾網都行得通。要是濾了半天，最後的成品喝起來還是比市售品「渣」很多，也不需要大驚小怪，因為本來就應該這樣。

終於進入最後一個階段，就是喝，我們要按照蘇美人的方式來享用這酒：拿吸管從容量有好幾加侖的大花瓶裡喝，而且還要跟三五好友一起這麼做。第一批有此榮幸的親友團由我的未婚妻瑪珍塔跟我的室友戴夫組成。我們倒了大約兩加侖的蘇美啤酒到一個大金屬盤裡，並且裁切了約好幾根長約兩到三英尺（約六十到九十公分）的塑膠管來充當吸管使用。

喝完感覺如何呢？嗯，不太好喝，但也不到很難喝。這酒有一點甜甜的、一點酸酸的味道，有點讓人想到比利時藍比克自然發酵啤酒（Belgian Lambic），酒精濃度則是還算有點勁道的百分之五到六。喝的方式也影響很大。跟朋友一起排排坐，斜躺在椅子上用吸管有氣質地喝酒……我發現自己好像還真的把蘇美酒當成水煙在抽，只要沒聊天就會不停地喝酒。

學蘇美人喝酒，真的非常像是一種「長時間悶燒」的過程。我們很快就醉了，然後就這樣醉了一整夜都沒醒。通算下來，我們三個人用差不多五個小時喝了約兩加侖（約七點六公升）的蘇美啤酒。這樣的量已足以讓作為「主力」的戴夫跟我一整晚都很嗨，但還不足以讓我們醉到狂吐一地。

這次經驗最主要的收穫，對我來說是蘇美人的啤酒趴是怎麼開的，而不在啤酒本身。但別誤會，啤酒本身也沒有那麼慘烈（我讓四個人試喝，只有一個人抵死不從），但沒有超越百威淡啤酒的水準。但蘇美人喝酒時的擺設真的太妙了，方便聊天也方便喝酒，又不至於讓人喝得太過火。

所以我會建議烤些巴皮爾麵包當成派對上的點心，準備個數加侖容量的大腳桶裝買來的好啤酒，插好吸管，然後「落」些朋友過來。我想你應該不難體會蘇美人喝酒的某些智慧，值得我們學學。

酒精年代（或在現代「少量多餐」的喝法）

二〇一三年，我有四或六天的時間在印度普希卡（Pushkar）的一家飯店裡要死不活。我不能斷定是四、五或是六天，是因爲我上吐下瀉到幾乎小命不保。那是我人生第一次覺得身體在對我這個主人爆氣——我可以感覺到腸子在肚子裡扭曲，活像那不是腸子，而是條癲癇中的大蟒蛇。投宿在附近賓館的朋友明明跟我隔兩條街，都說聽得到我夜裡在鬼吼鬼叫。

害我這樣的，是事發前一天我點的一杯溫溫的即溶咖啡，第一現場在齋浦爾（Jaipur）。一般來講，咖啡跟茶在印度是「安全牌」，主要是髒水只要夠燙，煮得夠久，那最後也會變得還算乾淨。但當我把那杯咖啡拿近嘴邊，鼻子就已經嗅到了一絲讓人聯想到若隱若現的污水末世氣息。只可惜在我意會到自己命在旦夕之時，那要命的液體已經搶著滾落我的喉間。溫溫的，不燙的，但肯定是不乾淨的液體。

相對於其他世界，乾淨而安全的自來水可算是第一世界單一且最大的優勢來源。這本書如果落在你的手上，就代表貴國應該不缺喝了不用擔心會一直跑廁所的H_2O。這點在歷史上可不是理所當然，事實上相反的狀況才是歷史的常態。大部分的時候我們的祖先每每喝水，都是在打賭。

你要是對痢疾（dysentery）一無所知，那眞的很恭喜你，你搞不好有中大樂透的命。我第一次拉肚子是因爲在瓜地馬拉耍白癡，用了淋浴的水漱口。我那次跟朋友在瓜地馬拉待了七到八週，結果把廁所搞到翻過來的「陣仗」就有三場。

我們那次一行八個人，共同在瓜地馬拉旅行了兩個月，而我們大部分人都沒逃過痢疾的毒手，甚至有時候是全部的人幾乎一起「中標」。我說幾乎是因爲凡事都有例外。從沒經大腦就喝下肚的一杯杯自來水，到淋浴時不小心入喉的一兩個水滴，以至於暗箭難防的各種湯品，我們這團僅有一人得以倖免於難，此奇葩即吾友喬許是也。喬許在這趟中美洲之旅裡做了一個天外飛來一筆的決定，那就是他整天追著酒跑，瓶裝的瓜地馬拉威士忌被他當水在喝。除此之外，我們吃什麼，喬許也吃什麼。我們喝的咖啡，也是喬許喝的咖啡。喬許跟所有人的行程完全一樣，但眼看著我們一個個拉到不行，他老兄就是百毒不侵。

喬許的大絕，也就是古人的大絕。微生物或許有本事把我們的腸胃道鬧到天翻地覆，但它們跟我們一樣不是酒精的對手。酒讓髒水的殺傷力大降。

就像數百萬飢渴的大學新鮮人一樣，人類的祖先也不是隨時都能取得硬派的烈酒。但釀造啤酒的過程基本上可以殺死水中對人類是爲禍害的各種微生物。酒精濃度遠高於啤酒的葡萄酒甚至能直接拿去與水混合，這能讓水喝起來安全很多，同時摻水也能讓古代社會不至於變成一場沒完沒了的大宿醉。

整天喝酒，天天喝酒可以很好玩……如果你說的是一年一次，一次三四天的話。天天這樣搞，你的肝很快會受不了，你的生命會從彩色變黑白，你的人生會變得步履蹣跚。這一點你知我知，獨眼龍也知，古代人當然不會不知。你問我怎麼知道？嗯，如果他們不知道節制，不打起精神去興建城市、發想哲理跟「爲宇宙創造繼起之生命」，那今天就不會有我們在這裡「發思古之幽情」了。

不論何種文化，喝酒普遍是一種自我防衛機制，酒能保護我們不被不能不喝，但又不太能放心喝的水所傷。但對古人來說，他們也需要另外一種防衛機制來保護他們不被酒癮所制服。古希臘人會卯起來稀釋他們的酒，而且他們會邊喝酒邊吃東西。他們已經知道空腹喝酒很要不得。這些習俗有時候管用，有時候不管用。所幸遇到稀釋跟配飯不管用的時候，他們還有「畢達哥拉斯杯」（Pythagorean Cup）可以依靠。

畢達哥拉斯，這名字你是不是有點耳熟。生於薩摩斯島（Samos）的畢達哥拉斯最爲人所知的算是「畢氏定理」（Pythagorean Theorem）。畢氏定理是一種你只要讀過國中就應該記得，或至少應該記得你曾經學過的定理。但畢達哥拉斯不是二十四小時都在研究三角形各邊邊長之間的糾葛，他還做了些別的事情，而其中一件事情就是絞盡腦汁，想辦法讓同時代的人不要因爲肝被搞壞而死於非命。「畢達哥拉斯杯」是他「諾貝爾潑人冷水獎」的得獎作品，用這杯子喝酒你不能貪心，因爲「酒平面」只要一高過中間的玻璃管，酒就會開始漏，而且這一漏就會漏到一滴不剩，順便毀掉你的西裝褲或主人的地毯。

畢達哥拉斯杯有個很響亮，感覺你在爛醉時會

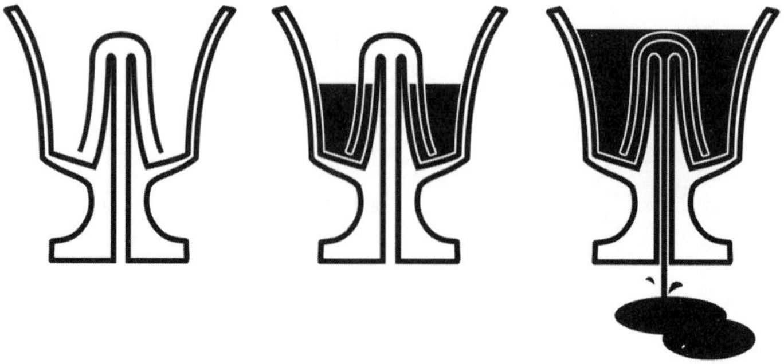

塔薇亞・莫拉（Tavia Morra）繪製

喊出的名字叫做「正義杯」（Cup of Justice）。但我想說的是，畢達哥拉斯杯是「清醒陣營」在古代最精巧、最強大的殺手鐧。但這倒也不是說「清醒派」只有一個杯子可以靠。事實上光是古代大部分的酒都屬少量私釀這一點，就很可能發揮了抑制酗酒的效果，你只能喝你所釀的分量。古埃及人甚至於認爲酒館或酒吧不道德，因爲這些地方只要給錢，啤酒或葡萄酒的供應就會源源不絕。

幾乎是西醫之父的希臘哲學家希波克拉底（Hippocrates）認爲包括從發燒到脹氣，酒能治百病。但他也痛斥把酒當萬靈丹，不對水又喜歡一飲而盡的人。希波克拉底有段話，蠻能代表古希臘當時的主流觀念：

「……酒不稀釋就狂灌，會讓人變得虛弱。任誰讀到這句，都不會不認同酒就是有這麼大的殺傷力。」

酗酒在古希臘當然不是新鮮事。蘇格拉底就有過一段「黑歷史」。他老是得在「男」朋友阿爾西比亞德斯（Alcibiades）去應酬喝到爛醉之後收拾善後。不過酗酒這件事要眞正普及，還得等到羅馬時代，因爲羅馬帝國有大批的奴隸可以替他們照顧廣大園內的葡萄。在那之前，能酗酒代表你屬於金字塔的頂層，沒錢你還酗不起酒。

這就跟你所預期的一樣。

改變歷史的諸位酒鬼

亞歷山大大帝（Alexander the Great）的出身會讓不少人相當有共鳴：他出生的家庭裡有個跟他不太親，而且算是個工作狂的父親。這樣的一位「亞爸」很愛喝酒，而且老愛在外頭喝到不省人事，讓家人沒面子。但他的父親「馬其頓的腓力二世」（Phillip II of Macedon）來頭可不小。算起來他是那個年代裡最強大的一方軍頭。即便有如此顯赫的背景，他父親酒後一些不堪聞問的舉止，還是讓年輕的亞歷山大無地自容。

古代的馬其頓人不用畢達哥拉斯杯，也不會為了稀釋而在酒裡頭摻水。身為遊牧民族，他們是馳騁在馬背上的戰士，而且他們還經常酩酊大醉地上戰場，或至少也會像繩子沒綁緊，帆片二二六六就駛出港的船隻一樣，平衡感受到一定的挑戰。喝酒喝過頭是很正常的事情，甚至可以說是馬其頓戰士中的一種傳統文化。而腓力二世作為他們的國王，當然只能喝得比手下多，不能比手下少。

年輕的亞歷山大有過一位非同小可的家教。這位如父的老師不是別人，就是大名鼎鼎的亞里斯多德。話說亞里斯多德出身希臘，所以我們不難想像他在給小朋友上課時「偷渡」一些認為馬其頓喝酒傳統很「野蠻」的價值觀。就這樣，事情在多年之後有了爆炸性的發展，成為了一個廣為人知的「事件」。事情發生在腓力二世為慶祝自己再婚所舉辦的派對上，他再婚的對象叫做克莉歐佩特拉（Cleopatra），而這女人自然不是亞歷山大的生母。

這場派對開沒多久就變成喝酒比賽，這在馬其頓並不值得大驚小怪。只不過就在這時，克莉歐佩特拉的一名親戚對著腓力二世說了句不中聽的閒話，意思是說他現在可以生個「正牌」的繼承人了。亞歷山大一聽就很不爽，於是就把手中的酒杯變成「飛鏢」，朝著嘴賤的那人砸了過去。這麼一點火，現場一群人就這麼醉醺醺地扭打成一團。打著打著，腓力二世拔劍刺向亞歷山大，但醉意使他絆到沙發，一屁股跌在地板上。事實上這段期間，腓力二世正在策畫要入侵亞洲，所以亞歷山大忍不住用上了這哏來酸這位不很親的爸爸：

「各位快過來看，這傢伙連沙發都跨不過，還想從歐洲跨進亞洲。」

亞歷山大跟腓力二世之間自此永遠地埋下了疙瘩，到腓力二世去世都沒有和解。我這麼說，是因爲腓力二世遭到暗殺，大抵就是亞歷山大跟他生母幹的。這段歷史，或許永遠沒有眞相大白的一天，主要是愛喝酒的軍閥若是馬大便，那他的敵人就像被大便吸引來的蒼蠅一樣多。只不過有一點我們可以確定，那就是有其父必有其子，酗酒的基因從腓力二世傳到了亞歷山大身上。

在他有如流星般的短暫人生中，亞歷山大曾經是他「醉仙」朋友圈裡最完美詮釋什麼叫「滴酒不沾」的人，但後來他竟成了史上留名的超級酒鬼。主要是隨著他的帝國版圖愈來愈大，他治國的壓力也愈來愈重，加上在戰場上出生入死留下不少傷痛，於是乎酒這個問題也開始黏他黏得愈來愈緊。亞歷山大身爲史詩級的人物，辦的酒趴也是史詩等級，而且還幾乎是全年無休，天天這麼搞。我們可以合理推斷他在計畫作戰，甚至眞正上場作戰時，都不可能完全清醒。

不過說到喝酒對亞歷山大的生涯功過最明白不過的影響，產生在他佔領波斯帝國前首都波斯波利斯（Persepolis）[1]的時候。波斯波利斯在當時是人類一座偉大的城市，而亞歷山大原本是想放城內的皇宮一馬，但就在征伐成功的慶功宴上，他跟他的手下又喝得不省人事。結果就是聽到有賓客建議放火燒東西的時候，亞歷山大的反射動作是發火把給大家。

才三十出頭，亞歷山大就統治了地球上面積最遼闊的帝國。他壯志未酬地死於征服印度的半途。要是他能一舉拿下印度，那恐怕不只是世界史，就連咖哩的歷史都會改寫。身爲馬其頓國王的他在宴席來到一半時才乾完一杯酒，就立馬抓著腰內肉喊疼，接著病倒。他說那感覺像是肝臟挨了一箭。

歷史學者咸認是傷寒（Typhoid）在數日後給了亞歷山大最後一擊。但要不是長年酗酒造成免疫系統千瘡百孔，傷寒要奪他性命也不會那麼順利。

歷史上不乏一國之君者又貪杯又愛打仗：匈奴王阿提拉（Attila）和成吉思汗都是跟美劇《廣告狂人》（*Mad Man*）裡「唐醉伯」（Don Draper）同等級的酒鬼。但杯中物究竟對世界級的領袖決策有什麼樣的影響，則很難認定，尤其如果他們從來沒清醒過的話。

但這裡有一個少見的案例，倒是可以讓我們一窺酒精如何改變了世界歷史的行進方向。這事兒發生在俄羅斯。根據《原初編年史》（*Primary Chronicle*）——說是原初，其實也是「基輔羅斯」（Kievan Rus）[2]時期僅有的書面歷史——身為異教徒的基輔弗拉基米爾大公（Prince Vladimir of Kiev）在大約九八八年起開始四處尋覓新的宗教信仰。其中保加利亞的穆斯林非常積極地提出美女與榮華富貴來向他「促銷」伊斯蘭教，但穆斯林也坦言俄羅斯人**必須戒酒**，伊斯蘭信仰才會接納他們。

這個決定對拉基米爾大公來說，非常容易。

「喝酒，」他說，「是（俄）羅斯人的樂趣。少了酒我們生無可戀。」

弗拉基米爾大公選擇了加入基督教陣營，而非穆斯林世界。一個信奉伊斯蘭教的俄羅斯會帶給現在的世界什麼樣的改變，我們無從得知，但有一點應該可以確定，那就是伏特加在全球的人氣會遭到嚴重的打擊。

1 譯註：意思是「波斯人的城市」，西元前三三一年遭亞歷山大大帝焚城，遺址現為聯合國世界文化遺產。

2 譯註：存在於八二二至一二四〇年的君主制國家，即現代俄羅斯的原型。

酗酒跟俄羅斯這兩項元素聯手改變歷史，不只這一回。史達林（Joseph Stalin）是有名的酒鬼，二戰時尤其喝得脫軌。他跟英國首相邱吉爾（Winston Churchill）只有一件事情相同，那就是兩人都有一個非常不健康的習慣——即便是領著英俄這兩艘大船，航行在二戰的腥風血雨中，這兩位「船長」都還是會從早喝到晚，而且基本上是天天。

雖然最終同屬同盟國陣營，但這兩人處得並不好，一點都不好。只是這不能全怪邱吉爾，畢竟史達林是個**殺人如麻的獨裁者**，但這也不能全怪史達林，畢竟邱吉爾**「他X的」本來就沒朋友**。一九四二年，這兩位約在莫斯科想弭平雙方的歧見，並且希望能「喬」出個辦法來完成滅納粹大業。

這會議進行得並不順利。

會議一開始其實還好，但在為期兩天的談判當中，只見史達林不停地出爾反爾外加斤斤計較，於是乎到了最後一天的晚上，事情看似已經無望。晚宴在尷尬中度過，雙方不歡而散的機率眼看愈來愈高。

只不過就在這個時候，邱吉爾跟史達林喝開來，而這麼一喝下去就是幾個小時。約莫到了凌晨一點，邱吉爾把首相的機要秘書亨利．卡鐸根（Henry Cadogan）給叫來。來的正是時候的亨利見證了事情的轉機，並於日後針對當時在宴席間目睹的事情寫下了這樣的字句：

現場的三位男士分別是溫斯頓（邱吉爾）、史達林，以及後來加入的蘇聯外長莫洛托夫

（Molotov）。坐著的三人面前是滿桌的食物，包括由乳豬領軍的各式菜餚，還有數不清的酒瓶。

靠著喝酒，兩位世界級的領袖竟也喝出了一些共識。派對最後在半夜三點畫下了一個氣氛融洽到不行的句點，你幾乎能幻聽到不存在的婚禮鐘響。我們很難把特定的政策或計畫跟這場會面連結起來，但史達林跟邱吉爾似乎是將之當成了寶貴的機會來操演同盟國的「團隊精神」——就像救國團在分組爬繩梯、過繩橋，培養互信一樣。只不過夏令營爬不好頂多摔一跤，這場會面喬不攏，要賠進去的可是全人類文明。

酒精把邱吉爾跟史達林兩人「送作堆」，也搞不好從納粹手中救回了西方文明。但「酒」能載舟亦能覆舟，在眾家文明中，酒精也曾經「毀」人不倦，而這當中的苦主就包括曾傲立於南美洲的偉大瓦里（Wari）帝國。

瓦里帝國酒醒人散

瓦里帝國在六〇〇年到一一〇〇年間控制過南美洲西岸的大部分，其勢力範圍以現今的祕魯為主。就多方面而言，瓦里是個很符合正常人想像的帝國，這包括誰不跪就征服誰、冷酷地打壓少數民族等等。基本上，你在科幻電影裡看到的壞蛋帝國有多王八蛋，瓦里帝國就有多王八蛋。

但話又說回來，瓦里帝國確實有自己的一項特色——那就是他們是一等一的開趴高手，這點沒話說。

瓦里帝國愛喝酒的程度，可以讓聖派翠克節（St. Patrick's Day）汗顏到「烙賽」在他特別準備的酢漿草刺繡內褲上。瓦里人會群聚跳舞，會牛飲他們傳統的「奇卡」（chicha）啤酒。他們動輒能一次灌下三加侖（十一公升多）的酒量。就算當時的奇卡只等於現在的美樂啤酒（Miller High Life），瓦里人攝取的酒精含量也會令人肅然起敬。瓦里人喝酒會讓人想到大學的兄弟會，就連他們喝酒的器具都跟男大生有「異曲同工」之妙。瓦里人用上的是名爲**「開洛」（kero）**，讓人捉摸不透的半加侖（約一點九公升）杯具，其中有一些還做成了**「人腳」**的造型。

沒錯，拉斯維加斯有亭子在賣塑膠靴裡裝滿的烈酒，其實是在向古代傳統致敬。

瓦里人爲了敬神而建起了井然有序的雄偉城市、巨大的堡壘，乃至於成山的藝術品。但這些東西都不特別，這些東西哪個帝國拿不出來。眞正瓦里有而其他帝國沒有的東西，至少從本作者紅了眶的眼裡看來，應該要算是他們的釀酒廠。瓦里人木造的酒廠裡有二十個起跳

（Tavia Morra）繪製

的瓷製釀酒桶，每一個桶身規格都有二十五到三十五加侖的容量（九十四點六到一百三十二點四公升）。只需短短一天，這每一座啤酒的「聖殿」都可以獻上最多五百加侖（約一八九二公升）的奇卡啤酒。

我們對瓦里古帝國的兩性關係所知不多。大部分關於瓦里帝國的紀錄都「寫」在「美索亞美利加」（Mesoamerica）[3]早期一種名為「齊普」（khipu）的精緻結繩上。可惜的是，早在現代第一批人類學家出生之前，這些繩子早就爛了，瓦里人的資料也隨之蕩然無存。惟從其遺跡探得的證據顯示了瓦里有令人嘆服的龐大啤酒工業，而且這一行全靠女性撐起一片天。

瓦里人喝酒有很多很「老套」的理由：宗教節慶、四季更迭、馬路上少了嘔吐物怪怪的。除此之外，啤酒也是他們在外交上折衝樽俎的利器。瓦里人會邀請鄰近與其競逐的蒂亞瓦納科（Tiwanaku）人過來大喝特喝。這些「跨國」的慶典自然能讓雙方都交到些朋友，但這些活動也是展示其財務與組織等國力指標的窗口。瓦里人的訊息是「我們現在釀酒釀得很開心，但要是被惹毛了，我們想毀了你們也不成問題」。

從大約一千一百年起，瓦里人逐漸人丁稀落，最後銷聲匿跡。我們知道在一千年前後土

3 譯註：一稱中部美洲，不同於中美洲屬於地理學名詞，曾存在許多古文明帝國的「中部美洲」主要代表歷史與文化上的分野。

崩瓦解的蒂亞瓦納科可能代表著第一張被推倒的骨牌。這之後引發的連鎖反應導致了瓦里帝國走向末日。當然也可能蒂亞瓦納科與這一切無關，而是另有某樣東西擊倒了瓦里帝國。說來說去我們並不清楚瓦里帝國是怎麼垮掉的，但好在在佛羅里達大學（University of Florida）與芝加哥田野博物館（Field Museum）的科學家努力之下，我們至少知道了瓦里帝國毀於一場巨大的酒精趴踢。

瓦里古城包烏爾（El Baúl）[4]的挖掘工作顯示城內的大釀酒廠與城區大半，都毀於帝國史上最後一場飲酒派對尾聲的儀式性大火中。隨著酒廠與周圍的宴會場所崩塌，瓦里的貴族們在火海中拋出手中的半加侖足形酒壺，算是爲帝國餞別，這應該是歷史上最早的「丟麥（克風）耍帥」吧？

若不加深究，有人會覺得用超狂的酒宴跟整個文明說再見，是瀟脫的極致表現。問題是這種做法太不合情理。一個民族在拋家棄子、搖搖欲墜的無奈與絕境之中，怎麼可能把寶貴的資源全砸在最後一場有去無回的究極派對上？這事情的全貌注定會成爲歷史的懸案，但換個角度，這一「冰與火（與酒）之歌」式的結局其實好像也說得過去，但前提是你要先了解一些事情……

奇卡啤酒：把美索亞美利加團結起來的液體

各式各樣的奇卡啤酒在南美洲與中美洲大行其道，這點不僅是過去式，也是現在式。瓦里人的版本用上了「粉紅胡椒」（pink peppercorn），也就是「祕魯胡椒木」（Schinus molle）植株的莓果爲原料。蒂亞瓦納科作爲他們的死對頭，用的則是玉米。整體而言，在古代的美索亞美利加，玉米或者木薯（yucca）等澱粉類作物才是最常用的釀酒原料。瓦里人非得特立獨行地採用胡椒木的果實，原因可能不只一種，而其中一個重要的原因應是追求重口味。但在啤酒風味上特立獨行，其實也發送出一個具有重大政治意涵的訊息。

關鍵在於奇卡是啤酒，卻又不是普通的啤酒。古時在美索亞美利加，奇卡啤酒有公立的酒廠在做，也有民眾自己在家在做，其過程包括由（以女性爲主的）製作者將原料加以咀嚼而後吐出。人類唾液中的澱粉酶（Amylase）作爲一種酵素，可將無法發酵的植物澱粉轉化爲可以發酵的醣類。以咀嚼過後的植物原料爲基礎，再加入酵母跟水，放個幾天，啤酒就大

4 譯註：位於瓜地馬拉境內。

功告成了。奇卡啤酒的食譜所在多有，但萬變不離其宗——賈斯汀．傑寧斯（Justin Jennings）在二〇〇四年寫過一篇名為〈奇卡酒販與他們的主顧〉（*La Chichera y El Patron*）的論文裡，對奇卡酒有詳細的介紹。

奇卡是一種民有、民「製」、民享的全民啤酒。舉凡美索亞美利加的偉大帝國能夠崛起，背後一定有一款了不得的啤酒。諸如瓦里或印加等帝國能把文化跟威名傳播出去，靠的就是請對手跟臣民吃飯喝酒，而這些對手與臣民又會請他們的對手跟臣民吃飯喝酒，進一步把帝國的威名遠播出去。

在安地斯山區的社會裡，酒宴還有另外一層更關鍵的意義：酒宴是整個經濟體的根基。在金錢與貨幣的觀念還沒有深植人心，大部分老百姓還是農耕度日的歲月裡，勞工獲得的報酬常常是精美的酒宴，而奇卡啤酒就是這個「互惠」體系中的樞紐。亦即印加等帝國要讓偉大的城市與地標豎立於眼前，啤酒的供應就必須得源源不絕。

「愈陳愈香」的概念不存在於奇卡啤酒的世界裡。酒一旦釀出來，幾天內就會壞掉，所以得趕快喝掉。而這一點也代表著釀酒必須專職，必須二十四小時全年無休。而在美索亞美利加，啤酒產業絕對是女人的天下，女性的唾液是做出上等奇卡酒的祕方。這些女性釀酒者在印加社會中甚至是一個特殊的「阿克亞」（aqlla）階級，意思是「神選的女人」，說得更白一點就是負責釀啤酒的皇家比丘尼。她們大部分都跟印加的統治者有關係，而且全部都立誓守貞。

會願意放棄性生活來換得數以百計的人喝她們口水的特權，自然不是平凡的女人。但奇卡啤酒在公眾生活中所扮演的要角，意味著這群女性必享有崇高的社會地位。這些女性做出的奇卡，會是印加「國定假日」與官方場合的「指定用酒」。來訪的王侯君主都會醉在阿克亞的唾液裡。

這真的還蠻酷的。

實驗時間：正妹的口水（啤酒）真的比較好喝？

我一讀到奇卡啤酒的資料，內心就燃燒起熊熊的好奇心。我想各位跟我一樣，應該都想知道一件事情——釀酒工作為什麼是女性的專利？

我把這個問題丟給布萊恩．海頓博士（Brian Hayden），他是研究啤酒的考古學家，也是加拿大西門菲沙大學（Simon Fraser University）的教授。他對於全女性的酒廠人事提出了一個相當「客氣」的解釋：

在很多宴席裡，男性負責屠宰的工作，很多時候還得兼任烹煮肉的廚師。再加上釀酒的準備工作也是相當費工，所以男性才會想到讓女性來負責這一塊，算是替男性解勞分憂。

但他也另外提出了一個比較有爆點的假說。他說也有可能是「女性唾液含有某些與男性不同的酵素」。所以你要說是性別歧視也行，但或許真的是女生口水做出的啤酒較對味？「或許」這兩個字很重要，有這兩個字，我就有理由再做一場實驗。如果你想吸引男性和女性友人的話，可以複製我的實驗：

材料：

兩加侖（七點五七公升）**容量的玻璃罐，你可以去釀酒材料行買，也可以用喝完嘉樂時紅酒剩下來的大罐子**

兩個氣閥鎖（用派對氣球代替也行！）

約二分之一磅（二二六點八公克）**的各式玉米**（麵）**粉**

兩包酵母

兩個痰盂

做法：

把人分成男生跟女生兩組，一組一個痰盂跟足量的玉米麵粉。

要有心理準備這不會太容易。迅速將大量且滿滿一大匙的玉米麵粉塞進嘴巴開始咀嚼。試著讓玉米麵團保持在口腔的前端，這樣除了可以避免不小心把東西吞下肚，也可以確保麵團可以吸飽唾液。我們的目標是要吐出像曼陀珠吃到一半的東西，但新手更可能吐出黏呼呼的糨糊。

警告：咀嚼這些有點糟的玉米麵團，四名實驗者中有兩名實際上已經嚼到出血。直到女孩和男孩吐出大致相等於水壺血量，我仍決定這個實驗是有效的。

等男生跟女生都嚼完四分之一磅（一一三點四公克）的麵粉之後（你夠瘋的話也可以讓他們再多嚼一些），把麵粉與跟口水的混合物（用漏斗）倒入各自的玻璃罐裡。請注意標明哪罐是男生，哪罐是女生！這之後再加水讓兩個罐子的水位過半。最後放入酵母，封上氣閥鎖，稍加搖晃，然後讓「準」奇卡啤酒靜置至少四十八小時。

接下來的兩天我們尋常度日，就像什麼事都沒發生過，頂多是經過廚房的時候瞄一眼罐子裡輕微冒泡的黃色麵粉溶液（加血液跟唾液）。

兩天後我小心翼翼地倒出了分量有兩杯的奇卡，撲鼻而來的是帶有酵母風味的酸氣。聞起來雖然有點嗆，但真正喝起來其實還行，酸味有，也確實有點冒泡。以口味來說似乎稍微男女有別——男生的版本更酸一些，酵母風味更強一些。女生的版本則顯得溫順不少。如果要喝一加侖的話，我想我會選擇比較順口的女生版本。或許古代的美索亞美利加人也沒想太多，就只是單純跟我一樣，覺得女生版的奇卡比較不嗆而已。

這樣的結果算是引人入勝，結論是我覺得後續還是得用**胡椒木果**（schinus molle）來取代玉米麵粉重作這實驗，看看我是不是還能分辨出男女唾液的效果差別。為此我網購了一磅的乾燥紅胡椒

子，然後集合了更多的志願者來受試——六個男生跟三個女生。男生人數是女生的兩倍，而這也意味著每位女生得多嚼些胡椒子（我尤其要向K小姐致敬，她嚼的分量是第一名）。

三天後奇卡酒製成後，我找來品嘗的人數就少了些，只有六位，當中包括四個先生跟兩位小姐。他們進行的都是盲測，完全只根據喝起來的口感來回答自己喜歡哪邊。結果六位品嘗的人當中有四個（三男一女）把票投給了女生版的奇卡，他們的評語是這邊喝起來「泡泡更多」，而且整體的口感也更「溫和」。

只憑這些測試，絕對沒辦法把找女生做奇卡之謎完全解開。我很樂見有啤酒考古學家會想要用更接近傳統的方式來進行更大規模的模擬，只是應該很難找到人出資做這種事就是了。我覺得聯邦政府的科學補助，就是拿來做這種事情，回答這種問題的，大家應該都會同意吧。

在有專家願意出力，聯邦政府願意出錢之前，我還是堅定相信自己迷你實驗做出來的結果——正妹的口水就是好喝。

Chapter 5

素行不良如何化身文明救星

換換口味，我們來聊聊英文裡的「迪克」（dick）。別擔心，我想跟大家聊的不是意指「男性性器官」的粗俗口語，我想聊的是意指「素行不良，目中無人的王八蛋」。總是有些人喜歡喝酒鬧事，因為在公開場合找麻煩能帶給他們快感。還有些人喜歡把鏡子裡的六塊肌拍成照片放上臉書，因為**每個人**都想看他的小肚肚，大家只是不好意思麻煩他而已。這些人在網路上橫衝直撞，再忙也要抽出時間來跟陌生人嗆聲。酸言酸語是這些人的反射本能，整個世界都是他們的靶場。

這些在英文裡被稱為「迪克」的「白目黨」人有一大群徒子徒孫，他們是現代文明的病徵。曾經在網路興起成一種無國界的溝通工具，讓地球村的夢想突然變好近的那個時期，很多人樂觀地以為旭日終於升起，人類對話的新時代即將來臨。自此人類將可以暢所欲言，可以交換理念，可以彼此了解，人類溝通將達到前所未見的高點。其實這樣的想法，並沒有錯，我們現在真的做到了這樣的程度。問題是，我們沒料到網路帶來了另外一道黑暗的彩虹，沒想到各種的醜陋會隨之而生。網路早期的支持者會夢想著像 YouTube 這樣的東西，但無論在何種暗無天日的噩夢之中，無論從何種興奮劑的高潮中墜落，人類都沒想到 YouTube 留言區裡的種族歧視與仇女言論會充斥到這種程度。

現代社群網站有位老祖宗名叫 Usenet。Usenet 建立於上個世紀的一九八〇年代，當時其本體是一系列的「新聞群組」（newsgroup），來自世界各地的使用者可以在該平台上跟正好上線的任何人討論任何事情，基本上是百無禁忌。對於一九八〇與一九九〇年代初期的理工宅來說，Usenet就像是Reddit、臉書與Gmail的綜合體。這是網路第一次打破了國界與時空的限制，讓人可以隨時隨地與人「開誠布公」地隨便亂聊。

不過說「開誠布公」，用字可能也稍微過重了些。因為直到一九九〇年代中期，上網都還不是很普及的事情。有長達超過十年的時間，Usenet上絕大部分的使用者能「躬逢其盛」，是因為他們身處在特定職場或人在大學的實驗室裡。從自家上網還是很稀罕的事情，而且幾乎都是矽谷有錢「怪胎」（geek）或連刮鬍子時間都騰不出來的程式設計師的專利。在Usenet上頭，新血的加入像是涓涓細流，跟今日網路的廣納百川可說大相逕庭。一九八五年Usenet上只有一千三百個「新聞群組」，到了二〇一四年，每兩分半鐘就有一堆網頁誕生。

在Usenet的高峰期，「新社員」的加入相當好管制，基本上新人加入都是預期中的一波一波。每年的「擴編」旺季落在九月份，因為九月大學新生入學，而大學生就愛上網。九月份也是Usenet的「殺戮戰場」，因為一堆不懂規矩的菜鳥會把Usenet上的討論串當成自家的淋浴間，亂來一氣。非得等到被網上的輿論噓爆了，鞭夠了，他們才懂得遵照網路的規矩。當時的網路就是有著這麼一個起伏不大而且頗有規律的週期，整個網路文化算是相對有禮。

但好景不常，「美國線上」（AOL）來了。

一九九三年，閘門一開，網路成了移民蜂擁而入的新大陸。從這個階段開始，**任何人**只要還算得上小康，而且也沒有要二十四小時等電話來，那就可以花點小錢連上網，在Usenet上貼文。成群「無讀冊兼沒衛生」的「科技蠻族」席捲了Usenet的貼文空間，中流砥柱的前輩與學長們「寡不敵衆」，想一一管教根本不可能。俗稱「小白」的白目網友混在匿名的人流之中，想要用放逐或無視的手段來逼他們就範根本沒有勝算。

Usenet乃至於後來的整個網路，自此都進入了一個全新的時代。在資深的網友口中，這個新時代是所謂「永恆的九月」。這樣的修辭，讓人覺得初代網路像是亞特蘭提斯一般，因著某次完美的風暴而永世沉沒入海。

但如果網路早期的建構者與推動者有好好上歷史課，順便修點人類學學分的話，那他們大概就不會大驚小怪了。「永恆的九月」是大勢必然，因爲讓現代網路變成蛇鼠一窩的那些不良行爲，並不只是家裡或學校沒教好的結果。自戀、激進、仇女（仇男）、反射性的酸言酸語，乃至於包山包海的種種墮落行徑，其實都**寫在人類DNA裡**。

有些人一出生就是王八蛋，是因爲我們的祖先曾經在遙遠的古代受過混帳行爲的好處。

演化給予自戀的回饋

如果拿引擎跟燃料來比喻，社群媒體就是光吃人類的自私就會跑的永動機（perpetual motion machine）。確實爲數衆多的藝術家與創作者會使用網路來分享他們的作品，但眞正算得上對人類文化有所貢獻的東西，早就被活埋在多到會山崩的自拍之下了。隨便搜尋一篇跟

「大規模槍擊」、天災人禍，或者眾多無辜者罹難有關的網路文章，你會發現許多網友發表了各種不同版本的「要是**我在**現場的話……」。我們拿二〇一五年，Cracked.com網站上某文章的回應來舉例說明。文章的作者是亞曼達．曼農（Amanda Mannen）。亞曼達．曼農何許人也？她是挪威烏托亞島（Utoya）大屠殺[1]的倖存者。為了凸顯毫無前兆的暴力攻擊有多難以反擊，這篇文章問了一個發人深省的問題：「就在你讀著這篇文章的同時，突然有人拿刀殺進來，你知道該怎麼辦嗎？你能在讀完這篇文章前想出個對策來嗎？你當然是想不出來。」

以下是一名Jackmeioff網友對於這個問題的回覆：

> 要對策是嗎？
>
> 我想我會屁股都不用離開椅子，就從我伸手可及的手槍櫃裡抓起點三五七麥格農（357 magnum）手槍，在對方的胸膛上開六個花，並盡可能不被刺到。等到讓對方失去意識，我會重新裝上子彈，以防這傢伙不是單獨犯案。

1 譯註：二〇一一年發生在挪威烏托亞島上的駭人槍擊案，罹難者共六十九人。兇嫌為安德斯．貝林．布雷維克（Anders Behring Breivik）。布雷維克先於七月二十二日在首都奧斯陸市區引爆汽車炸彈，造成八人死亡，隨後才又在烏托亞島上犯下槍擊挪威工黨青年營隊暴行。爆炸案與槍擊共帶走七十七條人命。布雷維克被判處挪威最高的二十一年有期徒刑。

以上大概是事件前十五到二十秒的狀況。

看到這樣的貼文，我腦中馬上浮現出很精確的人物速寫，心肌梗塞型的身材，皮膚因爲穴居不見天日而顯得蒼白，屋內貼著至少一張《疤面煞星》[2]的電影海報，外加牆上數把裝飾用的玩具刀劍。家中某處還會有個左輪手槍的剪影，上面標註的文字是「別惹槍的主人」。我這是在給人貼標籤，我承認。但很不幸的是這種人確實不在少數，而他們的特點有二：

1. 極為擅長高估自己
2. 極不擅長保持低調

眞的遇到危急的狀況，我眞的不覺得他們能（像亞曼達一樣）活下來寫文章。在這個養尊處優的文明世界裡，我們有抗生素保護，出門也不太會遇到熊，所以自以爲了不起就成了現代人的一項通病。不過老實講，這種虛幻的自戀傾向也不是現代人專屬，人類一向都是自戀狂，而這背後有其原因。有的時候，眼睛長在頭頂上的混帳是對的。

很多人高估自己，用不知哪來的自信讓自己送了命，這是事實。但有些人就是有「英雄命」，就是能矇著眼睛贏得勝利，順道改變了世界的命運。哥倫布（Christopher Columbus）是個沒把旁人放在眼裡的屁孩，他尋找印度是一場大失敗。但哥倫布卻憑著狗屎運，替歐洲帶回了南北美洲這兩大塊肥肉。哥倫布悶著頭亂闖，竟也成就了自身的名利雙收。他後來有兩個兒子，兩個兒子也是兒孫滿堂，這一家「無頭蒼蠅」的基因就這樣代代相傳到我們身上。

說到這些「梭哈而賭對了的人」，他們的基因向下傳遞其實有科學證據可循。人類DNA裡面有一枚DRD4基因會幫助人體決定何時釋出多巴胺，而約百分之二十的人類身上攜帶的是DRD4變異出的DRD4-7R。有些研究顯示帶有DRD4-7R基因的個體會比較甘於冒險。我並不是說A會醉醺醺地跳過圍籬，助想闖進露天溫泉池的朋友一臂之力，B則只會默默在一旁看著，心裡禱告著朋友不要害自己被送進警局，而是A跟B之間的差別就只有一條基因。但這確實說明了一點，那就是過度自信與「明知山有虎，偏向虎山行」的心態確實以驚人的規律讓世世代代的人類受益。

以目前科學所知，DRD4-7R基因最早的身影，出現在距今四千到五千年前。當時的人類決定離開安全的家鄉，去探索海的另一端可能會有更好的東西。

2 譯註：一九八三年有奧立佛・史東（Oliver Stone）執導，艾爾・帕西諾（Al Pacino）主演的美國犯罪題材電影，海報就是艾爾帕西諾拿著把衝鋒槍在射擊。

過分自信的古代智慧

康乃爾大學的大衛・鄧寧博士（David Dunning）顯然不會對Jackmeioff這種網友的類型感到陌生。因為納悶「人類哪來的自信」，鄧寧博士在一九九九年跟研究生賈斯汀・克魯格（Justin Kruger）搭檔成為研究夥伴。他向我解釋說：

我有點不可思議，每天看到那麼多人……在日常生活中錯誤百出，於是我就在想啊，他們怎麼都不會預想到自己會出那些包？

鄧寧博士的研究動機，來自我們每天也都看得到的渾事兒。他看到過度自信發生在各種地方，造成各式災難，這包括在教師會議上、在美國C-SPAN公共政策頻道、在媒體的笨賊報導裡，在半搞笑的達爾文獎（Darwin Award）得獎名單中。總之，他跟克魯格以不同的方式讓學生受測，然後問他們覺得自己的表現如何。

鄧寧跟賈斯汀發現受測表現一塌糊塗的學生有一個驚人的共通點，那就是「非常看得起自己」。至於表現可圈可點的另一群學生則顯得有「自知之明」得多，也就是在自我評估上顯得精準許多。不要看不起這樣的結論，這可是個能讓科學家名留青史的指標性發現。「鄧寧—克魯格效應」（Dunning-Kruger Effect）說的是愈是能力差的人，愈傾向把對自己的印象分數打高，而眞正的強者則不會如此往自己的臉上貼金。換句話說就是「魯蛇看得起自己，溫拿看得起別人」。

鄧寧與克魯格的研究證明了Jackmeioff網友的行爲是人類的通病。鄧寧博士認同一點，那就是網路的匿名性質，使他所觀察到的行爲變本加厲。「我覺得比起身處於匿名的網路留言區裡，人肯定會在朋友與親人之間比較收斂，比較不會得意忘形。」

話說這類行爲爲什麼會在人類之間如此氾濫呢？因爲自戀。人類吃過的苦頭有戰禍、有股市大崩盤，還有這二十年來令人不忍卒睹的電視實境節目，這樣看來自戀簡直是敗事有餘，自戀何曾帶給過人類一點好處？

時間拉回二〇一一年，多明尼克．強森（Dominic Johnson）與詹姆士．弗勒（James Fowler）這兩位分別來自於牛津與加州大學的科學家產生了同樣的疑問，於是兩人決定試著回答這個問題，而且他們還打算爲此創造一個數學模型。在二〇一一年一封給《自然》（*Nature*）的公開信《過剩自信的演化》（*The Evolution of Overconfidence*）中，兩位學者提出了一個「情境模型」（situation model），其中有力量不明的兩個人在競爭同一種資源。這是個設計精巧的模型，衝突的細節你可以代換成兩個人爲了一顆蘋果在互瞪，也可以換成兩個國家在考慮要不要爲了一座金礦島而開戰。

一旦兩造打起來，誰強誰就能「吃乾抹淨」。如果只有一方動手，另外一方按兵不動，他／她／它也一樣可以兵不血刃地「歸碗捧去」。一旦打起來，雙方都沒把握一定能贏，但若是有一方是個自以爲天下無敵的屁孩，理由只是哇靠，看看這個二頭肌，那這不要臉的一方其實勝算會比較大些。愈是不要臉的一方就愈可能眞的跟人動手，並且統計上他們也肯定能贏個幾場。學者對此的描述是：

「過度自信是一種優勢，因為自信過剩會推著人去插旗。原本打起來應該贏不到的資源可能因此就到手了……打起來必勝的仗也比較不容易錯失。」

要注意的是這點並非無條件地永遠成立。鄧寧博士警告我說以爲過度自信一定能帶來優勢，那可就錯了：

比方說在過度自信一段時間後，你已經遍體鱗傷，那再來你一命嗚呼恐怕只是遲早的事情了，因為說到風險這檔事，人類永遠會是最後的輸家。

學者還提出另外一個觀點是過度自信的價值會隨著處境的風險升高而遞減。如果今天是爲了一個超好睡的洞穴而拿著棍棒相互叫囂，那讓自戀的心情帶著你去嘶吼會很明智，但若今天擋在洞穴口的是一隻大熊，那自以爲可以打十個的你就是個白癡，而白癡的基因很快就會斷掉。若經評估風險不高，輸了也無傷大雅，那很多人就會心懷一種輸了就算了，但贏到賺到的概念。這就是爲什麼 **Jackmeioff** 這種人會在網路上大放厥詞，吹噓自己會如來神掌，但其實不要說打架，這些人連衣服都捨不得弄髒。

嘲笑人很容易，說別人是自信過剩、做事不經大腦，而且老愛分享腹肌照片的屁孩也不難。問題是在遙遠的石器時代，看到什麼問都不問，想拿就拿的那種人，往往會因爲別人的「棄權」而佔到不少便宜，進而讓自己三餐無虞。話說這種自以爲是的心態，跟另外一種讓史前討厭鬼在對峙中很吃香的渾帳行爲，兩者可以說是相互輝映，相得益彰。

垃圾話[3]與「講白賊」的智慧

網路的誕生，也讓尖酸的垃圾話得以重生。當面酸人是有風險的，畢竟很多人怕死也怕

3 編註：意思與我們熟知的意思不太相同。這裡指的是shit talking/talking shit，是垃圾話（track-talk，指常用雙關語或誇大的言詞來威脅對手，但有時可讓人覺得幽默）的一種，主要針對個人或團體，做為戰鬥、鬥毆的策略。本段第一行則指的是talking smack/smack talking，特指在網路聊天室、線上遊戲，是用威脅或故意挑釁的語言來攻擊對手，算是網路霸凌。

沒面子，可以被打槍但不能被打臉，你打這些人的臉，他們是會跟你拚命的。但到了網路上又是不同的情況。網路上有距離跟匿名可以保護自己，這兩樣東西是我們的防護罩。再來就是網路無遠弗屆，而且沒有地界，侮辱的發言可以像無孔不入的自拍A片或盜版影片一樣隨風飄揚，令看到的人「蕩氣迴腸」。所以在X-Box Live上連線時被某個十三歲國中生嗆，說要「乎你死」，這非常正常。YouTube影片下方的留言區要形成一股恨意十足的「意識流」，機會所在多有。我們當然可以把大家在網路上口無遮攔的帳算到其匿名特性的頭上，但眞相其實遠比這複雜。人類其實內建了噴垃圾話的基因，數千年來已經非常固定，而且這背後其實有個很合理的原因。

人類的基因裡早寫入了攻擊性。請容我不要臉地偷用人類學家唐諾．布朗（Donald Brown）在一九九一年提出的一個學術名詞（也是布朗博士大作的書名），但攻擊性眞的就是一種放諸四海皆準「人性通性」（human universals）。人類通性是人類固定的行爲模式，是有種族偏見的外星人若來到地球，用來給我們貼標籤的依據。

但凡事以攻擊開始，不見得就要以暴力了結。事實上按照強森與弗勒的說法，任何對峙或衝突的理想結局都不是分出個你死我活，弄成魚死網破的慘勝，而是另外一方悻悻然「退場」，好讓你不費吹灰之力就坐收漁翁之利。

但理論歸理論，實際上我們要怎麼做，才能攻擊性十足而不訴諸暴力呢？答案就是說話大小聲、講些有的沒有的、把自己捧高高，或者是把難聽的話或稱號串成連珠炮去問候別人。表面上，質疑或攻擊對方的名譽、人格、尊嚴或出身，會讓雙方扭打起來，但現實中更常出現的狀況是，這些言詞交鋒會取代眞刀眞槍的暴力。垃圾話之於人類，就如同狗狗對同類露出利齒。以尖牙示人不是在挑釁，而是在逼退對方。狗狗的意思是我這一排牙齒就擺在這裡，你差不多就好，不要欺「犬」太甚。

這時候過度自信就又派得上用場了。把自己空口說成妖魔鬼怪，希望其他人知難而退的「空城計」要能達到最佳的效果，你必須先眞心相信自己可以說到做到。世界上的Jackmeioff們或許口氣大了一點（此處每個點的大小相當於地球半徑），但他們不少人是眞心誠意地說出每一句廢話、打出每一篇廢文。強森與弗勒人類會進化得這麼擅長自欺欺人，是因爲自己都騙不了，怎麼去騙別人。

酸歸酸，扯謊的演化價值仍不容小看。演化生物學家彼得・卡若（Peter Caryl）發表過一篇論文叫〈情勢升高的戰鬥與精神力的戰爭：博弈理論與動物肉搏〉（*Escalated Fighting and the War of Nerves: Game Theory and Animal Combat*），而他在裡頭提到「不同於過度自信，裝腔作勢的成功機率會隨著輸贏變大而升高」。梅納德・史密斯與派克（Maynard Smith & Parker）也在一九七六年一份發表在《動物行爲》（*Animal Behaviour*）期刊中的論文提出同樣的觀察。在生死交關之際，戳破別人「偷雞」可能等於玩命，這跟冷戰年代的「同歸於盡」是同一個基本概念。當時的美俄雙方都宣稱有能力讓對方「灰飛煙滅」（順便讓所有地球人跟著倒楣），但或許有其中一方根本沒有那麼先進的導彈或足夠的軍事動員能力，只不過雙方也都不想賭命去滿足好奇心。

比起其他物種的內部衝突，人類間的爭端不知要危險多少倍。因此比起其他動物，我們會格外潛心去鑽研如何「唬爛」，因此唬爛在人類之間已臻至藝術的境界（眞的，我沒唬你）。說到現代最多人見識過的唬爛藝術，非幫派饒舌歌手間的對抗莫屬。這些平日只噴口水的宿敵們確實偶爾也會濺血（說到這兒，我們實在應該倒杯酒向「大個子」[4]致意），但見血畢竟還是例外，不是常態。

人類虛擲了令人咋舌的創意量在唬爛自己有多強之上。如果說我們現在有幫派饒舌的battle，那中世紀的歐洲就有種叫做「吠來聽」（flyting）[5]的「鬥嘴」模式。參與「吠來聽」對戰的兩造會相互羞辱，相互揶揄，相互凸顯自身的優越性。我們現存有關「吠來聽」的證據，可以追溯到「貝武夫」（Beowulf）這部古英文的史詩作品（約在八〇〇至一一〇〇年間）。我想作家艾爾塔・庫爾斯・哈拉瑪（Alta Cools Halama）曾於幫派饒舌躍居主流的一九九六年發表了一種看法（Essays in Medieval Studies, v.13, 1996）。他是第一個說王者[6]貝武夫與臣子昂費斯（Unferth）間的「吠來聽」，就是幫派饒舌的「直系祖先」。這兩者雖然年代相差甚遠，但其實一脈相承。

史詩裡寫到在一場宴席上，勛爵昂費斯因爲妒羨貝武夫，所以大聲嚷嚷說貝武夫游泳輸給一個名叫布列卡（Breca）的傢伙，因爲布列卡可以連游七夜。昂費斯拐彎抹角地說，要是貝武夫連摸黑游泳這點小事都不敢，那跟（故事裡的）大魔王葛蘭岱爾（Grendel）打起來，恐怕會輸得很難看：

「所以我在想雖然你向來驍勇善戰，堅忍不拔——但是葛蘭岱爾一來，你跟他鏖戰一晚，下場恐怕會比游泳輸了更慘。」[7]

貝武夫在反駁中說他承認，沒錯，他「夜游」是游輸了某人，但那是因爲他挑起了「海魚的怒火」。不懂嗎？基本上貝武夫就是在說——我之所以游泳比賽輸，是因爲我得花力氣去斬殺九條海怪。甚至於在「吹牛」的方式上，「吠來聽」跟幫派饒舌也有令人費解的相似之處，主要是兩者都甚以過人的體能與力量爲傲。在吹噓自己把海鯨給宰掉了的時候，貝武夫是這麼說的：

---

4 譯註：Biggie，已故知名美國黑人饒舌歌手，藝名全名為The Notorious B.I.G.（聲名狼藉先生），本名為克里斯多福·喬治·拉托·華勒斯（Christopher George Latore Wallace），大個子為暱稱之一。大個子在一九九五年捲入美國東西岸之間的嘻哈對峙，結果與之針鋒相對的2Pac先遭到槍殺，大個子本人也在一九九七年在洛杉磯遇害。

5 譯註：蘇格蘭文，意思是責罵或痛斥。

6 譯註：中世紀蘇格蘭授予地方領主的一種名銜。

7 "So ween I for three a worse adventure- though in buffet of battle thou brave hast been, in grim struggle- if Grendel' s approach thou darst await through the watch of night!"

「海魚的怒火開始奔騰，但我身上有手工接上的堅硬鎖子甲可助我抵擋眾多怪獸——這是有著黃金裝飾，編織在我胸前來抵禦危險的戰袍。」[8]

我們可以比對一下一九九二年，「死亡總數」（Body Count）樂團的爭議金曲「殺警者」（Cop Killer）。在這首歌前面幾小節的歌詞裡，主人翁炫耀著自己的襯衫、手套跟滑雪面罩。不論是千年前的史詩，還是現代的饒舌歌詞，主角一劈頭都先很「老王賣瓜」地以自己的裝備為榮，然後再大言不慚地講起自己要怎麼對手幹掉。以貝武夫為例，主角說他「用尖銳的劍首，經戰事洗禮的利刃」刺穿了怪物的身軀，還「經我手一甩」，「撼動」了海中的猛獸。在死亡總數的歌詞裡，則是提到「槍管鋸短了的十二號口徑霰彈槍」跟一輛「大燈已經關掉」的坐駕，意思是他要去收拾掉一些條子了。

文學裡最知名的「吠來聽」案例，應該得算是一五〇〇年左右的「鄧巴與甘迺迪」（Dunbar and Kennedy）一役。鄧巴與甘迺迪是蘇格蘭的兩名貴族詩人。這兩人先是在國王面前吵得不可開交，然後協議要來場「君子動口不動手」的文壇垃圾話決鬥。當中我覺得可收到「精華區」的段落有：

「君自稱是有著兩片金唇的雄辯家。非也，你這一身金玉其外，滿嘴胡說八道的豎子。

你這個郎中，你有的不過是醜陋的雙膝，不過是『烙賽』的屁屁。」[9]

原本的中世紀英文讀起來文謅謅的，感覺很「不近人情」，但翻譯起來其實就是上面的意思。鄧巴這麼說，意思就是他的「吠來聽」超強的，強到甘迺迪會嚇得烙賽一包在褲底。

五百個年頭過去，很多事情都變了。但自信過剩、自吹自擂與噴垃圾話不論是說說而已，還是認真無比，從來都沒有在人類社會中消失過。事實上……

建構社會的基石，也包括不堪入耳的羞辱與憤世嫉俗的輿論

各位看官千萬別誤會，「吠來聽」跟饒舌battle都不是人類語言發展史上的「新玩意」。「行禮如儀」的羞辱性言語可一路上溯至中世紀蘇格蘭詩人，甚至是**貝武夫**之前。按照里姬

---

8 "Now the wrath of the sea-fish rose apace, yet me' gainst the monsters my mail coat, hard and hand-linked, help afforded- battle-sark braided my breast to ward, garnished with gold."

9 "Thou callst thee rhetor with thy golden lips. Nay, glowering gaping fool, thou art beguiled. Thou art but gluntoch, with thy giltin hips."

亞娜・普洛哥瓦契（Ljiljana Progovac）與約翰・L・洛克（John L. Locke）這兩位語言學家說明人類語言的演進本身就欠「髒話」一屁股恩情。在二〇〇九年發表《融合的衝動：儀式性的羞辱與語法學的演化過程（暫譯）》（*The Urge to Merge: Ritual Insult and the Evolution of Syntax*）一書中，兩位專家指出了構成複合名詞（compound words）的能力除了落在兒童語言發展中的初始階段外，也非常經常被用來創造新的污辱用語。專家舉的例子包括dare-devil（喜歡玩命，彷彿活夠了似的人）、kill-joy（掃興的傢伙）、pick-pocket（手腳不乾淨；扒手）、scatter-brain（不長腦）、turn-coat（反骨仔、吃裡扒外的叛徒）。我這邊補充一個專家可能不好意思舉的例子：mother-fucker（**操你媽**的混帳），這些在語言學裡都算是外源性（exogenic）的「動詞—名詞合成詞組」（V-N compounds）

這些外源性的複合名詞廣見於人類語言的範疇，而把兩個字「融合」成一個字的傾向是人類語法的基本架構。相關的實例從塔什希特柏柏語（Tashelhit Berber）[10]裡的ssum-sitan（suck-cow；吸吮—母牛），一直到塞爾維亞語（Serbian）裡的jebi-vitar（fuck-wind；做愛做的事情—對象是風），可謂不勝枚舉，其中後者這個「ㄍㄢˋ風」經典至極，堪稱是我心中的第一名。這類複合單字在人類語言中光是其頻率之高，就顯示處心積慮、咬文嚼字、褻瀆神明，笑裡藏刀但並不真的動刀地用語言去羞辱你的對手，表達你的敵意，絕對是人類（尤其男人）適應環境的利器。這些人的垃圾話作戰太過無往不利，以至於在人類語言裡留下了永恆的烙印。

而就在年輕男性忙著宣傳自己的老二才是老大，順便用說出來的話把別人的老二踩在腳下，爲人類語言奠定基礎的同時，另外一種類型的羞辱模式也沒有閒著。後者也幫忙出了份力，讓人類的文明秩序得以從無到有，向前邁進。這是一種以南非的坤族人（!Kung）[11]爲代表的「辱肉」（The Shaming of the Meat）儀式，而觀察這現象的第一把交椅則非人類學家理查·李（Richard Lee）莫屬。在《喀拉哈里[12]的聖誕節（暫譯）》（*Christmas on the Kalahari*）散文集裡，理查教授憶及自己曾因爲想感謝幫助過自己的部落，而爲此買了一隻他找來找去「最有肉的大牛」來當作伴手禮。但當他自信滿滿地送上這份大禮的當下，坤族人的回應竟是嘲笑這份禮品，說這塊肉爛得可以，送這種禮簡直是把人看低。事實上，這頭牛的品質絕對沒有問題，坤族人如此「不知好歹」跟肉質沒有丁點關係。「辱肉」是坤族的悠久傳統，也是其他狩獵採集民族的傳統，其「立法精神」是要克制年輕男性獵人的「大頭症」。

10 譯註：北非阿爾及利亞舒爾哈人（Shilha）所使用的柏柏語系方言。

11 譯註：南非布胥曼（Bushman）民族中的一支，「!Kung」裡的驚嘆號代表一種英文裡沒有的音素（phoneme），那是一種由舌頭與上顎發出的爆裂音。存續超過十萬年的坤族在一九五〇與到一九九〇年間經政府「輔導」放棄固有的採集狩獵而改行農耕生活，惟部分族人仍堅守傳統，電影《上帝也瘋狂》中出現過的就是坤族的布胥曼人。坤族有著十分獨特的文化，比方說在沒有食物的他人面前進食就是一大禁忌。

12 譯註：非洲南部的平原沙漠，位於同名盆地內。

跟我們一樣，坤族人也很清楚年輕男性是社會組成中最大、最危險的不安定因素。男性妄自尊大若不加以管束，會造成災難性的後果，而狩獵採集的民族生活原本就已經如履薄冰。他們承受不起任何的內鬥或爲了稱霸而出現的暴力行爲。部落需要不打獵的人去採集食物，一個都不能少，所以每當有年輕的男性獵人心高氣傲，恃「肉」而驕時，坤族人就會故意對其嗤之以鼻：「你就抓到這些東西而已喔？你覺得這夠大家塞牙縫嗎？」

群體在公開場合尖酸刻薄，是坤族人用來讓年輕人傲氣降溫的「冷媒」。坤族一直跟李博士玩這套「愛呷擱假細意」，直到宰牛的當日都還玩不膩。牛都已經被開膛剖肚，肥瘦肉都攤在衆人面前了，李博士終於對著族人爆氣：

「你們老說這牛瘦到沒法兒吃，是哪門子的歪理？你們這些人是瘋了嗎？」

聽到李博士的抱怨，坤族竟一個個像轉了性一般放聲大笑，笑得可燦爛。李博士一整個覺得丈二金剛，然後他的一個坤族朋友才跳出來向他解釋說族人之前的一言一行，表面像是在針對他的禮物，但實際上是在打擊他建構在禮物大小之上的自我膨脹。「年輕男性一旦打獵久了，戰功彪炳，他在部落裡就會自視甚高，把自個兒當成是『地下頭目』。」坤族會防著驕傲的年輕人，因爲「驕傲久了，難保他們不會拿人開刀。」

人類社會裡的自視甚高與目中無人，到今日依舊無解。但因爲現在的人口比較多了，所以我們可以每幾十年才受到一次狂人威脅說要毀滅全世界。酸言酸語於是從社會控制的工具，演變成懶人的喜劇段子。酸言酸語成了網路溝通時的一大麻煩，主要是口說時的「反串」很難化諸書面的文字。事實上我們在這一章裡講到的所有「混帳行爲」，都是因爲進入了網路時代，才開始登上了討厭鬼的黑名單。

自戀、尖酸與垃圾話，當然都有讓人翻白眼，嚥不下這口氣的時候，但是這些心態也成功發揮一些社會性的功能。因爲過度自信，我們的很多祖先才會去以身犯險，人類的足跡才會因此遍布全世界。世世代代的年輕男性雖然嘴上很不乾淨，不是貶低別人就是抬高自己，但這也讓他們不費吹灰之力，不用訴諸血腥暴力，卻還是能抱得美人歸，進而傳宗接代。在人口數還不足以承受視人命如草芥的強人出頭之際，帶刺的言詞在幾千年的時光裡，替我們圈住了一個個狂傲不羈的心靈。進入二十一世紀，人類社會已經能承受得了數以百萬計的同類同時「胡作非爲」。惟這些小白固然非常討人厭，但我們並不應該就否定了這些行爲對人類文明發展所作出的貢獻。

我們每個人的內心都住著個王八蛋，體內都鑲嵌著王八蛋的基因，但也都該跟大家靈魂裡的這位混帳說聲：「謝謝。」

Chapter 6

神選的行業：性工作者的祕史

很多人人云亦云地說著「性工作」是三百六十行裡「最古老的行業」，口氣裡大抵都帶著一絲戲謔。但你可能萬萬沒想到一件事情，那就是這個別名有多符合實情。在人類最早為了錢去做的許多行業裡頭，性非常可能就列名其中。讀到現在，不知道大家有沒有注意到一個慣例。凡是我們遇到問題，想找證據，就一定會看到一副光景：一堆科學家跟一群猴子牽扯不清。

二〇〇五年，凱斯・陳（Keith Chen）這名耶魯大學的行為經濟學者啟動了一項獨特的實驗——他找來了一群捲尾猴來學「用錢」。包含他在內的學者會對猴子發放中間有洞的小銀盤，然後不斷地示範這些「硬幣」可以拿來交換水果或Jell-O果凍。等到捲尾猴掌握了這樣的交易觀念之後，陳博士就開始每天**每猴**發十二枚「銅板」。

慢慢地，捲尾猴似乎了解到了經濟學的一些基本概念。遇到價格下跌，有便宜的果凍可撿，猴子們就會大肆收購。後來陳博士又在猴群中引入了一種搏身家的賭局，捲尾猴贏了就可以讓手中的果凍翻倍，輸了就全部會被收回。結果還真有一些猴子來捧場。這些猴子的行為像極了人類，包括人類會搶劫，沒多久猴兒也開始學。

這群猴子住在一間較大的猴群起居室裡，而陳博士的各種測試都是在另一個隔出的猴籠裡進行。有一天在隔開兩個空間的門關上之前，史上第一隻犯罪的猴子抓起了一盤硬幣朝起居室裡丟，好讓其他的夥伴們去撿。在接下來的一場混戰之中，陳博士觀察到一隻捲尾猴把撿來的「不義之財」遞到了一隻母猴手中。他們接著就「好上了」，完事後我們的類人猿性工作者就拿著錢，去買了些水果來犒賞自己。

話說，捲尾猴並非史前人類。但陳博士的研究確實顯示用錢來交換性的概念，有可能是經濟史上極早期發生的事件。考古學上也有些證據能支持這種理論。

現存史上就算不是最早，也肯定是非常早的人類貨幣遺跡，是一枚蘇美人鑄造於西元前三千年前後的舍克勒（shekel）銅幣。這枚舍克勒的其中一面，鑄印著一株（小）麥穗的形象，另外一面則是蘇美愛神伊西塔（Ishtar）的身影。按照柏納德．列特爾（Bernard Lietaer）在著作《從匱乏走向永續的資本主義（暫譯）》（*Beyond Scarcity and Toward a Sustainable Capitalism*）中所言，鑄造這枚硬幣的原意是要將之作爲報酬，付給國家認可的公娼。所以看吧，伊西塔是巴比倫的愛神，也是「用錢買愛」之神。在某一冊巴比倫的宗教文本裡，這位女神曾經驕傲地說道：「博愛的妓女，那便是我！」

伊西塔是具有神格的娼妓，她接納了許多「天神圈」的愛人，有點像在神的世界裡搞援交。因此，據信她有些信眾曾「下海」當「神女」——神聖的妓女——來替神廟募款，而且其中還不乏地位崇高的女祭司因爲一心要服侍女神，而不惜以身獻教。但話說回來，古代蘇美的「神職」性工作也並非人人都自願去做。一份距今三千三百年的文件寫著一筆合約，簽約的兩造分別是需要借貸周轉的父親，跟伊西塔的神廟——不知道他們有沒有問過那個女兒有什麼想法？

古希臘歷史學家希羅多德（Herodotus；西元前四八四至四二五年）提供了現世最早有關

伊西塔性工作者的歷史記載。按照他的說法，巴比倫的女性公民有義務一輩子一次讓神廟當「皮條客」替她們「仲介」。

生於國境內的女性終其一生，必須去坐在維納斯（Venus）[1]的所轄中一回，並與陌生人交合。

志願獻出時間與私處的女性會如展示品一樣坐在神廟內，等著人客上門。在有素昧平生者「丟出」銀幣到她們的膝上，「帶」她們脫離神聖的地界之前，她們是不容許自行返家的。按照希羅多德的說法，有人付錢女子都一定要收，不能挑三揀四，「第一個丟錢過來的男人，女子就得隨著他去，不可拒絕。」

她不可以入內，她的腳爪會毀壞地面。

當代有學者的看法與希羅多德相左。事實上希羅多德這位「歷史之父」面對一支充滿異國風情的民族，確實有在記述中加油添醋的「案底」。不論希羅多德這回有沒有「自由發揮」，我們還是有充分的證據顯示伊西塔的信仰體系**確實**將性交易當成籌資的工具，只不過實際的性行為應該不至於發生在神廟的範圍內。伊西塔本尊宣稱自己也是某種性工作者，還說她喜歡在當地的酒吧裡「執業」：

坐在酒館的入口處，我，伊西塔，就是個有愛的**哈林姆圖**（**harimtu**）。

哈林姆圖不知道什麼意思？就妓女啊。

伊西塔的崇拜終究西傳，傳到了希臘。在希臘她換了個名字叫做阿芙蘿黛蒂（Aphrodite），到了羅馬又變身成維納斯（Venus）。橫跨數千年，古人類的世界裡都流傳著神廟賣春的說法。如果西元三、四世紀的基督教歷史優西比烏（Eusebius）可以相信，那這種狀態一直延續到君士坦丁大帝（Constaintine），他的在位期間是三〇六至三三七年。

這等於在三千多年的悠遠歲月中，性工作都有著信仰的背書認證！我不怪大家會覺得這樣很奇怪，因爲我們活在一個性交易違背法律的年代，但說起來在人類歷史上我們才是例外，放眼多數的歷史片段，人類的法律都接受性交易的存在。

1 譯註：即愛神，跟伊西塔一樣是金星的名字。

令人嘖嘖稱奇的古代「公娼」

說到古希臘與古羅馬，最出名的絕對不是他們面對女性有多開明。就以古希臘而言，上流社會多認爲兩性中「比較美麗的性別」不用幹別的，專心負責傳宗接代就好了。羅馬稍微好一點，偶有女性事業有成，身家傲人也不算太稀奇。但不論是希臘或羅馬文明，從娼都還是讓想要有錢有權的女性能平步青雲的「終南捷徑」。

希臘人把性工作者一分爲三：最底層是具有奴隸身分的娼妓（希臘名是pornai[2]，以一個慘絕人寰的職業而言，這是個唸起來好笑到很諷刺的名字），中層是擁有自由之身但還是頗窮的流鶯（我遍尋不著這群女士們的希臘名稱），最上層的是hetaera，也就是爲有錢人服務的高級名妓。其中在名妓這個階層有這麼一位傳奇性的阿斯帕齊婭（Aspasia），她的生平代表了希臘娼妓界的職涯「天花板」。

阿斯帕齊婭不是土生土長的雅典人，而是個外來者。對大部分的雅典人來說，她受歡迎的程度可以跟「電梯裡的屁」相比擬。但她的老家其實出身一點也不差，稱得上有權有勢，而她本身也具備了躋身名妓之列所必備的教育程度與貴族氣息。進入這一行之後，她在雅典的社交圈做出了口碑，最後終於跟雅典城邦的領導人伯里克里斯（Pericles）搭上了線。

根據蘇格拉底所說，阿斯帕齊婭絕非只是政治圈大老的玩具或花瓶。他表示阿斯帕齊婭捉刀過優美的祭文，讓伯里克里斯在伯羅奔尼撒戰爭（Peloponnesian War）的出征前鼓舞士氣。蘇格拉底何許人也，許多人眼中的哲學之父，但他甚至感謝過阿斯帕齊婭指導他「雄辯的藝術」。伯里克里斯死後，阿斯帕齊婭便另起爐灶，給自己找了個新男人——黎昔克利（Lysicles），然後一手把他「拉拔」成在政界有頭有臉的一號人物。

阿斯帕齊婭在她有生之年是個爭議性的人物——普魯塔克（Plutarch；四六至一二〇年）日後把挑起伯羅奔尼撒戰爭的帳算到了她的頭上。但賣身在**元祖**民主政體的雅典既無爭議，也沒違法。雅典法典不但視性工作者爲合法，而且還男女平等，兩性都可以幹這一行。眞要說有什麼但書，那就是男孩子做到青春期就要強迫退休，這點我承認是非常變態。

梭倫（Solon）是第一位正式承認性產業合法地位的雅典領袖，時間是西元前五九四年。一開始他給的肯定有點拐彎抹角，因爲他說男性被抓到嫖妓不算通姦。不過後來梭倫設立了一系列的國營妓院，其用意就是要讓廣大的男性同胞可以用合理的價錢來紓解生理需求。詩人菲勒蒙（Philemon；西元前三六二至二六二年）在其所著的《兄弟們（暫譯）》（*Adelphoi*）一書中，對國營妓院是這樣形容的：

2 譯註：pornai 的字源是 pernemi，意思是「去賣」。這些底層的妓女是老鴇 pornoboskós 的財產，獲利可以抽成。

〔梭倫〕眼見眾家雅典小伙子血氣方剛，為免其誤入歧途，便將女性引進並安置在四界，備好向眾人供應。

「諸位女性會裸身玉立，童叟無欺。

「盡可飽覽一切。

「你是不是感覺不快。你是不是何處感到痛楚。這是所為何來？門已敞開，只要一枚奧波（obol）銀幣，快進來吧。無須羞赧，不用攀談，姑娘也不會東躲西閃。她會如你所願地直接來，你想怎樣她都會照辦。

「你出來。叫她下地獄去，她就是個陌生人，不用客氣。」

由國家主導的性交易，熱熱鬧鬧地，延續到了上古雅典的時代結束後。在西元五世紀，有位「履歷」包括性工作的女子甚至「奮發向上」，成功登上了皇后之尊並與皇帝共治，她就是本書開頭提到的狄奧多拉。在與羅馬皇帝查士丁尼一世成婚之前，狄奧多拉曾經在君士坦丁堡的街上「站壁」過，而且她顯然還**非常，非常**熱愛她的工作。歷史學家普羅科匹厄斯（Procopius）曾經赤裸裸地形容：

她通常會選至少十個力量與陽剛之氣都年華正盛的年輕男子，一同去郊遊，然後與他們所有人野合至夜以繼日，通宵達旦。美男們倦了，她會迎向他們的僕役，為數大約三十人吧。她會跟男僕們一個個單挑，然後完事後還不見得滿足。

據傳有回在一位名士的府邸裡，身爲訪客的她跨上了用餐座椅突出的犄角，把衣衫正面撩起，然後臉不紅氣不喘，絲毫不以爲意地展示起她慾望的壑谿。

換句話說，含小鮮肉與小鮮肉的男僕在內，她一口氣把四十位男性幹到不要不要地。但這對她來說只是家常便飯，而且時不時她還會善用作客處的家具來做個總結。這要不是她眞的是性成癮……就是拜占庭的貴族男性太不濟事的證據（或許兩者都佔了一部分的原因）。

不過爲了公平起見，我也要替狄奧多拉說兩句話，主要是普羅科匹厄斯其實跟這位皇后有些私人恩怨，所以他的一面之詞也不能盡信。可以確定的是狄奧多拉在「火坑」裡待過，而且她本人也不覺得那有什麼。事實上在她掌權後立馬做的幾件事裡，就包括爲自己的「老同事」謀福利。歷史上首見對性工作者的法律保障，就出自於狄奧多拉之手。另外在整體女權的部分，她也把強暴犯的刑度拉高到極刑，對強迫女性賣淫者加以打擊，並且在帝國的全境擴大了每一位女性可以繼承財產的權利。

在狄奧多拉的時代裡，拜占庭帝國的妓女都算是相當幸運。但公娼史既未始於西方世界，也沒有在西方世界畫下句點。古印度有某些邦（state）會集合在地的女性競逐代表**第一美女**的「拿嘉瓦杜」（nagarvadhu）頭銜。一旦有了這個**選美**頭銜加身，女子就能終其一生享有榮華富貴與尊崇的地位，只有付得起錢的王公貴族才能與其男歡女愛。在那個一般人動輒挨餓或（同時）苦於佝僂病[3]的年代，當個衣食無缺的妓女完全不是什麼需要難過的事情。

眞要說起來，公娼也不見得都是女的。根據大衛．葛林柏格（David Greenberg）所撰的《同性戀的建構》（*The Construction of Homosexuality*）裡，印加帝國轄下的曜尤族（音譯，Yaoyo）「公設的妓院裡滿是女裝且臉上塗了油彩的男子」。並且更黑暗的是印加帝國有某些宗教教團會「收養」男孩或少年，把他們打扮成女孩，然後讓他們從事起「特種行業」。印加帝國的祭司是不准跟女性發生關係的，但顯然諸神對性侵兒童很願意睜一隻眼閉一隻眼。

性交易作爲一門非法勾當的沿革，其實要比其合法的歷史短上許多。在歐洲，從娼首見明令違法可回溯至西班牙的雷卡雷德一世（Reccared I）。雷卡雷德一世正式皈依天主教是在五八九年，自此爲了討好天主教會，他便開始大肆鎮壓異教時期很受老百姓歡迎的妓院，這包括（女性的）性工作者若被逮到執業，所受到的刑罰將會是「鞭三百，驅之別境（放逐）」。

雷卡雷德的新法是否受到初信天主教的百姓嚴守，現已不得而知。惟可以確定的是在那之前，性產業長期都與國家，乃至於與國家的宗教站在同一陣線。而就如同其他在人類社會中存在數千甚至上萬年的制度一樣，性交易的存在絕對有其意義與目的，巧合絕對說不過去。

安全閥理論

一三五八年，威尼斯城邦的大議會（Great Council）宣布性工作「百分百不可或缺，在人世間有絕對的必要性」。接下來的一百年，由政府主持的**公營**妓院開始如雨後春筍般冒出在義大利、法國與英國等地的城市裡。在距今將近七百年前，威尼斯政府就知道社會學家晚近才得以彰顯的一件事情：性交易合法也好，違法也罷，都在文明社會裡扮演著至爲關鍵的角色。

按照天普大學（Temple University）學者茹絲・卡拉斯（Ruth Karras）在她一九九六年出版的《平民女子》（*Common Women*）一書所言，中世紀歐洲是處在男性特質的「液壓模式」（hydraulic model）下運作：

> 社會上認為這種壓力會積壓，然後到了一個程度就必須透過某個「安全閥」來釋放……否則一如水壩必有崩潰而爆發的一日，男子也會犯下勾引、強暴、通姦與雞姦等罪行。

3 譯註：Rickets，營養不良，欠缺鈣質與磷的骨質病症。

完美代表了這種觀念的聖奧古斯汀（Saint Augustine）說：「把娼妓拿掉，世界會因爲欲求不滿而痙攣。」這種認爲要是不能透過性高潮來達成「正常能量釋放」，那男人就會從人變成禽獸的理論，可以說既污辱人但又非常精準。用「液壓模型」來闡釋男性的感受，很廢，但也廢得非常有說服力就是了。

無論如何，各位可以相信性交易確實擔綱了一種安全閥的角色，但並沒有把男性太久不**那個**就會出事當成前提。我們現今所知的偏差行爲安全閥理論，是由社會學發軔時的思想家艾彌爾・涂爾幹（Emile Durkheim）所提出。在《偏差行爲》（*Deviance*）一書中，南西・赫曼（Nancy Herman）總結了涂爾幹主張**犯法**在社會中所具備的兩種功能：其一是劃分特定文化裡的是非黑白，其二則是「作爲安全閥，來流放僵固體制壓力下所累積的過多能量。」

性交易不見得得冠冕堂皇地拯救我們於性衝動無法排解的地獄。放輕鬆一點，性產業的存在就是個樂子，就是個消遣，一代代的苦悶人類因此有了個從逢場作戲到**鞭辟入裡**都有可能性的玩意兒可以分心，可以暫時忘記人生苦短並且極其殘酷與不堪。娼跟嫖已經織就在人類社會的紋理當中。哪裡有人工作到精疲力盡，或是在文化壓迫下遍體鱗傷，哪裡就會有性工作者來提供緩衝與撫慰。人類文明有很大一塊，都是以罪惡與生活壓力作爲原料，在嚴峻的環境下撞擊、熔煉出來。又或者像在美國淘金熱時期，有首傳誦於加州的酒國歌謠是這麼唱的：

礦工前腳四九到
妓女後腿五一來
兩人上床來一砲
生出加州一小孩

爲了白天在幽默網站Cracked.com的正職，我曾經訪問過各國多達數十名性工作者，當中包括來自內華達州跟澳洲的合法性工作者，以及美加的非法流鶯跟高價伴遊。她們每一位都過著不一樣的人生，服務不一樣的客群，收取不同的價位。但作爲我的**資料來源**，她們有一個共通點，那就是她們都遇過**志豪**或**淑娟**付了錢在床邊純談心，從頭到尾都達不到**限制級**。

有時候人只是寂寞，只是需要有人陪伴而已。這些寂寞的靈魂並不想**幹**啥，他／她們只是想找個溫暖的懷抱說說心事而已。身體的接觸有一股關鍵的力量，可以維繫住我們的心理健康。這個世界上，到處都有人寂寞纏身，他們可能找不到戀愛對象，可能困在社會傳統或工作壓力裡，又或者有人就是彆扭而不善於與人交往。對這群有不同苦衷的朋友而言，性工作者就像是他們的心理醫生。

史丹利・席格（Stanley Siegel）是一名執業近四十年的心理治療師，本身也寫書，而他在以性交易爲題訪問過一定數量的個案之後，得出了同樣的結論。在一篇名爲〈性工作者乎？治療師乎？〉（*Sex Worker or Therapist?*）[4]的文章裡，他說了一個故事，故事的主人翁是來自越南南部一名六十二歲的男同性戀。這先生一輩子都是個小鎮醫生，並爲了堅守崗位而犧牲了情愛與慾望。退休之後，他的朋友眞的看不下去了，問也沒問就花錢幫他找了個伴遊。事實證明這是改變他餘生的體驗：

> 在那之後，跟彼得見面成了我每星期都會做的事情。而我覺得那感覺真的太棒了。我開始懂得欣賞自己明明已經老邁的身體，也學會了我曾經只偶爾在三級片裡看到的**技巧**。我整個態度都改變了，我有自信多了，也開始跟人約會了。

當然，老醫生遇到的是個**有聖光**的性工作者。大部分的性交易不可能這麼療癒，因爲性交易的重點應該是吹……掉生活的壓力。不過話說回來，還眞的有一支正規合法的醫學裡用上了「推砲」療法，而且這個分支還日益茁壯。這分支的**學名**叫「性代理」（sexual surrogacy），而我自己喜歡稱呼它——

性產業的醫療應用

我們的好朋友涂爾幹——剛剛提到的那位偏差行爲安全閥理論之父——其實還主張違法行爲有第三種社會功能——污名化社會變革。

> 只有犯罪存在，社會的集體情緒就會有足夠的彈性可以變化成別的形狀。犯罪有時候會推上一把，在新形狀的決定上發揮某種力量。的確，在許許多多的實例中，犯罪只是未來道德的前身——只是領先社會朝必然的未來邁出一步。

要呼應涂爾幹的這種說法，最好的例子莫過於大麻的近代史。幾十年來，大麻都一直是——在許多地方依舊是——會讓你被關上許多年的違禁品，惟想吸的人還是前仆後繼。但隨著私底下偷偷抽的人愈來愈多，修法的壓力與呼聲也愈來愈大。如今在美國愈來愈多的州與全球若干國家裡頭，大麻的交易與使用（在刑法上）都已經被除罪化或直接合法化。醫療用

4《今日心理學》（*Psychology Today*）期刊在二〇一二年把這篇文章給「禁」掉了，但史丹利的個人網站上還看得到。

大麻已經是美國目前成長非常快速的一項產業。

話說你可能很難相信，但性交易或許也會追隨大麻的腳步，踏上合法化的道路。一九七〇年，知名的夫妻檔性學家威廉・麥斯特斯（William H. Masters）與維吉妮亞・強森（Virginia E. Johnson）在他們書名讓人非常沮喪的著作《人類性功能障礙》（*Human Sexual Inadequacy*）中提到了性代理在實務上的可能性。於是乎在一九七〇與一九八〇年代，性代理在有傷在身但心裡很潮的病人之間成爲了當紅的招牌療程，惟這股風潮並沒有延續下去，性代理在進入九〇年代後銷聲匿跡。

二〇〇三年，性代理在全美取得合法地位，而經過近十年來的時空變遷，性代理不論在醫療界與社會大眾之間的接受度均緩步有所成長。惟相較於「醫療用大麻」只是爲美國某些州裡想**嗨**的人開了一個合法的漏洞，醫療用的性工作則完全是另外一回事情。性代理人員不會單獨工作，他們會與領有執照的治療師一起爲病患提供治療。性代理師平均只有百分之十三的上班時間在跟病人做那件事。

而這也正是性代理跟性交易最大的根本差別所在。如果是性交易，那恩客不見得每次都會「跑回本壘」，但如果他們眞的一心就是想要全套做到底，錢也付得起，那他們就絕對可以買到「性」這樣商品。但換成性代理，你付錢換得的服務本體不是性，而是一套療程，療程可以包括性，也可以不包括性，但可以確定的是不會一進門就脫衣服開始做。性代理療法是一個漫長的過程，而性事本身算是這趟旅程的「高潮」。沙伊・羅騰（Shai Rotem）身爲一位男性的性代理師，這麼跟我形容療程的輪廓：

> 基本上，性代理者工作的核心是一段**迷你交往關係**，性代理者會以代理性伴侶之姿跟案主之間會談一場小小的**戀愛**。不同的案主有不同的障礙，而藉由陪他們談一場小戀愛，我們便能看出她的問題何在。

所以，病患與性代理人之間的關係算是在模擬眞實的戀人，而其目的是要讓性代理者與治療師能精確地找到病灶，進而能「對症下藥」。

性代理療法的意義在於讓病人能在舒適的狀態下發生情愛經驗，然後以此爲模板來重返戀愛市場。

我另外跟佘曼娜・強森（Shemena Johnson）這位常駐洛杉磯的治療師進行了交流，她是沙伊・羅騰這兩年的合作對象。佘曼娜會時不時轉介病人給沙伊，但更常見的是女性會直接主動聯絡沙伊，然後沙伊會轉介病患給佘曼娜。沙伊跟佘曼娜會分別獨自跟病人約時間進行治療，然後再於會診時交換意見來擬定治療方針。一如佘曼娜所言：

> 病患完全了解我們的搭檔狀態；我們會彼此更新治療的進度，性代理——伴侶療法的過程中可能會浮現一些問題，（然後）沙伊會聯絡我說：「我們可能要想辦法處理一下」。

性代理療程中最常發現的問題的是病人會「假戲真做」，也就是有人會愛上沙伊。通常這會是病人自己的遐想：「我需要朋友，我好寂寞。我希望我生命中能有個像沙伊一樣的對象。」

大部分的時候，佘曼娜的任務是要幫助病人「從**失去沙伊**的悲傷中走出來」，並且再接再厲地在人生中找尋眞正的情人。而對許多病患來說，處理與性代理人過於親近而陷下去的問題，其實也是療程中很有收穫的一環。對此沙伊是這麼對我解釋的：

大部分病人會被轉介過來給我，不是因為還是處子之身，就是因為交不到男朋友。許多需要接受性代理療法的人，都還沒有在健康性生活的經驗上破蛋。學習如何與人分手，但又不會因此賠上自我價值或付出自信全滅的慘痛代價，是這些朋友迫切需要培養出來的人生技巧。沙伊形容這種人工模擬的分手過程，只要運用處理得宜，可以讓病患從「分手快樂」的學分班畢業：

人生無不散的筵席，任何關係都會畫上句點。即便雙方可以從交往到修成正果到白頭偕老，最後人也還是會死亡，遑論中間很多人會分手或離異。不論是生離或死別，關係的結束

> 都會伴隨著痛苦、忿恨或爭執。身為性代理，我們會透過模擬關係讓病患習得終止關係的能力，然後把她們像畢業的學子一樣送出校門。我喜歡把病人當成是嗷嗷待哺的幼鳥……有天她們羽翼漸豐，我會希望她們可以展翅飛翔，離巢去過自己的人生。

性代理經常得處理受「陰道痙攣」（viginismus）所苦的病人。陰道痙攣會讓男性（從手指到陰莖等）任何形式的插入都極爲痛苦與窒礙難行。性代理療法有效的有力科學證據，其實正源自於二〇〇七年一項關於陰道痙攣的臨床治療研究。在一篇名爲〈陰道痙攣的性代理與伴侶療法比較〉（*Surrogate Versus Couple Therapy in Vaginismus*）裡，伊茲哈克．貝尼恩（Itzhak Benion）、莎莉．羅斯柴爾德（Shelly Rothschild）、貝拉．楚達可夫（Bella Chudakov）與羅尼特．阿羅尼（Ronit Aloni）等四位學者觀察了一共三十二名陰道痙攣的病人接受同一套療法，其中十六人由專業性代理人帶領，另外十六人則與真正的戀愛對象一起。

結果相當有說服力，在同樣的時間範圍內，由性代理人導引的病人百分百治好了她們的陰道痙攣，而由男朋友或老公陪同接受治療者只有百分之六十九的完全治癒率。

想成爲一位專業的性代理人並不容易，這需要時間跟毅力。國際專業性代理人協會（International Professional Surrogates Association；IPSA）提供「一百小時的課堂講述與實作體驗課程，供有志者深入研習人類性欲」，但這只是想受訓成爲認證性代理人的第一階段而已。第二階段是爲期兩年的實習生涯，對此身爲過來人的沙伊是這麼說的：

（學員）會在指導老師的密切輔導下與真正的病人接觸。所以如果要比較已經在執業的性代理人跟實習生有什麼不同的話，那就是執業的性代理人會在每次療程後去跟搭檔的治療師報告，而實習生則會必須同時向治療師與指導老師回報，這還不包含每週一次要與指導老師或更高層級的導師進行例行的會議。

當然不是所有在外頭打著性代理師招牌的人，都有經過ＩＰＳＡ的認證。在寫這本書的過程中，我訪問過一名匿名的女性。她當時已經有五年的時間在聖路易（Saint Louis）地區提供性代理人的服務，但她並沒有經過ＩＰＳＡ的認證。她對自己的職涯選擇坦承不諱，也未顧及可能違法而躲躲藏藏，但莎拉（化名）也承認自己所作所為的合法性處於灰色地帶。惟雖然莎拉執業內容的正當性確實可供質疑，但其對於身障病人的幫助卻讓我深感其存在合理性，而且甚具價值。

莎拉告訴我她有一名常客是個肌肉萎縮的男子，他原本以爲自己活不過二十歲，但到了二十一歲那年，醫生們才發現他的個案似乎沒有想像中嚴重。於是乎這名年輕人才發現自己或許有機會可以一嘗原以爲老天已經把門關上的人生樂趣。關於這名老主顧，莎拉是這麼說的：

所以二十五歲的時候他決定想要知道一下性是怎麼回事。他的治療師聯絡了我們。如今我們互動已經有幾個月了——一開始我是先引導他用手指探索我的身體。他的行動力不如常人，但我們還是設法進行了插入性交，而他也問了我一些相當私密的問題。我們實驗了不同的玩具。他問了我有關女性射精（潮吹）等各方面的問題。每次約診，我們都會針對一個不同的主題。他還沒有「畢業」去結婚過日子，但至少他的視野已經打開了。

放眼全球，莎拉不是唯一一個幫助身障者體驗插入性交美好的性工作者。場景換到澳洲，話說性工作在澳洲的各州不是已經在刑法上除罪化，就是已經完全合法。在那兒有一名女子名叫瑞秋·沃頓（Rachel Wotton）闖出了名號，原因就是她會服務身障的客戶。二〇一一年的紀錄片《緋紅之路》（*Scarlet Road*）講的就是瑞秋的故事。

不過，瑞秋並不會標榜自己是個性代理人。像沙伊雖然非常強調性代理人不是**雞**／**鴨**，但這兩者之間的界線其實並不總是那麼清楚。二〇一五年在為一篇文章做功課的時候，我跟澳洲一名年輕男妓聊了幾句。他說他有幾名客人是治療師介紹來的，因為治療師覺得陰道痙攣用實作的療效會比較好。

性代理人的兩難處境，就跟正牌醫療人員在研究或使用大麻時的狀態很像。性代理與大麻都已經證明具有醫療上的價值，但萬一將來兩者的「娛樂用途」分身合法化了，那醫療用途這邊的正當性就沒了。性代理目前合法，但仍被視為是相當另類的邊陲療法。對此佘曼娜跟我分享的看法是：

沙伊幹這行已經二十年了——我保證他非常專業，但我有證書他就沒有。

很難講性代理的當務之急是不是生一張證書出來。或許我們需要改變的不是有沒有證書或執照，而是大家的態度。沙伊．羅騰跟他在性代理界的同仁們肯定是走在推廣性工作的最前端。但我必須說他們在做的事情並不新，數百年來的性工作者（往往無意間）已經發揮了同樣的效果，性代理人所追尋與代表的只是這種功能的組織化與臨床化。

Chapter 7

毒品、宗教的誕生，和向哲學家學習變嗨

一九六二年的一個耶穌受難日（Good Friday）[1]，波士頓大學二十名神學院的學生聚集在校園內的馬許教堂（Marsh Chapel）慶讚耶穌基督的復活……同時也卯起來進入了迷幻藥的樂園。這些年輕學子所共同參與的，是科學史上相當不光彩的一項研究。設計這項研究的是一個名叫華特・潘可（Walter Pahnke）的研究生，而協助他的是學術圈首屈一指的「迷幻藥神人」，提摩西・李瑞（Timothy Leary）。

受難日實驗的目的是要解開一個謎團，一個從……嗯，五〇年代晚期就在休閒吸毒界與主流宗教圈間爭論不休的話題——由迷幻藥誘發的宗教體驗跟不靠毒品自行發生的宗教體驗放在一起，前者的純度會比較低嗎？

我訪問了研究的其中一名參與者，也就是當年的神學院學生，現在的邁可・楊（Mike Young）牧師。我問他跟其他同學在開始以科學之名嗨之前，是得到了什麼樣的指示？

> 李察・阿爾伯特（Richard Alpert）這位當時的哈佛大學教授現已改名為雷姆・達斯（Ram Dass），身分也搖身一變為泛宗教神祕主義者。當時他跟提姆（提摩西）・李瑞給我們的說明是人腦正常會有一種「總量管制」。基本上他們認為大腦內建有演化而來的「眼罩」會自動遮蔽未直接與生存相關的過多感官刺激。他們認為……裸蓋菇素（psilocybin）有辦法把腦部接受刺激的總量管制拉高，由此所有的體驗會一湧而入，而且這些體驗都會圍著我們當下生活中最核心的事物打轉。

當時邁可等受試者都還是傻不隆咚的年輕小伙子，內心充滿了疑惑，根本還不確定一輩子投身神職是否是正確的事情。所以如果要測試裸蓋菇素召喚出靈性的能力，除這群神學預備軍外還眞的不做第二人想。

潘可把二十名受試者一分爲二，其中十人會拿到三十毫克的裸蓋菇素，另外十人則會分到高劑量的菸鹼酸（niacin）。兩組人都要到藥效發揮之後才會知道自己究竟是哪一組。至於對照組會選擇用菸鹼酸，是因爲這種物質的短期副作用包括體溫升高，冒汗與臉潮紅，而這些也正是迷幻藥吸食後常見的反應。潘可要這心機的目的是要：

> 強化對控制組的暗示，因為控制組裡所有人都知道裸蓋菇素會引發各種軀體效應（somatic effect），但卻又沒有一個人曾經在實驗就有過攝取裸蓋菇素或類似物質的經驗。

換句話說，他希望受試者不論有沒有迷幻起來，都沒辦法去判斷其他人誰拿到了眞正的毒品。邁可回憶說：

1 譯註：復活節之前的星期五。

我覺得潘可的用意是要讓我們攝取到安慰劑，但他希望這是帶點藥效的安慰劑，這樣我們就會以為自己拿到的是毒品，而真正拿到毒品的也得以用輕鬆的心情進入迷幻的境地。結果事情的演進果然也如他所料。

這場實驗以成功作收，至少對認同「毒品可以誘發眞實宗教頓悟」的一方來說，實驗的結果讓他們滿意。拿到裸蓋菇素的學生幾乎都認定這是他們人生中數一數二強大的宗教性體驗。這場實驗深深影響了邁可・楊，須知實驗前的他對未來感覺極其迷惘，懷疑佔據了他整個腦袋瓜：

我在神學院就讀，不屬於任何教派，人還新婚，未來的路我根本沒有頭緒。

邁可回憶說他見著了一道道的色彩在眼前浮出，每種顏色都代表一條人生可能的前途。他知道自己必須做一個抉擇，但「我實在是選不下去，然後我就死了。」

像這一類目睹死亡的幻覺，在「迷幻藥界」是極其常見的體驗。邁可跟我說：「我感覺有人拿著好大一隻耙子在耙我的五臟六腑，把我開腸剖肚。」各位不要忘了邁可當時是第一次嘗試毒品，地點是在教堂，身邊一票他的同窗，而所有人都在腦海裡播映著恐怖電影。「整體而言比起我的同學，我的體驗還是相對輕微的。」

乍聽之下，邁可跟朋友所歷經的是典型的走火入魔。但事後第一時間徵詢他們的意見，實驗組的人幾乎一致認爲這是極具價值的一次體驗。爲避免當下的反應可能失真，潘可隔六個月後又重問了一遍，結果所有「被下藥」的學子都還是一本初衷地給了一樣的回答：耶穌受難日的迷幻並沒有在光天化日下煙消雲散。後續的研究原本已經在規劃當中，但潘可在原始實驗後不久就不幸於水肺潛水時意外喪生，實驗的內容也就大致佚失。

不過在「人亡政息」相隔二十五年之後，原版的實驗有了續篇。一位名叫瑞克・多布林（Rick Doblin）的科學家找齊了大部分原班人馬。他想看看當年受難日的奇幻之旅，四分之一世紀後是不是還一樣有威力。根據他的接續研究，毒品誘發的頓悟與啟發，還眞的不會在眞實性上遜於靜坐與冥想的產品。在其針對受難日實驗所撰寫的〈長期追蹤與研究方法批判〉（*Long-Term Follow-Up and Methodological Critique*）文中，多布林博士是這麼說的：

> 實驗對象一致形容受難日的裸蓋菇素體驗有著貨真價實的神祕本質，並肯定那是他們屬靈生涯中的高點。

更神奇的是，在吃到裸蓋菇素的十位受試者中，多部林博士找回了八位，其中五位（包含邁可在內）都仍堅持在牧師的崗位上。在把大半輩子奉獻給信仰之後，他們依舊認爲毒品誘發的神祕體驗是靈性生活中的高峰經驗。

這樣的證據顯示包含俗稱「魔菇」的裸蓋菇，乃至於或許其他類型的迷幻藥（成分），都可以是宗教信仰的強大催化劑。甚至我們不得不由此追問起一件格局大上許多的事情——菇類的食用，會不會是人類祖先萌生宗教信仰的一項成因？

猴子、魔菇，跟諸神的誕生

特殊品種的香菇（如裸蓋菇），是人類毒品史上的一支始祖。第一次有人開始用魔菇來「尋開心」，但確切的時點已不可考。從距今七到九千年前的岩洞壁畫上，我們可以觀察到據信應飽含裸蓋菇素的香菇。另外像在西班牙有距今約六千年的岩洞壁畫上，則繪有裸蓋菇以外的迷幻香菇品種。

話說在九千年前，能擋在人類跟野生動物間的東西並不多。如果要跟野狼拼命是我的日常，那不用你說我也會找酒來喝一下。話說酒精可以麻痺痛苦，可以讓人戰意十足。所以說史前時代喝酒壯膽是非常合理的，但攝取魔菇的「劑量」如果過高，不消說去跟獅子或能把馬兒當午餐吃的巨鳥打仗了，人可能會連站著都搖搖晃晃。何況九千年前的怪獸只怕不只這兩樣動物。

史前人類若只是為了取樂來吸毒，風險其實非常高。所以說古人使用迷幻藥，主要是當成與神祇溝通的一種管道。迷幻藥讓他們看到的幻象，會被他們按照「字面」解讀（毒）後照單全收。不知正不正確，但有種說法是人其實還沒演化成滿足生物學定義的「人」，就已經開始用香菇來激發幻覺了。高登・瓦森（Gordon Wasson）作爲一名歷史黴菌學者（ethno-mycologist），是研究黴菌與香菇歷史的專家，也是學術界第一個跳出來點名香菇，說菇菇的迷幻效果啟蒙了人類宗教的學者。

聽到這種理論，你想像中的瓦森可能會是個編著辮子，留著黑人頭的郊區小孩。他可能在江湖行走人稱薩滿巫師（Shaman），然後他會搬出這套理論來向你兜售魔菇。但眞相是，高登・瓦森並不是什麼長髮披肩，身上散發著廣藿香（patchouli）氣味的怪咖。事實上，他當過J・P・摩根銀行的董事長，而且年近九旬才寫出《冥后普西芬妮的追尋：宗教致幻劑與宗教的起源（暫譯）》（*Persephone's Quest: Entheogens and the Origins of Religion*），把人類精神性的起源歸功給了魔菇。在瓦森看來，離變成「正港」人類只差臨門一腳的「準人」們應曾把魔菇帶來的「視覺特效」，當成是神靈的話語：

> 誕生的當時，宗教是種純粹而單純的存在，不受神學（Theology）的束縛，免於教條（Dogmatics）的羈絆，宗教表達的是驚嘆，是景仰，是（大多在）夜裡壓低了聲音，是人聚集在一起嚼食「神聖的元素」（Sacred Element）。

姑且不論瓦森用大寫強調的地方有點怪，他這個理論是還蠻耐人尋味的。但話又說回來，我們並沒有什麼鐵證可以佐證魔菇觸發了人對神祇的信仰，壁畫上畫滿香菇，只能代表許多史前人類把香菇看得很重要。人類很把香菇當一回事，跟一群神學院學生擠地下室裡被裸蓋菇素弄得「不要不要」的，這當中顯然還是有很大的差別。

鐵證或許沒有，但瓦森讓人瞪大眼的理論也不是全然孤立無援。佛洛伊德，對，就是那個認爲我們都對自己媽媽有非分之想的佛洛伊德，他另外還提出了一個比較多人接受的論點：思想在人類的大腦裡有兩種過程，一種是初級歷程（primary process），一種是次級歷程（secondary process）。其中次級歷程的思想就是你大腦此刻正在做的事情——分析文字與概念，並將分析的結果與你的生活經驗進行比對。

相對於次級歷程的思想相當正常，初級歷程的思想就……詭異多了。初級歷程就是大腦在人作夢時陷入的狀態，那是一種精神崩潰，一種兒時的幻想。這一點我覺得《從沙發到實驗室（暫譯）》（*From the Couch to the Lab*）一書講得最好：「（初級歷程的思想）……的特點包含一種相對的**不確定**感；在這種狀態下，我們對於「什麼是什麼」的信心遭到了破壞，**奇幻的解釋**反而顯得比較逼真。」（引言裡的粗體強調是我加的）。

初級歷程的思想作爲一種心理狀態，你會在其中變得更能接受奇蹟、奇幻，乃至於用全然宗教性的說法去解釋各種異象。而像裸蓋菇素這類的毒品都已經證明是可以帶人直入初級歷程思想的「超級高速公路」。真要說的話，初級歷程思想在人腦中是可以測量的，只不過這麼做是在玩命就是了。

初級歷程的思想有部分發生在人腦中的邊緣區（limbic regions），而邊緣區又位於皮質下區域（subcortical area），也就是深埋在功能性磁振造影（fMRI）等非侵入性程序鞭長莫及的地方。換句話說任何細部的資訊，我們都沒辦法用非侵入式的方式測得。所以爲了記錄下大腦裡這經常醉得不省人事的「窮鄉僻壤」究竟發生了那些事情，科學家只能硬著頭皮把硬硬的頭蓋骨給切開，然後把電極棒就這麼直直伸進去。

又不是爲了動手術，要把頭蓋骨切開其實有倫理上的疑義，所以從五〇、六〇年代以來，科學家就沒有再那麼隨心所欲地去測量過初級歷程的思想了。但在當年那個還可以想幹嘛就幹嘛，想開腦就開腦的草創年代，科學界還是留下了一些研究，而這些研究顯示瓦森所說可能有幾分道理。二〇一〇年，羅賓・卡爾哈特—哈里斯（Robin Carhart-Harris）與卡爾・佛里斯頓（Karl Friston）分析了這些陳年的研究，結果兩人發現咸認代表初級歷程思想存在的同一種「位相爆發」（phasic bursting），會出現在三種人腦裡，這包括精神崩潰的人、在快速動眼期（REM）狀態下做夢的人，跟用迷幻藥進入忘我進界的人。

不過主張「能改變心智的藥物影響到宗教思想的發展」是一回事，要追蹤這種影響又是另一回事。要從歷史上去找尋這層影響存在的證據，我們倒是可以去研究印度一種叫做蘇摩（soma）的植物性藥品。

尋找蘇摩

對多數讀者朋友來說，蘇摩大抵會有兩個意思：

1. 很多人常用的肌肉鬆弛劑「卡利索普杜」（carisoprodol），在坊間流通的商標名就是蘇摩（soma）[2]。有些人一整天忙完覺得壓力超級大，也會買蘇摩配酒來吃。
2. 阿道斯．赫胥黎（Aldous Huxley）在一九三二年的反烏托邦小說《美麗新世界》（*Brave New World*）裡寫到過一種虛構的藥品也叫蘇摩（soma）。書裡的「世界國」會用蘇麻當成鎮靜劑來麻醉其公民，讓老百姓像吸毒似地進入一種迷幻的幸福狀態。藉由穆斯塔法（Mustapha）這名角色之口，赫胥黎形容蘇麻是「拿掉眼淚的基督教信仰」。

事實上不論是赫胥黎的小說，還是你跟狐群狗黨吞了一把肌肉鬆弛劑，一口氣看完魔戒三部曲那次，在蘇摩的歷史上都是非常非常晚發生的事情。第一次有人類提到蘇摩的名字，出處是印度吠陀經（Veda）的某些篇章。吠陀經完成於西元前一千七百年到一千一百年，是人類現存最古老的宗教文本，而蘇摩在裡頭是一尊神——蘇摩神。

蘇摩除了是一位連其他神都會崇拜的神，也是神跟人都會沉溺於其中的一種麻醉植物。蘇摩的本體究竟爲何，自古至今仍爭論不休。有一說是大麻，一說麻黃，甚至有人說那根本就是恆河的清水。但我們要是把吠陀經翻出來看，裡頭的詩句會很清楚地顯示蘇摩絕對不是什麼清水來著，這寶貝絕對是藥，而且還是挺帶勁的麻藥：

弱者心中如火焰般燃起熊熊的戰意，
浮現了吟遊詩人方能激發的崇高思緒；
靈魂被他從地面舉起到天際，
他的天賦既雄偉又令人嘖嘖稱奇；
人會從血管中感覺到神明現身，
並用高亢的力量喊出勝者般的呼聲。

在印度文化裡，蘇摩這字雖已變身成一個泛稱，可以用來指稱各式各樣的麻醉性植物，但（包含高登・瓦森在內的）學者們都推測吠陀經裡的蘇摩應該就是學名爲Amanita muscaria的致幻蕈類，也就是以毒香菇的形象深植人心的毒蠅傘（Fly Agaric）。

不論是作爲歷史上蘇摩的候選人，還是作爲單純吃下去變嗨的一種藥品，又名毒蠅鵝膏

2 譯註：中文是「舒肌痛」。

菌的毒蠅傘都有一個很大的障礙，那就是偶爾會出現的可怕副作用。首先鵝膏菌屬（*Amanita genus*）的成員除了可以致幻的毒蠅傘之外，還有一大票見血封喉的超級毒香菇，包括最令人退避三舍的「絕命天使」（Destroying Angel）。這些毒親戚的長相都像得不得了，而且隨便一個都可以把健康成年男子毒到翻過去，死一次不夠還可以死兩次。

即便是不會致死，只會致幻的鵝膏菌，也不是什麼乖乖牌。把致幻的鵝膏菌吃下肚，你會在幻覺之中吐個夠，卯起來盜汗，另外就是身體會抽搐。甚至在可信度很高的網路毒品百科Erowid上，不少上站者都表示會致幻鵝膏菌會讓人產生強烈的自殘傾向。這些資訊似乎降低了毒蠅傘就是蘇摩原料的可能性，畢竟吠陀經裡講到蘇摩都是純然正面的體驗，沒提到什麼副作用。

故事到此還沒有結束。吠陀經裡還寫到了蘇摩製備的部分細節，內容裡主要是提到蘇摩必須經過不斷地過濾而成。但想把毒蠅傘當痲醉藥不用過濾，生吃就可以邊嗨邊吐，而且還保證你嗨到最高點，吐到叫爹爹。惟經年累月，不同族群也開始研究出方法來過濾出毒蠅傘的汁液，爲的就是避免掉可怕的副作用。

最早從一六五八年起，西伯利亞就有原住民會出於宗教目的來服用毒蠅傘。當時曾有個波蘭的戰俘這樣形容：「他們會吃一種外形像毒蠅傘的蕈類，吃完他們會醉到比喝伏特加更不省人事。對他們來說這是第一流的饗宴。」

對於宗教儀式必須吃毒蠅傘，而毒蠅傘會搞到部落裡每個人都痛苦不堪這件事情，西伯利亞的部落並沒有像小媳婦似地吞下去。他們會由部落棟樑——薩滿祭司——跳出來承擔責任。薩滿會「犧牲小我，完成大我」地把毒蠅傘囫圇吞下肚，撐過副作用，然後尿出迷幻效果仍在但安全許多的「毒蠅傘汁」供部落同胞飲用。極地的拉普族人（Lapp）也有類似版本的尿液飲品，他們會把毒蠅傘餵給麋鹿吃，然後喝麋鹿尿來嗨。

有一點我想澄清一下的是我並不排斥喝尿——不論是自己的尿或麋鹿的尿——我都願意以科學之名一飲而盡。本書的後頭會有我喝自己尿的橋段，就是最好的證明。話說如果我認定吠陀經有教的話，那我肯定會乖乖把香菇吃下去，讓毒蠅傘的副作用把我整得死去活來，然後把自己尿出來的東西再重新喝下去，看這樣嗨不嗨，副作用強不強。只不過吠陀經用不少篇幅交代了蘇摩應該如何製備，但就是沒提到喝尿這個字眼。

吠陀經裡勾勒的蘇摩製程，似乎是牽涉到藉日照把菇菇曬乾、泡水、拿羊毛濾掉固體的部分，用杯子把濾出的液體收集起來，最後再混以牛奶。瓦森推理認為這個過濾的流程，應該就是讓毒蠅傘不那麼讓人難受想哭——甚至偶爾會要人命——的功臣。經過把毒蠅傘曝曬、泡發、過濾的程序之後，得到的蘇摩喝起來就會像吠陀經裡說得那麼愉悅，而不會像現在人在洗手間裡進行史詩級的上吐下瀉。

要分析這背後的科學，必須耗費很大的心血。雖然人類「服用」這些香菇已至少有萬年的時間，但我們還是不太確定這背後到底是哪些鬼機制在運作。以毒蠅傘的成分而言，現代科學大致上已鎖定了兩名「嫌犯」，分別是鵝膏蕈氨酸（ibotenic acid）與蠅蕈素

（muscimol）。這兩種化學成分都能作用在人的神經系統上，但讓腸胃道變成「憤怒道」的，眞犯人看來應該是鵝膏蕈氨酸。

這樣說起來，吠陀經上的蘇摩做法，其實是要讓當時的人嗨得舒服一點囉？關於這個問題，我很欣慰地宣布，已經有個叫凱文・費尼（Kevin Feeny）的學者在二〇一〇年《精神藥物期刊》（*Journal of Psychoactive Drugs*）中的一篇文章裡替我們解答過了——Yes，你沒看錯，世上眞的有一本期刊介紹精神藥物，然後No，這不是美國聯邦緝毒局（DEA）用來釣魚抓**絕命毒師**的幌子，你想太多了（還是我太單純了？）。總之，凱文分析了六百餘筆毒蠅傘的服用紀錄，並且把製備方式與使用者事後是**安然無恙**或**全變了樣**作爲標準，將所有個案進行了分類。

最後凱文的研究發現似乎站在了瓦森的理論這邊，毒蠅傘弄成茶飲之後，引發反胃嘔吐的機率相較生吃低了百分之五十三，而日曬成乾之後，毒蠅傘引發腸胃絞痛的機率更比生鮮菇菇低了百分之六十四。這有一部分的原因是脫水可以將鵝膏蕈氨酸大量轉化爲較不刺激的蠅蕈素，但當然毒蠅傘「茶」爲什麼不會讓人喝了食物中毒，反而可以像喝英國茶似的度過一個愉快的下午，而我們腦子裡其實還是一團糨糊。

凱文・費尼的發現爲高登・瓦恩的推測大加分。古印度諸神所鍾愛的蘇摩，人類早有服用紀錄的原始毒品，就是一種經過特殊處理的毒蠅傘。最後以我的個性，當然不可能說說就算了，拚著胃弱我也一定要來「神農嘗百草」一下。

第一次〇〇就上手：跟印度神來場宗教迷幻體驗

為避免我被抓去關，或者是好心幫我出書的Plume出版社（編註：原文書出版社）被聯邦緝毒局抄家，我為這本書的研究工作畫了一條不容挑戰的底線，法所不容的毒品絕對不用（話說大麻在美國西岸基本都合法到一個境界）。至於毒蠅傘吧，我喜出望外地發現毒蠅傘明明是一朵致幻能力一流的香菇，但在美利堅合眾國卻是百分之百合法。

我說百分之百合法，是因為你不單單可以在美國全境自由購買、持有、使用，而且唯一有對毒蠅傘設限的路易斯安那州（Louisiana）也只是說你不可以一次培育超過四十朵。我個人認為這種「無政府狀

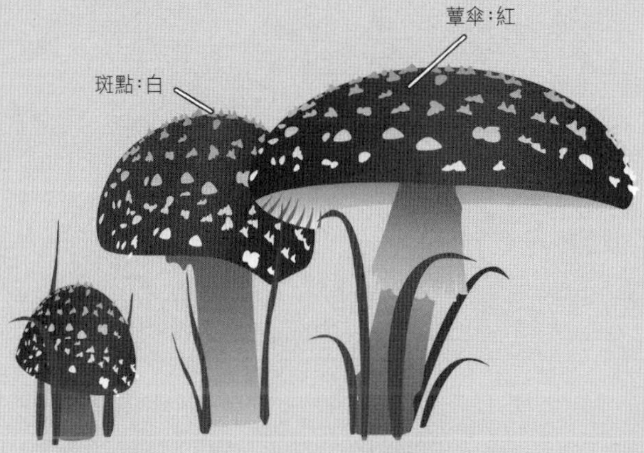

塔薇亞・莫拉（Tavia Morra）繪製

態」不可謂不合理，畢竟毒蠅傘的招牌這麼大，「吸毒界」誰不知曉這種可怕香菇的名號。毒蠅傘可以稱得上是致幻藥品界的奇葩，因為它的副作用令人難受到讓政府覺得沒人敢吃，就沒必要禁。

但話說你要是真想網購毒蠅傘，那相關網站多到會讓你眼花撩亂。不論你住在什麼地方，附近的大麻用品店（head shop）都是你方便的好鄰居，你可以在那兒買到毒蠅傘的乾貨，而且認明「紅帽白點」你也很難買錯。

我不知道毒蠅傘的維基百科是誰編輯的，但裡頭提到毒蠅傘是流行文化中香菇的原型（quintessential toadstool）。看外表，毒蠅傘確實就像從卡通裡跳出來的香菇一樣。但**不論你有多天兵，請千萬不要去摘野外的毒蠅傘**。前面說過鵝膏菌屬的家族枝繁葉茂，很多親戚都長得很像，而且就像在演電影《絕命終結站》（*Final Destination*）似的，不同的品種可以提供人不同的死法。這點會讓人覺得誰說惡魔是蛇啊，惡魔應該是香菇吧。

總之，對於要想體驗蘇摩等級的靈魂出竅，你會需要……

材料：

五到十公克的毒蠅鵝膏菌

（或按照毒品百科全書Erowid所說，取大約三朵中等大小的蕈傘）

兩杯常溫的清水

一條百分百純羊毛的衣物或毛巾

（用羊毛只是為了忠於歷史，但其實我們是需要一個篩子）

一杯牛奶

（選牛奶一樣是為了「忠於原著」，但其實杏仁漿、豆漿什麼的應該都無妨）

做法：

蘇摩用一道道陽光把自己團團裹住……《梨俱吠陀》（rg veda）第四章，讚歌第八十六首

瓦森引用的兩段吠陀經文裡提到，製備蘇摩的第一步就是曬太陽，而當代學者與毒蟲對此的解讀是要讓香菇曬乾。所以如果你買的毒蠅傘不是乾燥的狀態，首先你應該讓香菇在窗台上晾個兩天，讓它變得又乾、又癟、又皺，跟「Juicy」這個形容詞的落差愈遠愈好。

> 釐清蘇摩，當你附滿了水分之後，你的汁液便會留穿過羊毛做成的篩具……《梨俱吠陀》第九章，讚歌第七十四首

等毒蠅傘徹底乾了之後，便可以將之浸入水中，讓這傢伙喝水喝個飽，然後再拿羊毛把香菇包起來擠乾，擠出來的液體由罐子或玻璃杯接住。可以的話，盡量讓菇體泡滿二十四個小時，因為科學家說這個步驟是我們最後會不會「喝得愉快，吐得痛快」的關鍵所在。在吠陀經裡，泡發乾香菇的重要性也說得非常清楚：

> 沒有擠壓過的蘇摩，絕無法討因陀羅（Indra）的歡心，擠的時候沒一邊禱告，祂是不可能會滿意。……《梨俱吠陀》第七章，讚歌第二十六首

大家怎麼想我是不知道，但我是不會想惹因陀羅神不開心啦。所以說我們最好還是乖乖擠香菇汁，然後邊擠邊把自己用心準備的禱告給唸出來。我是覺得大家不用勉強自己去學印度教的祈禱啦（當然除非你真的是印度教徒），你可以念主禱文（Lord's Prayer），或者是從對你有意義的詩集或書本裡找一段打禪用的文字或雋語。

這裡的重點不是你到底念了什麼，因為「心誠則靈」，念經可以讓你專心，而在

踏上致幻冒險前專心在對你的感性與靈性有意義的字句上，就是吠陀經跟我要你祈禱的目的。你的心理狀態，與你在服下蘇摩時的環境，會對你最後迷幻之旅的品質產生很大的影響。而也就在這樣的認知下，我選擇了一段出自馮內果（Kurt Vonnegut）所著《金錢之河》（*God Bless You, Mr. Rosewater*）裡的文字來作為我擠香菇時的主題曲：

> 哈囉，寶貝們，歡迎來到地球，這裡夏熱冬寒，這顆球又潮濕又擁擠。最多最多，寶貝，你有一百年可以在這裡生活。就我所知你只要遵守一件事情，寶貝們——他媽的，你就是要善待別人啊。

一旦你選好了祈禱文，擠好了香菇汁，再來就是把香菇汁對一杯牛奶然後一飲而盡。在我為本書做功課的過程中我調製了（並咕嚕）了兩人份的蘇摩，然後又讓一對志願者也各喝了一人份。

判定結果？

毒蠅傘應該就是蘇摩了。我親身試了兩杯毒蠅傘的榨汁：第一杯的乾香菇只泡發了短短一小時，第二杯的乾香菇則足足泡發了二十四小時。

我第一杯喝下去的感覺非常溫呑——與其說是喝了什麼神奇的東西，倒不如說只是身體有一點輕微的悸動而已。談不上有什麼眞正的幻覺，最多就是全身上下一點點刺刺的爽感，外加大約三小時覺得整個人頗開心。我像個打赤腳的怪胎似的在家附近散了個舒舒服服的步，走著走著還盯著一棵棵樹看了起來，然後閉上了眼睛讓風吹拂過我的身體。這聽起來還好，但正常人是不會這麼做的。

整體而言，第一杯蘇摩讓我度過了一個愉快的午後。從喝下加料牛奶算起，我評估藥效消退大約是第四個小時的事情。

相較之下我的第二杯蘇摩就強烈多了。香菇泡得久，讓第二杯蘇摩牛奶變得**有力**許多。喝下肚大約四十五分鐘，我就已經覺得非常有感覺了。那種身體嗨起來的感覺跟服用被稱爲魔菇的裸蓋菇類似，有點怪怪地，有點想吐，有點舒服，有點刺刺的，但就是沒有任何幻覺。我覺得蠻開心的，而且藥效在五六個小時內都維持得很好。

第二杯蘇摩奶喝完的兩天之後，我在洛杉磯的兩個朋友志願要當我的白老鼠。這之前史塔琳只嘗試過大麻，而喬許則用過好幾種迷幻藥，包括魔菇。兩人都在喝完奶之後一小時左右產生反應，其中史塔琳的藥效約莫在兩個半小時後達到高峰，她說她覺得身體的嗨讓她非常享受。

（有一點很有趣的是：**琳兒**小時候在加勒比海出生並住過一段時間。平常的她說英文並沒有任何異狀，不過在蘇摩奏效的期間她會時不時冒出加勒比海的口音。我感覺她並沒有意識到這樣的變化，但在字的最後或特定的片語中都會有這樣的現象）。

喬許沒有因爲這杯蘇摩而享受到什麼，輕微的胃痛是他唯一的生理反應。他不像琳兒跟我一樣覺得有被催眠到的感覺。但這樣的差異在致幻劑的世界裡並不值得大驚小怪。即便是同樣的物質，同等的劑量，每副身體的反應還是不會一樣。所以說有些人可以天天大麻抽不停，然後生活跟工作繼續拚，有些人只能吃多力多滋配《蓋酷家庭》（*Family Guy*），這就是人與人的個別差異。

整體而言，我跟毒蠅鵝膏菌的第一類接觸，算是相當符合吠陀經詩句對於古代蘇摩的描述。我的第二杯蘇摩奶算是相當有搔到癢處，我感覺身體裡的脈動與刺激如浪頭似的一陣陣襲來，最高潮的時候我雖然沒有「用高亢的力量喊出勝者般的呼聲」，但我確實「從血管中感覺到神明現身」。

Chapter 8

科學的誕生：從古希臘的迷幻藥說起

科學，並不是一生出來就是科學。

湯瑪斯．傑佛森（Thomas Jefferson）是美國的開國元勳，他貢獻過最多知識細胞，並自認是一位科學家——而且他說的可不只是號稱科學的政治學。在一八〇〇年的一封信箋裡，傑佛森洋洋灑灑地列出了他感到興味盎然的各門科學：

植物學、化學、動物學、解剖學、外科手術、醫學、自然哲學、農業學、數學、天文學、地理學、政治學、商學、歷史學、倫理學、法律、藝術與美術

這當中有不少分野仍符合現代對於「科學」一詞的認知，但倫理、法律、藝術與美術的專家，好像已經不會再被我們叫做科學家了吧。現代科學家所搭配的道具應該是化學實驗用的燒杯、各種演算法、塞滿各種繁複等式的黑板才對吧。社會發展愈進步，「科學」的定義愈內縮，但事實上要到一六三七年，笛卡兒（René Descartes）才對什麼是「科學方法」下了嚴謹的定義。

不過在笛卡兒之前的數千年間，人類也是一步一腳印，很穩定（或時而醉醺醺而搖搖晃晃）地在科技上不斷向前推進，不斷對自然界的理解上有所翻新。人類歷史上也多次經歷過大開科學倒車的期間，但不可否認的是，早在我們有共識認爲應該以理性的眼光看待世界，應該透過實驗去驗證各種理論前，已經有睿智的前輩嘗試把支配萬物運行的規則給拼湊出來。

有很長的一段時間，我們尊稱這群前輩是「哲學家」。以目前而言，「哲學系」是給不在乎或不用擔心將來出路的人念的科系。但回到古希臘，哲學家的「正職」是要破解現實的定律，爲此他們找了一個小幫手叫做「凱基恩」（kykeon）。

不過別誤會，凱基恩不是人，而是一種特別摻了藥的酒，這是一種古希臘人會在厄琉息斯祕儀（Eleusinian Mysteries）結束時分享飲用的酒。說是祕儀，是因爲出席者不得透露儀式的細節，否則當心小命不保，但其實我們還是能知道幾件事情：這些祕儀之前會有九天的齋戒，而齋戒到最後就是進行儀式並飲用致幻能力甚強的凱基恩酒。據說參與祕儀者會帶著對來生的信念離開。

相信有來生，並不是當時普遍的現象。眞正風行死後有來生，並且有某種力量會獎善罰惡的觀念，是柏拉圖寫出《斐多篇》（*Phaedo*）之後的事情。柏拉圖就是十分熱中厄琉息斯祕儀的固定班底。在爲本書做研究的過程中，我閱讀了一篇由馬利斯特學院（Marist College）約書亞．馬克（Joshua Mark）所寫的文章，當中就引用了一段出自《斐多篇》的文字：

> 甚久之前，祕儀的創始者並非只是閒來無事在打發時間，而是心懷真正的意義，宣稱人在未經認可，未經啟動的狀況下進入地下的世界，便只能活在泥濘的坑洞裡，而若是歷經了啟發與淨化才去地府，那他們便能在諸神之間獲得居所。

按照作者柏拉圖所寫，說這話的人不是別人，而正是巨賢大哲蘇格拉底。這話主要是說凱基恩被引進祕儀，等於是希臘多神信仰版的「受浸」。在現代人的心目中，蘇格拉底是「西方哲學之父」，而身爲「科學之父」的亞里斯多德**也**是不只一次服用過凱基恩的祕儀啟發者。在一九二九年的《異教徒的重生》（*Pagan Regeneration*，一九二九年）一書中，哈洛德．威勒比（Harold Willoughby）宣稱服用凱基恩的受啟動者在迷幻中「沒有掌握到什麼具體的知識，但……獲得了耳濡目染，進入了特定的意識形態中。」

換句話說，祕儀作爲一種宗教儀式，與會者不會在過程中背誦繁複的教規教條，而會由凱基恩酒對他們醍醐灌頂，讓他們體驗到「一切盡在不言中的幻覺之旅」。而對於讓許多現代科學與哲學概念露出第一道曙光的希臘哲人來說，凱基恩酒的影響力可說是有目共睹。

所以凱基恩到底是什麼玩意兒？

我們確知凱基恩裡的三種成分是葡萄酒、大麥跟薄荷。我們的好朋友魔菇專家高登．瓦森曾想追查出凱基恩的確切性質。在《通往厄琉息斯之路（暫譯）》（*The Road to Eleusis*）一書中，他與數名學者主張凱基恩必然是某種迷幻藥酒，而且致幻性很可能源自於酒中感染有麥角病（ergot）的穀類。

麥角指的是麥角真菌在穀類作物上長出的黑色子實體，而長期麥角中毒會讓人的四肢壞疽腐爛，甚至可能致死。如果是短期中毒，那（誤）食麥角也可能讓人嘔吐，或引發子宮收縮而造成婦女自然流產！這些中毒症狀的罪魁禍首是麥角鹼（ergotine）。此外麥角中還有另外一種化學物質是麥角醯胺（lysergic acid amide：LSA）。如果你覺得ＬＳＡ這個縮寫似曾相識的話，那是因爲你只要學過或做過幾年化學，再加上有適當的器材，ＬＳＡ就有辦法變成ＬＳＤ（麥角二乙醯胺），也就是迷幻藥。有可能不論是我們的科學之父或哲學之父，都在有生之年花了不少時間與ＬＳＡ這種原始的迷幻藥爲伍。

在你對迷幻藥影響了科學誕生的說法不以爲然之前，我希望你了解致幻劑協助聰明人變成各種「之父」，在歷史上都是有明文紀錄。以被譽爲現代遺傳學之父的諾貝爾獎得主法蘭西斯・克里克（Francis Crick）爲例，他顯然靠吞了迷幻藥來集中腦力，然後才一舉發現了ＤＮＡ的雙螺旋結構。

更鐵證如山的案例是另外一位諾貝爾獎得主凱瑞・穆里斯（Kary Mullis）曾將他獲致一項成就的功勞歸給ＬＳＤ，也就是他發現了聚合酶連鎖反應（PCR）。長話短說（其實幾乎什麼都沒說），聚合酶連鎖反應讓我們可以把ＤＮＡ跟特定的個人配對。所以說每一集《ＣＳＩ犯罪現場》（*CSI: Crime Scene Investigation*）的劇本跟我們現在的司法體系都必須向迷幻藥說一聲謝謝。時至今日，科學家會應用聚合酶連鎖反應去辨識我們的遺傳性疾病基因。聚合酶連鎖反應爲複製人技術開了扇門，或至少爲沒那麼科幻的複製人類器官開了扇門。

就算沒有迷幻藥可以嗨，克里克（或其他人）的團隊也遲早會確認出ＤＮＡ的雙螺旋結構，但穆里斯並不認爲他可以不靠迷幻藥發現聚合酶連鎖反應。一九九七年，在英國廣播公司（BBC）所拍攝的一部紀錄片裡，他曾經捫心自問要是沒有「露西跟她的天空鑽石」（Lucy and her Sky Diamonds）——也就是ＬＳＤ——自己是否還能發現聚合酶連鎖反應：

「我不知道，我很懷疑，我真的很懷疑。」

讀到這裡，可能有人已經迫不急待想試試ＬＳＤ，但請恕我愛莫能助，因爲我眞的很享受監獄外的生活。不過退而求其次，我們來重現古希臘的迷幻藥替代品——凱基恩酒大家有興趣嗎？我們做得到嗎？

第一次〇〇就上手：跟希臘哲學家來場迷幻之旅

一般而言，如果可以不用先齋戒九天再享受迷幻藥，正常人都會選擇這麼做。所以我們可以合理推測主持厄琉息斯祕儀的祭司想把藥的成分當秘密守著。我們現今最可靠的材料清單源自〈狄蜜特頌〉（Hymn to Demeter），這是三十三首荷馬史詩殘篇中比較長而古老的一首。這倒不是說荷馬跟〈狄蜜特頌〉或其他任何一首頌詩有什麼關係，而是古希臘人愛把所有古老、睿智，來源不明的東西都「賴」給荷馬。這就跟二十世紀初，美國導演工會容許導演「艾倫・史密斯」（Alan Smithee）這樣的假名去署名一樣。只不過上世紀導演這麼做是因為覺得自己受外力影響而對作品不滿意，而古希臘是人在荷馬身後幾十年才把創作歸給他來當作一種恭維。〈狄蜜特頌〉可以追溯回西元前七到八世紀，而文中會提到凱基恩食譜，顯然是因為在天堂打工當酒保的厄琉息斯皇后梅塔涅拉（Metaneira）調了杯凱基恩酒給農業女神狄蜜特，希望她喝了可以冷靜下來：

> 然後梅塔涅拉送上了杯子給她（狄蜜特），裡頭斟滿了甜如蜂蜜的葡萄酒。但她拒絕不喝，還說這是天堂的敕令說她不得飲用紅酒。然後她（狄蜜特）命令她（梅塔涅拉）取若干大麥與水，混以精純的唇萼薄荷（pennyroyal），然後將此液體呈給她飲用。
>
> 於是乎她（梅塔涅拉）就做成了凱基恩，並獻給了女神，一如她所要求。
>
> ——譯者：喬治・納吉（Gregory Nagy）

在頌歌中，梅塔涅拉在上完酒之後就立刻提出要求，希望由（剛痛失一個孩子的）狄蜜特撫養自己的一個孩子。因為凱基恩而陷入幻境的狄蜜特為了報答這樣的好意，便將該名孩子點火燃燒，藉以使其獲得永生。因為這段情節，凱基恩的名聲更響亮了，其藥效又被傳得更狂了。

這份食譜有兩點讓我不得不把眼睛睜大點：首先是唇萼薄荷的存在，話說唇萼薄荷的英文名字叫做pennyroyal，這簡直就是現成的龐德女郎名字；第二點是這裡頭完全沒有葡萄酒。狄蜜特看來是比較喜歡酒精成分為零的凱基恩，但很顯然是她個人的偏好，因為喜歡有酒精的人也是有的。赫拉克利特（Heraclitus）作為一位早於蘇格拉底的哲學家，宣稱凱基恩是葡萄酒混以起司做成的，然後在人醉倒之前都要不停攪拌。

「凱基恩，」他說，「要是不攪拌就會分崩離析。」

看在難搞現代人的眼裡不論是狄蜜特還是赫拉克利特版本的凱基恩，感覺在致幻性上都不會令人非常期待，甚至連口味都會讓想人捏把冷汗。瓦森跟他同時代的人認為厄琉息斯的祭司留了一手，沒有把凱基恩的關鍵祕方「麥角」告訴儀式的成員。這個理論裡唯一的疑點在於麥角中毒會讓人非常不舒服，甚至有致命的可能性，而厄琉息斯的祕儀看似是段狂野的好時光。好消息是為了測試這個理論，我們只要用上水跟灰就可以簡單地把LSA從麥角中蒸餾出來；壞消息是想為了這本書來測試這個理論，我們會被聯邦政府抓去關。

麥角是可以合法加工的，但LSA不論是拿去合成、加工或服用都於法不容。所以與其犯下重罪，我選擇測試另外一種假說：凱基恩的效果會不會與LSA並無關連，而是因為之前餓了九天？在舉行厄琉息斯祕儀之前要先齋戒九天，你還記得嗎？我是還記得在印度「體驗」痢疾完後的第一餐。在好幾天不知道卡路里為何物之後，我吃了一大碗起司通心粉配上皺巴巴的鷹嘴豆餅（falafel）。其實這一餐背後的廚藝並不高明，而且起司還是假貨，但我湯匙一放進嘴裡，再普通也不過的鹽跟脂肪卻在我口中迸出新滋味。我費了一番功夫才把睽違好幾天的食物給吞下肚，主要是那一瞬間湧出的味覺噴泉差點讓我招架不了，味道太多把我的感官給「閃瞎了」。第一個提出凱基恩的幻覺是由飢餓所引發的理論的人是彼得．韋伯斯特（Peter Webster）。在〈調製凱基恩〉（*Mixing the Kykeon*；二〇〇〇年）這篇文章裡，他描述自己參加了一場宗教性的隱居活動，誤打誤撞地先禁食了四天，然後在飢腸轆轆的狀態下啜飲了一口咖啡，沒想到這口小小的咖啡卻在他身上拉開了幻覺的引信，他的悟性一整個爆發出來。這給了我一個靈感——我也要來餓肚子，餓完肚子我要爬到附近的山頂，然後把兩種版本的凱基恩都拿來喝喝看。這兩種凱基恩的配方分別是：

凱基恩一號

材料：

兩大匙唇萼薄荷

一杯水

一盎司（約二十八公克）麥芽

凱基恩二號

材料：

一杯葡萄酒（紅酒、白酒均可）

一盎司麥芽

兩公克刨絲山羊起司

關於唇萼薄荷，我想給聰明的大家一個（防呆的）建議，雖然美味，但極高濃度的唇萼薄荷也可以是「要你命」的一員。當然對一心求死的人而言，你必須得吃進唇萼薄荷精油，或喝下好幾加侖（一加侖約三點八公升）的凱基恩，這樣你才會真正有生命危險。但為求謹慎我還是要警告大家：這玩意兒多少是有毒的，吃下去對你的肝臟會造成一定負擔。所以這種蠢事，還是由我為各位代勞吧。

方法：

我們對於祕儀前的齋戒所知不多。有可能那是像伊斯蘭教的拉瑪丹（Ramadan）齋戒，穆斯林只需要從日出到日落不吃不喝即可。又或者那種禁食得極為徹底，卡路里的攝取量必須為零。希臘正教（東正教）的基督徒可以一年「齋戒」長達兩百天。以現有的宗教而言，最普遍的齋戒形式是卡路里的限制（減少用餐次數）、隔日齋（饗宴完隔日僅攝取少量或零卡路里）、飲食種類的限制（不能有肉，不准吃葷食等）。

徹底的齋戒，也就是連續數日都不得攝取液體或固體來補充卡路里，是極其罕見的做法。厄琉息斯祕儀的九日齋有可能是以限制熱量與食物種類為主，但也不能排除徹底禁食的可能性。最後我決定押寶四天徹底禁食後來嘗試凱基恩。零卡路里四天應該是逼近健康的安全極限，不至於會造成永久性的傷害。

連著四天只喝水跟無咖啡因咖啡（當零食！），是我為了本書所進行難度最高的一項挑戰。前兩天簡直是地獄，我的脾氣變得極其暴躁，我的五臟六腑像被憤怒的巨人當成麵團在擀，我全身肌肉沒一處不痠痛。基本上這時誰靠近我誰倒楣。

第三天，我開始覺得稍微沒那麼痛苦，也開始感受到延長齋戒的好處。我的嗅覺變得極其敏銳，隔壁室友的麥當勞聞起來就像在我面前一樣。對街的住戶辦起星期天的烤肉趴踢，我聞著像滋滋作響的牛腩就像在我眼皮底下。總之進入第三天的某個瞬間，我就已經不會用痛苦來形容自己的感受了。

我本來以為「人是鐵，飯是鋼」，不吃飯會讓我這段時間保持像爛泥的狀態，但結果並不然，甚至有時還剛好相反！實情是我會定期迴光返照而生產力飆高，這代表我的身體開始消耗脂肪與肌肉。惟高潮之後我會緊接著一蹶不振，就像有人伸手到我體內把插頭拔掉。在低潮的時候我會覺得自己頭輕飄飄地有點恍惚，有點錯亂。不過整體說起來，我的精力值仍隨著實驗的進展由低而高。

到了第四天的晚上，我可以不停感覺到胃袋裡被一種空虛啃蝕，但也不知為何我還是有足夠的精力可以走在山徑上。古希臘人是大伙一起走上山喝凱基恩，為了在二十一世紀重現這一點，我找了（正常吃飯的）朋友跟我一起走到家附近的山頂。這有一個好處是萬一餓昏了，我相信他們會把我揹回車上。走到山上的距離大概是五英里（八公里），而且一路都是上坡。我在爬到兩英里（三．二公里）的時候試了唇顎薄荷口味的凱基恩一號。

在喝下凱基恩一號的幾分鐘後，我在筆記裡寫下我感覺「整個人像太陽一樣輻射著溫暖，然後以心臟為中心，我覺得身體冒出了幾乎是有人在搔癢似的感覺」。這種感覺顯然跟資料裡的迷幻之旅有一定的落差，不過還是很棒。我不確定這有多少是唇萼薄荷的作用，或是有多少是因為凱基恩裡的麥芽是我幾天以來僅有的固體食物，總之我全身刺刺的長達數分鐘之久，我很確定自己體驗到了什麼叫做**幸福**的感覺。

走完五英里山路，我們來到了一座小山的山頂可以俯瞰洛杉磯市景。這時我開始像酒保一樣搖起凱基恩二號，然後把調製好的凱基恩酒倒進杯裡。我加了一盎司的刨絲山羊起司，在酒裡製造了一個小漩渦，然後迫不急待地把葡萄酒起司口味的凱基恩咕嚕喝下肚。這樣一杯「葡萄酒起司口味奶昔」聽起來不是很有吸引力，但可能是我太餓了吧，所以我覺得**超好喝的**。

凱基恩二號裡用上了我平常覺得口味蠻溫和的紅酒，但餓太久後喝起來味道嗆到讓人有點不舒

我在這裡，品酒中。
傑瑞米·康諾斯（Jeremy Connors）攝影

服。酒的酸味直衝我腦際，感覺有點像是在吸笑氣（一氧化二氮）的那種嗨……但我不會用致幻劑來形容凱基恩二號就是了。在試過兩種有紀錄的凱基恩配方之後，我覺得兩款都不是「完整版」。我猜完整的食譜裡會牽涉到拿LSA去合成東西。

話說回來，我並不會因此就貶低齋戒在這次體驗中的價值。在重建歷史的過程裡，我感覺最跟厄琉息斯祕儀有交集的時刻並非我喝任何一款「準」凱基恩的瞬間，而是在我禁食四天後嚐到食物的時候。現存少數對於祕儀的描寫，都強調受啟發者相信**天堂般的**來生確實存在。

在地獄般漫長的徹底禁食結束後，吃東西本身就是天堂。就算那只是被紅酒泡爛的契福瑞（chèvre）羊奶起司，我都覺得像是天賜的美食。在山頂上喝混合起司跟麥芽的紅酒或許算不上什麼宗教性的體驗，但在走完五英里下山去開車後，我咬下了闊別許久的漢堡肉排，那當下我真的覺得「有神快拜」。

Chapter 9

菸草與大麻：被歲月開了個玩笑的孿生兄弟

不管是心胸多開闊的物質使用者（或濫用者），當你詢問他們對菸草與大麻的想法時，他們都會給出截然不同的評價。這兩種可以吸的物質命運會如此大不同，有一部分原因是人類的科學已經顯示抽菸會要人命，但吸大麻基本上安全無虞。有一點說出來，大家可能會嚇一跳，那就是在我們知道有癌症跟肺氣腫這些東西前，人類抽香菸的感覺就像現在抽大麻一樣。曾經有個歐洲人第一次在加勒比海的伊斯帕尼奧拉島（Hispaniola）上看到原住民抽菸而被嚇傻，他當時說了這樣的話：「爲了進入一種癡呆的狀態，他們把煙吞進肚裡直到不省人事，就跟醉漢大字形癱在地上沒有兩樣。」

這話聽起來有點像我們的好朋友**瑪莉珍**（大麻的擬人別名），但其實這位歐洲人描述的是香菸。或許不是我們現在一大片菸葉田收成完送去加工做成的一根根精美之香菸，但菸草就是菸草，這一點古今並無差別。所以說問題出在哪裡呢？

你去問有抽菸習慣的人，極少人抽菸是爲了讓自己可以變得像醉漢一般癡呆。大部分老菸槍的第一根菸都在早上，他們點菸是爲了讓自己的腦袋清醒過來。中午用完餐，他們會在午休結束前來根菸再回去上班。當然會抽菸的人常常是一根接一根，基本上從不間斷，但在要好好工作之前來根菸絕對是常識。

爲什麼之前的菸草聽起來那麼像大麻？這個嘛，首先是當年最常抽的菸草品種是黃花菸草（Nicotiana rustica），也就是野生菸草。這種菸草的尼古丁含量可以衝高到大約百分之九，遠高於你從萬寶路或駱駝牌裡抽到的普通菸草（Nicotiana tabacum）裡只有百分之一到三的尼古丁。現代的菸草經過育種，其特色跟其他經濟作物一樣在於個頭大，長得快，而且不怕殺蟲劑跟病蟲害。換句話說，我們犧牲了香菸的「嗆」去衝刺香菸的「量」，好讓世界上所有的老菸槍都不用搶。

在科學家有辦法證明的前提下，人類最早抽菸的紀錄是在大約七〇〇年，而且用科學來證明這一點的辦法其實超級酷的。考古學家在某處馬雅的廢墟裡找到了一個小碗，小到放在掌中也不奇怪，重點是碗邊上的文字可以大致翻譯成「他／她菸草的家」。這有點像美國現在不少大麻店會賣不會漏氣的罐子給抽大麻的人裝，嗯，大麻。考古挖出來的那個小碗或小罐子主人顯然是菸草的愛用者，因爲事隔一千三百年，壬色列理工學院（**Rensselaer Polytechnic Institute**）與紐約州立大學奧本尼分校（University of Albany）的科學家仍能透過化學分析找到殘存的菸草。

不過大家也不要覺得這個菸草罐就能補強尼古丁麻痺人靈魂的歷史證據，因爲很有可能這位性別不詳的主人根本不抽菸。古馬雅人看待普通菸草，就跟現在某些州政府看待大麻的態度一模一樣：大麻是用來治病的。身爲阿茲別克人的直系後裔，墨西哥南部的索西（**Tzotzil**）族人仍舊把菸草視爲是傳統醫學的根基。

菸草：古代醫學裡的狗皮膏藥

實際上，菸草曾經被用來治療「心理疾病」。「楚歪」（Chuvaj）是古馬雅一種有攻擊性的發狂症狀，翻譯成現代人聽得懂的話就是「有暴力傾向的王八蛋」。對於這種人，馬雅人有一個代代相傳的辦法「整治」他們，而且效果非常好，比用要坐牢去威嚇人的效果更好。話說馬雅人認爲這種惡劣的暴力行爲是「波奇區」（bol ch'ich）造成的，直譯就是「笨血」（stupid blood）。面對笨血狀況特別嚴重的人，馬雅人會先把他們從額頭劃開，放一些笨血出來，因爲他們的觀念是笨血會比聰明的血更急著逃出來。放完血後，他們會接著拿菸草去敷在傷口上，目的是讓剩下的血變聰明。

在中部美洲（Mesoamerica）的古代醫學裡，菸草眞的就是一種「狗皮膏藥」或「OK繃」一樣的存在。蚊蟲叮咬？快抹一些粉狀的菸草在他姑奶奶又紅又癢的紅豆冰上；胃不舒服？拿些菸草配大蒜搗成泥，然後往小肚肚「ㄍㄡˋ」下去就對啦；屁放不完？吸點鼻菸一定有幫助。錫納坎坦（Zinacantan）族人承襲他們的馬雅祖先，很習慣拿菸葉、大蒜與患者自己的尿液混在一起做成藥來治療便祕（大蒜是歐洲人帶到新大陸的，但馬雅吸收新文化的速度超快）。

最後一種藥讓人頭皮發麻，但既然提到了，我就不能顧左右而言他，打起迷糊仗來繼續往下講。畢竟這本書「神農嘗百草」的調性已經成形了。所以說我第一眼在爲本書做研究的時候看到有這種人尿、菸草跟大蒜做成的藥用飲料時，我就知道自己逃不掉了。

首先第一步，是我要讓自己進入可以測試此藥藥效的狀態，換句話說我得想辦法讓自己先便祕。平常沒有人想便祕，但自然之母與時間之父會趁你不防讓你的括約肌失常，你頑強的大腸會像死掉的蛤仔堅不吐沙。換句話說便祕有時是一種自然現象，但我今天沒有時間跟自己的身體耗，我要以人定勝天的心情來製造便祕。於是我卯起來灌下卡痛（Kratom）茶，然後晚上又把各式各樣的起司囫圇下肚。

卡痛樹是一種印尼的植物。卡痛樹在經過研磨，泡成茶飲後，喝起來幾乎跟鴉片沒兩樣。有趣的是，卡痛是地球表面上自稱第二合法，少有其他東西敢稱第一的毒品（連在這個不行，那個不行，有點好玩的東西通通都不行的日本，你都可以合法入手卡痛產品）。出門在外在急救箱裡放點卡痛，有需要的時候你一定會非常感動。就像鴉片一樣，攝取大量的卡痛保證能讓你身體的「出口匝道」堵車堵到爆。吃下一堆起司只是多買點保險，希望腸胃道的車流量可以稍微變多一點。就這樣我度過了一個很美好的夜晚，但事情並不如表面看起來那麼簡單……

第二步是隔天早上帶著悔恨起床。我的計畫極其成功，但我的肚子也非常痛。現在我只能寄望馬雅人對於便祕的看法，可以不要像他們對世界末日的預測一樣瞎，否則我這一天就有得瞧了。一想到只能寄望於馬雅，我就立刻跳下床去給自個兒泡茶。

第一次〇〇就上手：學古馬雅人喝一杯菸草尿瀉藥

材料：

約一根菸量的野生種菸草

兩瓣大蒜

一杯龍舌蘭酒杯量的尿（龍舌蘭酒杯最適合把難喝的東西一飲而盡了，是吧！）

做法：

我拿磨豆機把菸草跟大蒜磨成了細緻而軟爛的膏狀物，然後把「菸草軋蒜蓉」倒進了尿裡。

> 貼心提醒：科學界仍在爭辯著攝取菸草的致命量究竟是多少。有研究顯示是兩到三根菸的菸草量，但也有人吃比這量多更多也沒事的紀錄。另外一種估計值是一千毫克的尼古丁，也就是大約五十根菸的量。二〇一五年二月有一位年輕女性在祕魯的自然保護區裡喝完菸草茶殞命，所以對在家看書的各位來說，我想這個實驗我不是很建議。

我攪了攪眼前的飲料，攪完後才覺得也沒什麼好攪的——大蒜沉到了杯底，菸草大致都浮在表面上。到了這個份上，我也沒辦法再推託什麼了。這杯要命的飲料我要嘛就喝，要嘛不喝。

結果尿是整杯東西中最好喝的部分。當然我這麼說的意思並不是尿很好喝，而是因為混在一起後，菸草跟蒜頭會變成一種可以在「世界肛門風味食物年鑑」上留名的物體，我感覺就像把溫熱的液狀Slim Jim牌香腸給注射到體內一樣。我的喉嚨燒了起來，我可以感覺到黏呼呼的菸草絲在我的食道上蛇行向下。我覺得地獄來的蛇群在吞噬我的靈魂。

結果：

真的有效耶！完成喝這鬼東西的壯舉後二十分鐘，我的便祕好了。事實上我不僅大得出來了，而且我的身體還卯起來「大掃除」了一個小時。所有能經由上吐下瀉排出去的東西，都被我的身體給「驅逐出境」，而且速度還快到不行。我吐了三回，應該是因為輕微的菸草中毒，但我個人覺得大蒜應該也要負點責任才對。

最終判決：

說到要治好便祕，馬雅人真的是國寶級名醫的等級。如果哪天你需要嗯嗯，而且願意為了腸胃道的正常而不擇手段的話，我非常推薦這款「尿騷─菸草─蒜蓉龍舌蘭」，保證藥到病除。不過你問我的話，我覺得便祕還比較舒服。

菸草的離奇革命

哥倫布跟他手下那群有如人體化武，身上一堆傳染病的快樂夥伴，是第一批認識菸草的歐洲人。他們將菸草帶回了歐洲，但並沒有一夕爆紅，甚至應該說差遠了，因爲殖民時代初期的西班牙人覺得抽菸很噁心。每天晚上喝到翻過去，然後每天早上再起來拉稀，對西班牙人來說是基督教徒的美德。但**抽菸**呢？抽菸**很顯然**是惡魔的提案。

二十一世紀的現代人想「消耗」菸草，基本上只有三種選擇，你可以抽它、可以嚼它，不然就是加熱菸草吸它的蒸氣（水煙）。但馬雅人拿到菸草，就跟小朋友吃OREO一樣，花樣可多了。他們運用菸草的招式有：

1. 抹（Jaxbil）：通常會使用是粉狀的菸草，並且被視為是一種讓蛇或惡魔退避三舍的良方。在救護車或急診室還不存在的當時，抹菸草粉在身上算是一種替代方案。

2. 吃（Lo'bil）：也就是直接嚼一嚼吞下肚。但我不建議真正肚子痛的人生吃菸草，也不推薦沒事想嘗鮮的人這麼做，因為那滋味不是很討喜。
3. 泡（Atinbil）：馬雅人相信用菸草泡澡能讓人發出一種光芒，而這種光芒可以嚇退邪靈或惡魔。若真是如此，那我保證菸草一定會在銳舞派對上大受歡迎。
4. 喝（Uchi'bil）：泡成茶或摻酒一起喝。
5. 吐（Tub'tabil）：用嘴巴噴或吐出去。作為我個人的最愛，這種使用法很顯然跟現代的濕鼻菸是同一種東西，只不過我會想像把弄濕的菸草粉吐在所有人的臉上是當時的標準做法。
6. 貼（Pak'bil）：把菸草當成OK繃或貼布一樣貼在身上。主要是用來處理被蛇咬傷的傷口。

隨著愈來愈多的歐洲人來到新世界，菸草開始累積了一群追隨者。在私人招待所與酒吧裡頭，菸草開始風行起來，成爲一種時尚紳士必學的上流休閒。不過比起馬雅人的一堆花招，歐洲最早的尼古丁迷幾乎都只是用菸斗抽而已。即便是以菸草爲本的醫療，歐洲人也都還是滿腦子的煙煙煙。活在十五世紀英國的你耳朵痛？醫生會拿菸讓你的耳朵抽個夠。

向菸草宣戰

五百年前，菸草受到主流醫學尊崇的程度甚至超過大麻在今天的地位。但這種尊崇地位並非放諸四海而皆準。有一段時間，菸草甚至成了被迫害的對象，曾經菸草也被視為毒品，成為師出有名的討伐對象。

許多早期的西班牙殖民者來到新世界，都認為菸草是一種反基督的代表。他們會這樣想，一方面是覺得會噴煙的那不是惡魔嗎？一方面是因為種族歧視。一六〇四年，英國國王詹姆斯一世（James I）發表了〈對菸草之批判〉（*A Counterblaste to Tobacco*），當中勾勒了他痛恨國民近期染上惡習的種種理由。但說來說去，詹姆斯國王想說的好像都是同一件事情，那就是「印地安人抽菸，而且他們很噁心！」

> 親愛的同胞們，（懇）請各位思考一下，我們的榮譽或原則怎麼能容許我們去模仿野蠻如畜牲般的行為呢？那些人可是不懂得信神而且如奴隸般不懂得思考的化外之民啊！何況大家模仿的還是令人頭皮發麻且其臭無比的陋習。

不過相對於詹姆斯國王只是講講而已，並沒有動用王權去下一道菸草的禁令，其他的君主可就沒那麼高高舉起，輕輕放下了。我這兒有個例子是：

穆拉德四世（Murad IV）用殺頭來禁菸

先請大家看一眼左圖的阿木姆四世（Amurath IV；穆拉德四世是朋友喚他的名字）。從一六二三年到一六四〇年是波斯的統治者，長得是這副模樣。

從肖像上，大家已經可以看出他準備要拔劍要砍畫師了吧，穆拉德就是這樣一個不好惹的傢伙。他聽得謠言說菸草會讓人「性」趣缺缺，波斯百姓可能因爲抽了菸都不從事床笫之事了。他一聽大驚失色，大家都不做那檔事兒了，那還了得。沒人生小孩就沒人繳稅，沒人當兵，沒有畫師讓他砍死，這樣他會非常不方便的。

事實上不只是菸草的煙，他痛恨任何形式

的煙，原因是有一次他的生日煙火大會出了差錯，燒毀了帝國半個首都。怕沒人生小孩他應該下令「繼續給我幹」，煙火火燒厝他應該改善管理讓煙火大會不再「放炮」，但這位蘇丹並沒有「冤有頭債有主」的觀念，他選擇的做法是全國禁菸。

穆拉德頒布了嚴刑峻罰，任何人哪怕只是被抓到身上有含有大麻的香菸（哪怕那支菸裡的大麻來源完全合法。對了沒錯，當時的人會抽大麻喔），都會被羅織入罪。要是被叫做「加尼沙里」（Janissary），直譯是「新軍」的蘇丹親兵抄出你家裡有抽水煙的器材或任何一袋鼻菸，那你就會**當場被拖到大街上絞死**。這種刑罰當然是非常駭人，但當年所有刑罰都很駭人，所以讓穆拉德在本書中軋上一角的原因不是法定的刑罰恐怖，而是他本人對於取人性命的異常執著。

各位知道今日美國的警察會假扮是毒蟲去「釣魚」辦案嗎？嗯，這種事情穆拉德四世早就幹過了。入夜後，他會以蘇丹之尊微服在君士坦丁堡的大街上晃，然後挑手上握著根菸的人。萬一某個好心的癮君子眞的在國王的請求下要讓他抽一口，那穆拉德就會立刻一聲令下把這傢伙的頭給砍了。蘇丹自個兒的紀錄顯示他在短短十四年內結束了超過兩萬五千條人命，全都是因爲這些人有抽菸的嫌疑。

不過事情也不是每次都能稱了穆拉德的心意。根據摩西・埃德瑞西（Moses Edrehi）在一八五五年出版的傑作《亞洲與土耳其人的首都史》（*History of the Capital of Asia and the Turks*）所記載，被他鎖定的苦主至少有一人逃脫。有這麼一個民間傳說是穆拉德曾經撞見一名小兵在夜裡抽菸解悶，他見狀便假裝是個菸癮犯了的乞丐，小心翼翼地挨近這位軍爺，問起他爲何冒死也要抽菸，這位士兵據說也給了一個妙答：

「那個蘇丹軍餉愛給不給，也不想辦法讓我們吃飽一點，那當兵的人當然得自求多福，想辦法讓自己好過一點啊。」說完他還把菸遞給了他**有眼不識泰山**的蘇丹。

穆拉德接過了香煙，然後開始試著套話。他想知道士兵有哪些同袍也是癮君子。沒想到這個無名士兵察覺到苗頭不對，老菸槍特有的內建警鈴大作，於是在我們看來可能是在玩命，但士兵當下的反應就是棒打這個來路不明的乞丐。由於整支軍隊都是蘇丹的，所以技術上來講，穆拉德是被自己的手下用自己的財產給扁了。穆拉德對此自然是火冒三丈，但故事裡他是讓這名無名士兵給逃掉了。士兵隱姓埋名去過起了自己的日子，恭喜他。

迫害菸草不是波斯跟穆拉德的專利。日本也曾經頒布過五次禁菸令，其中距今最近的一次是在一六一六年。日本倒是沒有把抽菸的嫌疑犯給砍頭，但死罪可免活罪難逃，帶菸的人被抓到得繳罰款，外加幾乎所有身家充公，所以……罰款好像已經不是重點了。

中國人也在一六四〇年禁過菸，而且也會將抽菸的人斬首。這樣看起來，當時「國際上」對於「菸害防治」可以說是雷厲風行，反觀詹姆斯一世實在溫和，他竟然大權在握卻忍住不去禁絕菸草這種他恨之入骨的植物。不過讓菸草維持合法，到頭來倒也幫了他。在發文狠批了菸草的兩年之後，也就是一六〇六年，詹姆斯國王核發了特許權給倫敦的維吉尼亞公司（Virginia Company of London）。到了一六四〇年，維吉尼亞公司所經營的殖民地，也就是今日美國維吉尼亞州的雛型，就已經每年生產一百五十萬磅的菸草外銷。

就這樣，菸草很快在英國的美洲殖民地傳開，而且在經濟價值上把十七世紀美洲的其他作物狠狠甩開。這完全就是五百年後的大麻翻版（很認眞說在五百年後的今天，玉米每年在美國的經濟價值大約是三百億美金，而大麻市場的規模估計要超過一千億美金）。但俗氣的賺錢問題我們先不管，我們現在先回到過去，一起來體驗菸草在人類歷史上初登板的青澀模樣……

第一次〇〇就上手：重現中美洲的古鼻煙管

時至今日，世界上幾乎任何一家大麻專賣店都會為親愛的街坊們備好防毒面具或水煙斗（bong），以便供冒險心強的抽菸者選用。伊斯帕尼奧拉島上的原住民沒有符合現代意義的防毒面具，但他們確實造出了跟水煙斗用法大同小異的鼻煙管——這讓他們可以直接把水煙射進鼻子裡，不用等煙慢吞吞地由肺泡吸收。以潑人冷水出名的岡薩羅・費南德茲・奧維多總督（Governor Gonzalo Fernández de Oviedo）參與過西班牙對於加勒比海的殖民，並且少見地寫下了珍貴的第一手紀錄。死後很適合投胎成高中校長的他曾這麼描述過：

> **他們的頭目用一種Y形的管子，管內塞滿了點燃的大麻，然後Y形的兩叉分別插入兩個鼻孔……如此他們會吸入煙霧直到失去意識，整個人躺在地上像醉到睡著一樣。**

我從扎扎實實的經驗中得知用防毒面具吸大麻，會比你拿根菸斗溫吞地吞雲吐霧要來得衝擊強烈許多，也醉人許多。我想要知道這些被美洲原住民稱為「他巴可」（tabaco）的奇特鼻煙管是不是也能發揮一樣的效果。經過一番尋訪，我找到了這種鼻煙管的示意圖（如下圖）：

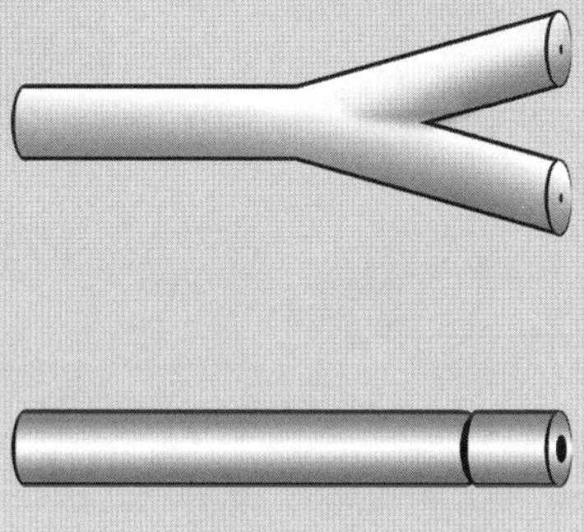

塔薇亞・莫拉（Tavia Mora）繪製

關於為什麼「他巴可」這種Y形管可以比一般的香菸更讓人有反應，我做了一點功課，很顯然人體對於尼古丁的吸收必須通過黏膜，而人的鼻子內襯就是「黏膜系」畢業的。當然這是我在資料裡讀到的，要真的確認這理論是否屬實，我神聖不可卸責的使命就是自己做一支他巴可來用用看。

我的計畫才一出海就馬上觸礁：我工藝課分數一向很爛，但還好我準太太瑪珍塔是個醫療用大麻的「小農」。在她的指點迷津下，我得知大麻植物的莖部如果切的方式正確的話，會跟示意圖裡的Y形管長的非常相像。

我選用了在洛杉磯能找到最接近天然菸草的東西——美國精神牌（American Spirit）

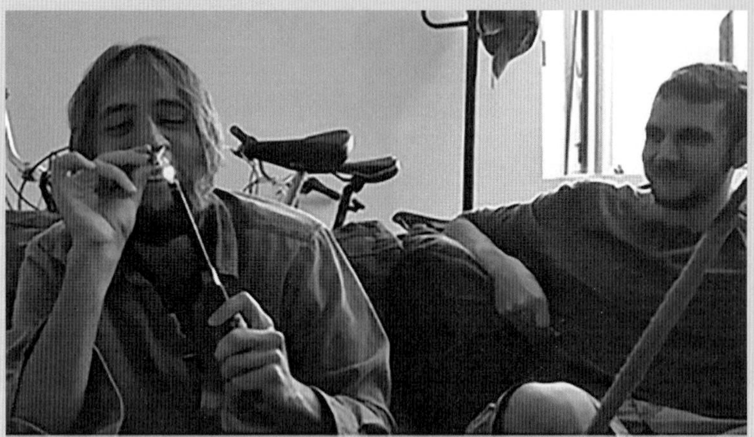

不用謝了

香菸。我選擇的標準是上頭印有「無添加物」的字眼，這比起紅色萬寶路的任何一款煙都讓我覺得安全。我朝每支「他巴可」鼻煙管的尾巴都塞了顆小子彈的菸草量。就這樣萬事俱備，我也好開始透過大麻植物的莖來用鼻竇哈菸了。尼古丁一直不是我的菜——甚至應該說剛好相反。但為了服務科學，服務讀者，我也顧不上我鼻腔的福祉了。

我第一口抽下去並不算順利。確實，我把煙管插進了鼻子裡，但我兩個鼻孔周圍還是會漏風。為此我一邊對抗著想要打噴嚏的本能，一邊把管子往更深處伸去。我會想打噴嚏是因為鼻涕不斷累積，那感覺就像我的鼻竇成了冷戰的現場，對峙的兩方一邊是鼻涕，一邊是我的樂活。最後我終於喬到了甜蜜點，吸入的煙開始源源不絕。

我必須說這不是個很愉快的經驗，但在吸到第一口煙的數秒之後我開始有種「中了」的感覺衝上大腦，這通常是水煙抽一段時間或雪茄吸太用力才會有的情況。我倒在了椅背上，或許不能說是「像喝醉般迷茫」，但至少是挺安詳，挺滿足的。

香菸上腦的感覺固然好，但其強烈的程度還不到會讓我暈倒。擠擠鼻樑可以讓我感覺更帶勁，不過就是要看你介不介意噴鼻涕。大小不斷的咳嗽能讓我吸進更多氧氣，而進氣量愈大人就愈嗨。整體而言，我第一次嘗試鼻煙管的感覺很差，爽感也只跟卯起來力吞吐水煙差不多來勁。

觀察奧維多閣下的文字紀錄，我們不太能判斷原住民們究竟是只把菸斗裝滿，還是把煙管的管身也通通塞滿到像根異常飽滿的捲菸。如果是後者，那你吸進的菸草成分當然就多，感覺當然就更強。我土製的煙管說真的不是很好塞。由於開口太窄，我得在末端劃開個口子來當成「斗」的部分，否則這煙管根本不能用。不過我發現其中一支煙管的菸斗部分特別長，所以如果拿根美國精神把濾嘴的部分切掉的話，那你是可以把菸的身體部分給卡進煙管的。我第一時間就把這個想法付諸實行，然後不管三七二十一，我就憑著阿茲特克羽蛇神魁札爾科亞特爾（Quetzalcohuātl）給的勇氣，把這菸給抽了下去。

岔題一下：幾年前我曾經丟了罐噴漆到營火裡。我會這麼做說來話長，但最主要的原因是「想看看會發生什麼事情」。結果噴漆爆炸了，而且冒出的煙還卡在我的嘴巴跟鼻子裡，回味無窮長達好幾天之久。那幾天我每餐飯都像在吃致癌物，天知道我從油漆的煙裡吸進了多少種戴奧辛之類的東西。在記憶裡頭，那是我人生最接近鼻煙馬拉松的一次。足足八分鐘我哈著煙，但其實第三分鐘我就已經膝蓋一軟跪下來了，因為頭暈目眩已經讓我想站也站不住了。

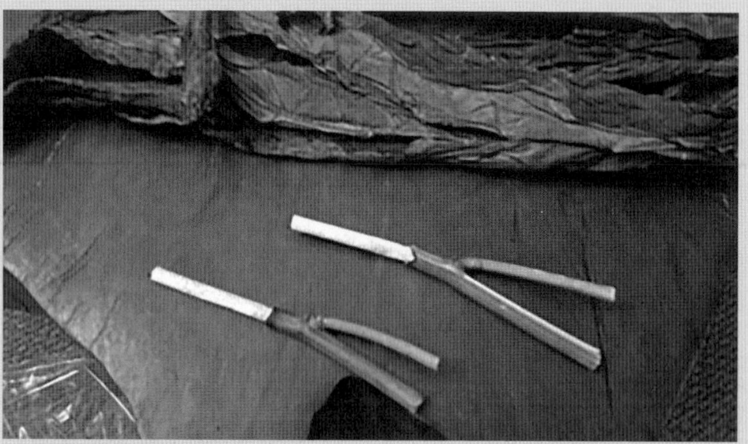

我把菸一路抽到大麻植物的莖為止。而到了八分鐘的最後，我創下了人生只靠菸草所嗨到的最高點。我感覺有點像是昏厥在有如喝醉般的恍惚裡，但又更像是在沖了個熱水澡之後把剛用鼻竇吃進去的毒藥給全部咳出來了。

實驗要是能就這樣畫下句點，我會很樂意。但就像我在本章一開始所說過的，如果現代人抽的普通菸草是馴養的肉雞，那原生的菸草就是狂野的放山雞。所以如果我想要體驗真正的鼻煙（管），那我就得用上真正的菸草。而且搞了半天，野生種的黃花菸草根本就買得到，而且還不只一家公司在賣，至於客群主力則包括重口味的美國原住民跟毒品宅。我立馬下了訂單。

結果送來的菸草捲拉開有好幾英尺長（一英尺約三十點五公分），至於聞起來，我覺得很像是全世界最頂級的雪茄在一起開了個高峰會，然後投票選出了菸草該有的味道就是這樣。我好生把網購來的野生菸草研磨成了細粉，然後捲成了兩支菸（我一支，我的朋友一支，但他好像抽不太完）。

這菸抽著抽著，我開始「流目油」，我的鼻子跟喉嚨開始灼熱，而等到抽完我已經不太能站。輕描淡寫地說我頭輕飄飄的，那會是一種嚴重的避重就輕。真相是我感覺好像五臟六腑被人提取了，人好像剩下個空殼一樣處於太空中的無重狀態。這標標準準的是「尼古丁醉」，沒有迴避的空間。

綜觀全球，現代人抽的普通菸草是人為調整斧鑿斑斑，商品化程度極高的一種經濟作物。市售的香菸幾乎是一種被閹割得很徹底，不會給人任何驚喜的東西。乾淨整齊的包裝，每一支都是完全一樣的量。但讓我們祖先傾心的菸草則有如脫韁野馬一般難以預料，同時被濫用的機率也比較小。香菸是一個很好的例子，這例子說明了人愈是了解一項物質，愈是去操控這項物質，那這物質的殺傷力反而會大大增加。香菸也證明了一旦加入了文化這個變數，一種麻藥的本質會走上如何不同的道路。

我想把這一章的內容當成**分手信**獻給菸草。我這輩子都不可能再看到香菸，而不想起尿跟菸草絲在我喉嚨裡蜿蜒蠕動的感覺。如果說那樣的畫面可以各位讀者裡任何一個人戒菸成功，那我的犧牲也算是沒有白費。

Chapter 10

大麻文化與迷幻藥戰爭

麻藥或毒品深深影響了人類，但文化其實也深深影響了麻藥與毒品。乍看之下，文化不應該有什麼角色可以扮演才對。麻藥跟毒品的作用應該是化學與腦科學的領域，至於那顆腦子的主人是在哪一國的哪種文化裡受孕，應該不會對拇指大小的迷幻藥效果造成什麼差異……吧。

但其實眞的是有差，而且還差很大。

還記得上一章的菸草嗎？當部落的年輕男性因爲吸了幾鼻子的猛爆野菸葉而像醉醺醺的水手一般暈死時，或許那反應的背後不只是古早味的菸草比較強，也不只是鼻煙管的設計該得獎。對於中南美洲的住民來說，菸草算是驅蟲的蚊香跟驅魔的神器，他們最常抽煙的場合其實是在儀式上，而且通常是宗教信仰所需。

菸草有其神聖性。而神聖的東西要拿來濫用，大家總是會猶豫。「麻藥文化」有擺脫不掉的污名。就算你支持人們以負責任的態度來使用非法麻藥，你大概也不會支持人去美化抽大麻、在夜店呑迷幻藥、哈菸或年輕孩子們現在做的不知道叫什麼的事情。退一萬步說，現代的麻藥文化養活了那些沒才華的暗樁，讓他們設計的大麻葉旗幟、T恤與車牌貼紙像害蟲一般，入侵了從巴塞隆納到孟買的一處處大麻店頭。

但從歷史的角度來看，麻藥文化的核心從來不是放蕩與吸食，而是控制，是人爲的節制。賦予一樣東西神聖的特性，讓這東西成爲宗教儀式的一部分，實質上就是限制了這東西的使用。對古馬雅人來說，菸草不是閒來沒事用來打發時間的東西，而是與某位喜歡鼻煙的神祇的溝通工具——我腦子裡浮現的形象是喬．凱末（Joe Camel），這位駝頭人身的傢伙有大概十年的時間是駱駝牌香菸的吉祥物。從東岸到西岸，宗教儀式在美國的其中一層意義就是要杜絕各種毒品與麻藥對社會的戕害，但搞不好我們想要打贏跟毒癮的戰爭，最需要做的事情不是消滅麻藥文化，而是要在儀式或信仰的基礎上建立起另一種麻藥文化。

在爲本書做研究的過程中，我發現一篇論文發表在一九七七年，共同作者分別是來自劍橋大學的韋恩．哈定（Wayne Harding）與哈佛大學的諾曼．沁博（Norman E. Zinberg），各位有興趣可以google一下這論文的標題〈爲受控的麻藥使用開發出儀式與社會賞罰的次文化效力分析〉（The Effectiveness of the Subculture in Developing Rituals and Social Sanctions for Controlled Drug Use）。什麼？標題太繞口看不懂？總之，這篇論文探討了一百零五位「受控」的麻藥使用者，而這些人在定期使用大麻、鴉片或其他迷幻藥的同時都擁有穩定的工作與活躍的社交生活。學者發現這一百零五名未失控的用藥者有一個共通點，那就是他們都針對自己所選擇的一或多種麻藥發展出了一組儀式或甚至是某種「神話」，而與麻藥同好交流的心得，正是他們發想出儀式或神話的靈感來源。

大麻的神話有很大部分與使用者健康有關。由此整天吸、天天吸大麻，在流行文化中被大規模描繪成正面（或至少不屬於負面的）形象。大麻的溫和形象經過一再強調，抽大麻的人口也隨之成長。至少在科羅拉多州，大麻合法化後的第一年看到的就是這種現象。

會影響麻藥使用量的文化因子不是只有神話一個，儀式也在我們使用麻醉物質的習性上扮演了要角。任何時候看到一群人在輪著分享大麻捲菸，你都能觀察到每個人可以抽幾口的一種儀式。以美國而言，口訣是「吸—吸—傳下去」（puff-puff-pass）。在英國，輪到的人可以抽三口，但他們在大麻裡混入菸草的情況比美國普遍。在印度，我得到的指示是到手的大麻菸盡量多吸幾口，因爲菸再傳回來的機率是零。

很顯然，儀式跟「神話」都會對麻藥使用者的用量產生重大影響。剛剛那份研究裡的劍橋大學學者們，也對麻藥的次文化下了同樣的科學結論：

「幾乎所有的受試者……都需要其他同好的幫助來從吸毒者繽紛次文化的民間故事與行為模式中，建構出適當的儀式與社會賞罰。」

時至今日，跟毒品的戰爭已經進入一種爛尾的狀態，你使用非法麻藥的安全與爽度大致上操之於引你進門的師傅。運氣好的話，你第一次的魔菇體驗可能發生在一個安全又不會失控的環境中，帶領你的又是個既溫柔又什麼都懂的麻藥宅；運氣差的話，你的第一次會是在銳舞派對上由一個叫做黑影的傢伙把可能是任何一種毒品的「謎樣粉末」倒進你手掌。不論是哪一種情形，這都代表你沒有去找爸媽討論第一次的迷幻藥體驗要如何規劃，也表示你捲大麻煙不是兩老教的吧。

對不少我們的祖先而言，用藥變嗨或甚至於讓臉彷彿融化了的那種欲仙欲死，其實不光是一種吸毒體驗，也是一種社群活動並帶有成年禮的意義。假設你活在古代，假設你是當時中亞的遊牧民族斯基泰人（Scythian），那比起因爲你兩眼帶著血絲，身上有股臭鼬般的味道回到家而責備你，你的父親還比較可能會主動傳授你該如何正確吸毒。只不過在當時的斯基泰文化裡，吸毒變嗨也很可能代表族裡死了個你所深愛的人。

獨樂樂不如眾樂樂：為什麼最早的水煙斗是個帳篷？

在今日與主流文化分庭抗禮的「反文化」當中，大麻穩穩地佔有一席之地。大麻非法的資格之深，恐怕比（大多數）讀者的年紀都還要長。對於在看這本書的讀者，我大膽推測各位屬於下列的其中一種人：

1. 你有認識的人因為持有「惡魔的萵苣」（大麻）而被捕。
2. 你人生中曾經為了大麻被捕。
3. 你正在讀的這本書是從監獄圖書館裡借來的。

如果你屬於第三種人，那我想向你保證Plume出版社做書用的都是最高品質的紙張[1]，沒有錯，如果你從本書撕個幾十頁下來泡水晾乾，得到的紙漿眞的可以削尖成相當管用的土製刀刃。好，這不是在拍電影，我離題了。

技術上來講，大麻在美國是待罪之身，仍舊是一種法所不容的物質，但它跟合法眞的只剩一線之隔了。我這本書大致上是在洛杉磯寫成的，而在離開天使之城前，那兒已經有十二家合法的經銷商可以在一小時內把大麻宅配到我家門口。僅僅再一步之遙，我們就要進入美國文化裡一個怪誕的新時代。在這個新時代裡，大麻不再代表反權威，不再象徵叛逆，不再等於憤世嫉俗，大麻可以是星期五晚上，你去小七買六罐裝啤酒配芝多司時順手帶回來的日常用品。

美國文化現正處於很尷尬的一處關卡，一方面我們有數以百萬計的同胞們可以買到他們朝思暮想的強力大麻，但政府裡又沒有主管機關的職責是教導年輕人該如何以負責任的態度呼麻，這點跟喝酒很不一樣。所幸大麻就只是大麻，比起酒精或……我想想……嗯，比地球表面上任何一種麻藥都還要人畜無害，長期的後遺症可以說幾乎不存在。當然總是有奇葩有辦法用大麻讓自己受傷，聯合國的報告顯示在二〇〇六到二〇一〇年間，美國與大麻有關的醫院就診人數增加了百分之五十九。

我不是要把大麻抹黑成壞人，也不是說大麻就一定會把身上還沾多力多滋屑屑的美國孩子們提早送進墳場。但確實有超過半世紀的時間，衆多大麻支持者都覺得自己的「愛藥」遭到不公平的污名化，因此一直很努力地替大麻發聲。但大麻派渲染大麻有多安全的熱忱其實有點矯枉過正。比起其他任何一種能讓人嗨起來的藥物或媒介，大麻自然是安全到一個境界，但這並不代表一大早就吸大麻是健康的做法，也不代表大麻怎麼吸都沒關係。

隨著大麻合法性的擴張，過度吸食的文化只會不斷成長。要是大麻在歷史上沒有被禁止，我們現在也不會有這個問題。話說人類使用大麻固然有著悠久的歷史，但圍繞著吸食的儀式始終讓大麻的濫用獲得控制。事實上，如果你是剛剛提到過的斯基泰人的話，那你可是要全家人都在場，否則任誰都不可能享用大麻。

大麻在西方歷史上，最早只能追溯回希羅多德。他是第一個在寫作中提及有人吸大麻的歐洲人士，而他文字中的主角，就是騎馬馳騁在歐亞大陸上的斯基泰戰士。

由於攜帶大量的水有其難度，加上在他們生活的範圍裡盡是沙漠，因此斯基泰人從來沒有發展出沐浴的文化。要保持基本的個人衛生，他們習慣的做法是把香料跟木頭磨粉後混合成泥，然後全身抹一遍。但這是日常生活的做法。如果今天是要參加喪葬活動，那免不了要更徹底的淨化儀式。對此希羅多德有如下的描述：

1 編註：這裡指原文書的情況。

斯基泰人會把這種大麻的種子置於袋子底下，灼熱的石頭之上，然後種子就會瞬間冒出比希臘焚香更宜人的蒸氣。在場者會極度因為這股香氣而有如身處於九霄雲外，同時還會放聲嗥叫。這種淨化會被用來取代沐浴。

不過，這段描述讓人立馬產生兩點疑問。首先是用煙霧來沐浴，感覺上是不太可能把身體洗乾淨。第二點是希羅多德宣稱斯基泰人燒的是大麻種子，但抽大麻種子跟抽咖啡豆渣一樣，並沒有能讓人嗨的效果。但我見識過野生的大麻植株，而我必須說野生大麻的種子確實是滿多的。所以我推測斯基泰人是把整株大麻連同種子、莖部、還有葉子等哩哩叩叩的東西都一併放在燒燙的石頭上了。話說這種大麻煙被希羅多德描寫得活靈活現，又是能讓人置身九霄雲外，又是能唱人忘情呼喊。所以我們說的是一群人嗨到大呼小叫嗎？

好想試試看這種抽法喔！

第一次〇〇就上手：跟斯基泰人學嗨

希羅多德留下的指示相當粗略，拿些燒紅的石頭擺好，然後把大麻放進袋子裡去燒，最後就是吸燒出來的大麻煙。嗯，感覺沒什麼難度嘛。

材料：

一盎司的大麻碎屑
二分之一到一盎司的大麻莖與大麻葉等部位
一個未經漂白或染色的袋子
一只鑄鐵煎鍋
足量的大石頭（來鋪滿鑄鐵煎鍋的底部）
一頂帳篷

流程：

這個實驗還蠻直接的，沒什麼眉眉角角。我的未婚妻瑪珍塔跟我挑選了一個蒙古包風格的帳篷，理由是這感覺比較符合斯基泰人騎馬打仗的中亞遊牧民族風格。我們挑的帳棚牌子是SoulPad，但其實哪個品牌都無所謂，重點是帳棚內的空間要足以容納一組人，同時材質不要是受熱會變軟或熔化的人造纖維就好。搭好帳棚之後，下一步就是要生火。我希望等會兒的大麻煙可以愈純愈好，所以我使用了鑄鐵的煎鍋。平時在收成後會被丟棄的大麻莖與大麻葉，此時會被裝進未漂白的袋子裡當作燃料使用。這麼做的用意是把袋子當成火種，讓煎鍋裡的石頭熱起來，並且確保大麻本身可以快速而確實地燃燒起來。

我們靜候了幾分鐘。我一共找了五名隊友來參與這次的壯舉，其中四個人多多少少有使用大麻的習慣，剩下那一個人（會親手種大麻的瑪珍塔）並不常抽。這樣的樣本數，自然難以具備統計學上的意義，但我們的帳棚就只能容得下這麼多人，再多就會像在擠沙丁魚了。袋子立馬燒了起來，煙霧也緩緩地瀰漫在整座帳棚。到目前為止我們都保持著入口處敞開的狀態，以免在密室裡燒大麻會變成燒炭自殺。但即便如此，帳棚內

威爾．邁爾（Will Meier）攝影

部的上空依舊顯得**風起雲湧**。在場有人開始咳嗽，但還不至於被迷昏頭。沒那麼快嗨也不在意料之外，畢竟大麻的莖跟葉裡都不含太多的四氫大麻酚（THC）。

過了兩分鐘（並且又加了幾批平常遭棄如敝屣的大麻莖葉之後），石頭才真正灼熱起來。等萬事看似俱備後，我取出了自己那一袋大麻屑，也就是在乾燥與修剪的過程中自大麻花苞脫落的大麻渣渣。一般而言，這些大麻渣會被店家製成叫做「哈希（什）」（hash／hashish）的濃縮大麻樹脂，或是被捲成大麻煙。大麻屑在市面上索價不高，但其抽起來卻有可能比多數人會買的大麻花苞更為來勁。

嚴格來說，大麻渣是一種粉，而既然是粉，就可以拿來向薰香一樣撒在火焰上，而且大麻渣燒得還會比一把大麻枝燒得快上許多。我一開始先扔了大約半盎司（約十四公克）的大麻渣，然後帳棚就立刻煙霧瀰漫而香氣大作。我們基本上關上了帳棚的門，僅留下一個

威爾・邁爾（Will Meier）攝影

小縫跟帳棚底部的氣流暢通，如此我們便不至於窒息，而大麻煙幕也不至於消氣。約莫一分鐘後，帳棚內的能見度已經低到我面對面也看不到朋友，但我們相隔也不過三四英尺（約零點九到一點二公尺）的距離而已。

我們在帳棚裡咳成一片，這點我真的沒有誇張。那感覺就像把老舊學生宿舍裡的空氣濾網磨成粉末，然後用這種粉來乾漱口。我們足足在帳棚裡待了二十分鐘，直到整整一盎司的大麻屑都化成了煙霧一縷縷，大家的肺也實在受不了了，我們才正式結束這場迷幻之旅。我們一個接著一個步履蹣跚地踏出迷霧，在帳棚外頭席地而坐，眼看著煙霧溢出到冬日的空氣中。我有合法的醫療用大麻使用許可，事實上我為了治療各種症頭而使用大麻已經有數年之久。而這一回我大概是普通嗨，具體來說約當我自個兒吸了根肥肥的大麻捲菸。其他應我召喚而來並且天天抽的大麻愛好者都表示「超級嗨」，至於我們當中經驗值最低，容忍度也最弱的瑪珍塔則直呼「非常嗨」。事實上從第一聲「非常嗨」算起，瑪珍塔在接下來的一個小時內追加了大概十二聲同樣的評語，但我想她應該每次都以為自己是第一次說。古斯基泰人不是瞎搞，他們會如此使用大麻是有想法的。他們的大麻不會有我們的強，但他們的產生反應的門檻肯定跟瑪珍塔一樣低。更要緊的是他們使用大麻是在剛失去摯愛親人的當下，加上有泣不成聲的家族圍在身旁，所以大麻的效果肯定會獲得強化。

洗腦的濫觴

致幻劑中即便是最弱的大麻，都在「反文化」中享有可以解放心靈、開啟感官之門、讓人能產生靈感與新思想的盛譽。這麼看迷幻藥，在歷史上絕對是一種嶄新的視角。正如我們在探究斯基泰葬禮時所發現的一樣，大麻原本是用來維護社會秩序、凝聚部落人心的工具。斯基泰人之後要再經過數千年，大麻才會變成讓某些人覺得礙眼的毒品。

歷史上首見洗腦這種事情，大麻也有參與。十二世紀有位哈桑─薩巴（Hassan-i Sabbah）是穆斯林宗教領袖兼軍頭，而他能創立暗殺組織「阿薩辛」[2]，並獲得（歷史過譽的）成員們至死效忠，據稱就是靠把哈希什這種大麻樹脂用在年輕的新成員身上，直到這些菜鳥暈厥為止。根據傳說，這些年輕人在大麻的嗨還沒退，醒來後便發現自己身處由哈桑秘密打造在他阿剌模忒（Alamut）堡壘中的「天堂」。既然是年輕男性的天堂，自然少不了衣不蔽體的美女、堆積如山的大魚大肉，很可能還有熱浴池──總之人生至樂在這兒都有。

享受過數日的無上幸福後，這些年輕人會某天醒來發現自己又回到了十二世紀那爛斃了

2 譯註：Assassins：也就是英文暗殺的字源。

的現實世界中，並且被告知他們若是想重返天堂，唯一的條件就是以他們的領袖之名去取某人的狗命。這個故事很有名，問題這故事最早出自於扯淡出了名的馬可波羅之口，而且他講這故事的時間又是在哈桑離世的一百年後，所以我們應該可以很放心，儘管把這故事當笑話來聽。

但說到強力的致幻劑可以被用來謀奪人的自由意志，歷史上倒是有一件眞人眞事可作爲證明。**活屍**始於十八世紀，其原型就是在海地被巫毒信仰的巫醫下藥控制的男女。巫醫們爲什麼要幹這種事情，我們有好幾世紀的神話故事與口耳相傳可分析，不過化學上有一位現成的「犯人」是一種白色的「重擊之粉」（coupe poudre）。利用這種白粉，巫醫可以使人陷入擬死的睡眠中。在被判斷爲死亡而埋葬後，受害者的「屍體」會被巫醫挖出來，如果擬死的人眞的沒死，那就代表重擊之粉已經抹消了這位苦主的自由意志，他或她就變成了一個只會聽命行事的活屍。

這故事當然很瞎，就跟說哈桑用哈希什控制阿薩辛的殺手一樣瞎。但有一點不同的是巫毒的活屍有堅實的科學論證基礎。在一九八〇年代，人類學家韋德．戴維斯（Wade Davis）分析了巫師們用來將人活屍化的重擊之粉，結果學者發現其「有效成分」包含蟾毒色胺（bufotenin）與河豚毒素（tetrodotoxin）。其中蟾毒色胺是一種由蟾蜍屬（Bufo toad）動物所分泌出的強力致幻劑。不是說有人會舔蟾蜍來變嗨嗎？他們舔的就是蟾毒色胺。至於河豚毒素則顧名思義，是從致命河豚身上取得的一種化學物質。

低劑量的河豚毒素會引發昏迷，並且會顯著降低受害者的心率，進而讓他或她看起來像是抬去埋也不奇怪的屍體。數日後一旦準活屍被挖掘出來，他或她最有可能的狀態是脫水、飢餓、並且仍未從蟾毒的嗨中恢復過來，但這時巫毒巫醫會在其身上施以更多的藥。這些追加藥品裡的一名常客是曼陀羅屬（Datura）屬的曼陀羅花，又稱醉心花（Jimson Weed）。這是你可以拿來當菸抽或泡成茶來喝，藉此引發譫妄的多葉綠色植物。不過請注意我是說你**可以**這麼做，但我也必須說你**不會想**這麼做，理由是曼陀羅的嗨一點都不愉快，而且劑量拿捏不好會造成痙攣或死亡。

曼陀羅很適合用來把人變活屍，是因爲其中含有一種**精美的**化學物質叫東莨菪鹼（scopolamine）會讓人陷入（噩）夢一場。在現代，微量的東莨菪鹼是暈機藥的一種，但劑量一高，這寶貝基本上就是約會強暴時的大絕招，是老祖宗級的蒙汗藥。東莨菪鹼會暫停讓大腦形成記憶的能力。據稱在哥倫比亞，東莨菪鹼仍繼續被用來給遊客下藥。去網路上稍微搜尋一下，你就會看到一票故事描述出差的外國商業人士是如何被在地的妓女迷昏，然後在藥物的作用下去提款機轉帳。美國國務院甚至在官網上告誡遊客要提防東莨菪鹼。你若是在哥倫比亞的青年旅館裡被問到要不要burunga，記得要有警覺，因爲那就是東莨菪鹼。

在西方國家，致幻劑累積了數十年的口碑，說是可以解放心靈，但致幻劑其實也同樣擅長另外兩件事情，那就是控制人心，乃至於把人的內心摧殘到不成人形。

心理化學戰：人類是如何學會放寬心去擁抱違法的毒品？

「心理化學戰」（Psychochemical warfare）是一個瞎到極點，最後反而變得有點屌的名字。這說的其實就是用化學物質去癱瘓軍事上的敵人，或至少藉此取得某種形式的優勢。漢尼拔（就是那個趕著象群翻越阿爾卑斯山，深入義大利，就只爲了可以更有效惡搞羅馬帝國的漢尼拔）或許是歷史上第一位運用此策略的軍事將領。在非洲平亂之際，這位迦太基的英雄靈機一動。他想到可以在叛軍的葡萄酒裡摻進顛茄（belladonna）這夠嗆的植物。話說顛茄的「功效」除了讓體溫升高、盜汗、脫水以外，劑量夠高還可能導致雙目失明。

結果顛茄的這招有效——漢尼拔贏了。

但是要哄著一整支大軍喝下摻了毒的葡萄酒，一點都不容易，於是乎「給敵人下毒」始終沒有在歷史上的名將間流行起來。但是不要看將軍，我們來看由間諜跟想突破間諜心防的情報員所組成的圈圈，那用毒就非常熱門了。科學家經常被ＣＩＡ（中央情報局）虐待或刑求俘虜的手段給嚇到，也經常跟他們說這樣做的效果並不好，得不到什麼情報。所以說偵訊室人員的聖杯不是特製帶刺的皮鞭，而是一種效果有如「誠實豆沙包」，讓人想說謊也沒辦法的實話血清。

我們的老朋友東莨菪鹼又回來了。東莨菪鹼其實就是史上第一款有科學背書的實話血清。一名我不得不覺得相當混帳的產科醫師勞勃・豪斯（Robert House）曾經於一九二二年找上達拉斯警方說他有一個化學的辦法可以迫使嫌犯說實話。他的主張並非沒有科學根據，東莨菪鹼會被用來幫助孕婦順產，而醫師曾書面描述說受到這種藥的影響，病人會莫名願意掏心掏肺地去進行一些極其私人的問答。

達拉斯警方找來了兩名涉嫌重大的在押嫌疑犯，準備拿新玩具在他們身上試試看。結果在對著聖經起誓完，再加上絕對足夠的東莨菪鹼作用下，兩人還是堅稱自己被捕是冤案，而後來的審判也還給了他們清白。豪斯醫師於是認定自己的實話血清是管用的。自此東莨菪鹼風行於警局之間，成了一種令嫌犯膽寒的存在。最後會被停用，是因爲東莨菪鹼遭判定會引發「可怖的幻覺」，而這些幻覺又被歸在「殘酷而不尋常的懲罰」類別下。

在美國以外的世界，東莨菪鹼並未顯露出疲態，但在以麻醉藥與扯謊的對決上，東莨菪鹼也很顯然並非是最後的答案。納粹曾覺得化學名爲三甲氧苯乙胺的麥斯卡林（mescaline）有潛力成爲理想的實話血清，於是便在不知道算最壞還是最不壞（說**最好的**很奇怪）的集中營裡進行了人體實驗。一九四七年，美國海軍自己來試了一遍看看納粹是不是眞的發現了什麼，結果是……他們認爲納粹應該是誤會了什麼。簡單講，麥斯卡林是一種很差勁的實話血清。我自己用過麥斯卡林，所以我可以證實麥斯卡林不會讓你有想全盤托出的衝動，倒是有可能會很想跑到林子裡舞動個五小時。

二次大戰期間，CIA的前身OSS（戰略事務辦公室）測試了大麻作爲實話血清的效果

（結論是無效）。不過大麻倒是被OSS成功用來打擊黑幫。喬治・懷特（George White）是名OSS幹員，他據稱曾用大麻收買了黑幫棟樑，然後讓對方迷迷糊糊地講出了幫內祕辛。中情局因而能對幫派的運作知之甚詳。

比起冷戰時期的瘋狂行徑，上面這些都只是小菜一碟而已。因著各種講完讓人更不解的理由，中情局篤信死敵蘇俄只差臨門一腳就可以將迷幻藥LSD給武器化。中情局時而抱持合理的擔心（我們的人員可能會被套出話來！），時而被害妄想症發作（他們會把軍用版的LSD摻進全美的飲水裡，然後對我們發動入侵！）。就在有如科幻小說的情節發展下，美國覺得自己在迷幻藥戰爭中落居下風！

但美國的劣勢並沒有維持太久。中情局迷上LSD的速度，可以說是完全不輸給十九歲的跑趴男孩。一九五三年四月，由中情局主導的MK-Ultra心靈控制計畫正式啟動（MK-Ultra的命名是根據中情局內部推動此計畫的同名團體，其機密程度也與該團體同等級）。MK-Ultra內含超過一百個不同的子實驗，數目聽起來很多，但內容都是大同小異的一件事：用迷幻藥給不知情的人下藥，藉此觀察會發生什麼事情。此一計畫的受害者絕對是數以百計，但精確的數據恐怕將永遠成謎（中情局的人員會很中二地相互下藥來當成惡作劇），不過可以確定的是有人在實驗中失去生命。就我們所知，迷幻藥從未成功武器化。怪的是大麻卻顯現相反的情況。

呼完大麻好打仗

我在本章的一開始提到所屬文化會對人的用藥方式產生極大的影響。這種文化決定人如何看待大麻的狀況有兩名最好的證人，一個是今日的西方國家，另一個就是綿延數千年的印度大麻文化。今天你跑一趟在地的大麻店或嬉皮精品店，數十款琳瑯滿目的商品會用大麻葉跟象徵和平的標誌對你眨眼，這是因為大麻眞正在美國取得一定的地位，六〇與七〇年代是決定性的瞬間，而當時的時空背景正是反戰的群衆運動開始風起雲湧的時候。

印度走過的路稍微有點不同。

第一點，大麻在印度有諸神的背書。在印度有種大麻與牛奶一起煮沸的製品叫做「班」（Bhang），是濕婆神（Shiva）的最愛。這傢伙喝下肚，據說一方面能引發宗教性的極樂，一方面也讓人對痲木恐懼，根本忘記害怕是什麼東西。能夠引發宗教性的極樂，說明了為什麼「班」這種大麻牛奶會在黑天神奎師那誕辰（Krishna's Birthday）與色彩節（Holi）等印度教節日上人手一杯；能讓人忘記害怕，說明了為什麼千百年來的印度戰士會在出征前來上一杯。

酒精在許多印度城市是從古代禁到了二十一世紀的今天，因此，世世代代的印度士兵要上戰場以命相搏前，他們沒辦法用酒來增添勇氣，他們能倚靠的只有「班」。甚至有一說是錫克教的大師古魯・戈賓德・辛格（Guru Gobind Singh）會準備「班」來發給要替他去拚殺敵人的軍隊。

古魯的傳說，是我在一八九三年由「印度大麻類藥品委員會」（India Hemp Drugs Commission）發行的報告裡發現的，那是英國針對印度大麻使用狀況所發表的一份調查資料。這份報告聲稱古魯曾於北印度的丘陵陷入與若干土幫國王（raja）的戰事。他的對手們訓練了一頭大象來進行刀光劍影的搏擊，然後將訓練完畢的大象送去進行兩項任務，一項是要把古魯要塞的大門破壞殆盡，一項是要直取古魯的性命。面對這樣的威脅潛伏，古魯．戈賓德．辛格的因應之道是挑了一位追隨者，給他鴉片跟「班」的加持，然後派不知恐懼為何物的他來保護自己。這招果然奏效，而大麻也首次在歷史上得到的軍事領袖的認證。他的證言靠著錫克教數位古魯的古代傳記《蘇拉．帕克什》（*Suraj Parkash*），流傳至今日：

給我一杯……「班」，我上戰場不能沒有它。

「班」不只是印度軍隊用來提升表現的秘密武器，「班」也是千百年來印度以致幻劑來強化宗教敬拜體驗的熱門選項。相對於美國，大麻是反文化圈子裡用來交朋友、打招呼的工具，印度的大麻則自古至今都幾乎都享有主政者與僧侶階級的公開肯定與完整庇蔭。即便是到了全球開始打壓大麻的二十世紀，印度的公營商店都還是沒有停賣「班」這項商品，同時印度教徒不分年齡，也都還是會在政府認可的宗教典禮上飲用「班」，其中又以色彩節最為知名。春天的色彩節又名灑紅節，因爲民衆慶祝的方式是把染料跟水往彼此身上砸，另外就是卯起來嗨，卯起來享用大麻跟優格做成的水果奶昔，也就是有名的「班拉西」（Bhang lassi）。

第一次〇〇就上手：調配印度阿兵哥最愛的大麻飲品

在美國，食用大麻算是一人分飾兩角：合法的醫療用大麻是用吃的，藥效發揮的效率可以達到最高；「沒斬沒節」的人想嗨過頭、嗨到升天，用吃的難度最低。印度也是有人大麻用抽的，主要是以苦行僧（sadhu）為主。苦行僧抽大麻是用像過度換氣似的短促換氣，而稱為「奇愣」（chillum）的角狀菸斗則是他們抽的道具。維基百科定義他們為「禁慾者」或「聖人」。這種解釋也不能說不對，但只要有在印度待過一天，特別是如果你待過瓦拉納西（Varanasi）或瑞詩凱詩（Rishikesh）這類的宗教聖城，你就會知道苦行僧基本上就是「在校園裡拿大聲公飆聖經經文的傢伙」的印度版本……還有就是他們聲勢比較浩大，一群都是數十人到數百人。苦行僧過的是居無定所，當然也不可能洗澡的放浪生活，也因此不少苦行僧都留著會令人驚呆的落腮鬍，髮辮也可以長到屁股。他們當中有些是虔誠的宗教信徒，但也有些人會賣哈希什給你——只要你跟他們對眼超過半分鐘，他們就會準備對你出貨。總之不論是哪一種苦行僧，他們都很習慣用奇愣來抽快樂的大麻煙，而法律也習慣了對他們視而不見。

庶民百姓對於取用大麻，基本上還是侷限在飲用「班」的範圍內。近年來，印度愈來愈多地區強化了管制大麻的鐵腕，但每逢黑天神奎師那的誕辰，你還是不難在許多廟宇裡找到「班拉西」這種可以讓人嗨一下的大麻口味優格奶昔。要是機緣巧合帶你來到了北部沙漠的拉賈斯坦（Rajasthan）邦，你會發現多數餐館或下榻的飯店，工作人員都拿得出能讓人超嗨的各式特調液體大麻——「班」。

我在北印度待了幾個月就愛上了「班拉西」。雖然你在北印街坊買來抽的大麻品質普遍很差，但班拉西的勁道卻是一整個要命的強。二〇一三年的色彩節期間，我人在北印拉賈斯坦邦的普希卡（Pushkar）市，當時地方上的餐廳老闆都會很有心地調製好一桶桶的「班拉西」來免費分給來參加慶典的人，而且不問印度人或外國人都有這種好康。喝了班拉西，大家才有活力去互扔顏料彩漆，才有在大汗淋漓、膚色各異之人群裡舞動的瘋勁。

在進一步談大麻飲品怎麼做之前，我覺得我好像不能話只說一半。我應該先跟大家更詳細地說明一下色彩節發生的事情。一整座城市的居民，一同攝取了極高劑量的大麻，到底會是幅什麼樣的光景呢？說穿了，色彩節就是個天殺的瘋人院。每一個人、每棟建築，每一樣會呼吸不會呼吸的物品，包括路邊的流浪狗，全都像被打翻的調色盤給砸到了一樣。不論是人、狗，還是房子，身上都會「彈痕累累」地被扔滿了彩色的粉，被裝了顏料的水球擊中，或被瓶子裡染色的水給灑到。在像普希卡這樣的小地方，基本上每個大男人或小男生都會把班拿起來暢飲，沒人管你的年齡。

這時候就是要潑漆、就是要扭動身體啊，不然色彩節要幹嘛？在地人會把彼此的衣服扯掉，順便把搞不清楚狀況的觀光客衣服也給扯掉。晚上會有人燃起熊熊的營火，同時事情會變得有點失控。在舞會上，與我同行的女性友人被很不客氣地摸來摸去，然後扯衣服的狀況也在某個程度上變得暴戾到不是節慶兩個字就可以解釋過去。除了是個節慶，色彩節還是個社會安全閥，黎民百姓可以稍微「酒後亂性」來釋放壓力，而這平常都是習俗與信仰說不可以的事情（話說在普希卡，你平日是沒辦法合法買到酒的）。

我住宿的飯店也提供各種以班為基底的飲料，這包括有一種混合了班的蘋果汁在我腸胃炎大作的時候幫了大忙。身體恢復了之後，我跟飯店的主廚交了個朋友，然後跟他要到了下面的食譜。

材料：

一小堆大麻，大約人的拳頭大小（如果你手上有的是低品質、種子很多的大麻，那就抓四分之一盎司或約七公克的重量。如果你有的是醫療級的大麻，那就抓一個人不超過一公克就好）

一杯牛奶或杏仁奶

一組杵臼

一湯匙椰子油

四分之一杯優格

一堆什錦水果，數量與種類不拘，任君開心

一台電動果汁機

做法：

教我調製「班」的這位指導老師並沒有使用秤或量杯。他隨手抓了把大麻花苞，差不多四分之一盎司的量吧，然後將之扔進了兩杯左右的水裡。他連同大麻跟水煮沸了數分鐘，我則利用這空檔問了他是在哪兒學會了做「班」。他說這有點像是他們的家族事業，他親戚靠做「班」的技術而在城裡弄出了點名堂，他只是把承襲了傳統而已。

我沒辦法判斷他是不是在唬爛我，但他的食譜算是還蠻靠譜。

大麻跟水煮開了大概五分鐘後，我的恩師拿起一塊石頭，開始在一尊平坦的大理石上把濕潤的大麻搗成泥。等大麻泥被搗得黏呼呼之後，他便將之倒入了果汁機，將優格、水果，還有一開始用來煮大麻的水通通打到「你儂我儂」，大麻水果優格飲品就完成了！經我一試，師傅的作品是真貨——因為我嗨了！

印度的「班」可以強到十八禁，但印度的大麻多半屬於野生種且栽種在戶外。總之在我想從洛杉磯舒服的家裡複製這種飲品的時候，遇到了一些……嗯……困擾。我的老師沒用秤，但眼睛告訴我他煮了大概四分之一盎司的大麻來做我的那杯「班」。我於是用了大概八分之一盎司來當作一人份「班」所需的量，因為我假設我在洛杉磯大麻有印度大麻的兩倍強。

我這麼想並沒有錯！但也不算全對就是了。

我把大麻對兩杯水煮了五分鐘，濾掉了水，然後分兩次倒進一杯杏仁奶（一次半杯），將杏仁奶跟大麻一起搗成泥，然後同樣分兩回把杏仁漿濾到玻璃杯裡。杏仁奶都用完了之後，就換椰子油上場了。我把四分之一杯的液態椰子油搗進了大麻裡，然後同樣把油濾了出來。最後我剩下的就是大約兩杯的液體，還有被我蹂躪到無以復加的大麻殘局。靠著這兩杯液體，我調配出了四杯飲品：兩杯是水果優格口味，兩杯是可可（粉）優格口味。

我撥的如意算盤是這可讓四個人嗨，但又不會太嗨，**但**人生就是有這個「但」，而且這回我誤判得有點慘。

拿美國加州的醫療級大麻去跟印度拉賈斯坦邦路邊的雜草大麻比，就像是「拿雞腿去比XX」，是一個前者「虐菜」後者的概念。醫療級大麻的純度就算打個五折，拿去做「班」的原料都非常不適合。像這樣的東西，不要說一杯，一個人喝一小口就差不多了，結果我喝了也不多啦，就八盎司而已（而且人家還有放水果跟優格）。我倒了相同的分量給另外三個人，他們分別是大衛．貝爾（David Bell）與喬許．薩貞（Josh Sargent）這兩位是我的研究同仁，以及跟著我吃了不少苦，我未過門的愛妻瑪珍塔。

我先把自己的那杯給乾了，因為我覺得這是我的職責所在。但十分鐘不到我不單單是嗨而已，我是嗨到覺得人「不爽快」。瑪珍塔果然冰雪聰明，她只啜飲了一兩口自己的那杯「班拉西」，而我也必須肯定她有來警告我說這東西不可小覷，是我不懂得「聽某嘴大富貴」的道理。我總以為自己在加州喝過兩年洋墨水（嗯，不對，是服用過醫療級大麻），所以我堅信自己的體質特異，不會才喝一杯這玩意兒就想要躺平。

但我把這玩意兒想得太簡單了。

一發現這東西果然超強，我立馬衝去警告大衛跟喬許，但一切都已經太遲了，他們那兩杯都已經差不多見底了。但在那個當下，我還是牽強地抱著一絲希望，最嗨大概就這樣了吧。

結果是沒有最嗨，只有更嗨。接下來的一個地球小時，我們的「高度」從地表升到大氣層，然後再從大氣層進入外太空，一整個太空漫步起來。再接下來的幾個地球小時裡，我兩眼確定都已經睜開了，但我看到的除了幻覺，還是幻覺。我一下子覺得自己全身不遂，頸部以下癱瘓，一下子覺得自己呼吸困難。大衛一度只能悲觀地認定自己要死了，便要我打電話叫救護車。就這樣現場出現了打火兄弟，但對於跑這一趟只是因為這兒有人大麻過量要送醫，英雄無用武之地的他們顯得老大不開心。

相信我，我知道這一切聽起來有多離奇、多滑稽。大麻應該是地球上最最溫和的麻藥了，但也正是因為大麻無害的名聲太響亮，我才會一個不小心低估了它。以靠著麻藥升天而言，我不算是個資歷太淺的太空飛行員：從十九到二十二歲的這段期間，我不少時間不是待在不同的幻覺裡面，就是正要從幻覺裡返回地面。所以我不是沒有經驗，問題是這次我沒有心理準備。「班」我不是第一次下肚，醫療用大麻的潛在強度我也清楚。但就像為大麻相關就醫人數跳升百分之五十九貢獻了一己之力的每個人一樣，我小看了大麻。

我把大麻當成了開心一下無傷大雅，想來就來不會怎樣的普遍級麻藥。結果大麻大神給我的天罰就是連續幾小時的可怖幻象。大衛活了下來（就跟你說大麻不會要命，是不是？），而我慢慢也不再一闔眼就鉅細靡遺地預見自己悽慘的不同死法。但大麻已經給了我跟這世界一個很明確的說法：「有種就再狗眼看人低，你們這些白痴混帳。」

還記得我在本章開頭引用的那篇研究〈為受控的麻藥使用開發出儀式與社會賞罰的次文化效力分析〉嗎？那份研究裡引用了一名匈牙利精神科醫師湯瑪斯・薩茲（Thomas Szasz）的說法：

或許因為在所有的主要國家裡，就屬美國最不具備歷史傳統，所以美國人最容易誤解了儀式的本質是其他的東西，而結果就是我們把魔法誤認為醫學，把儀式效果跟化學誘因混為一談。

喔！湯米啊，湯米，我早聽你的就沒事了。

Chapter 11

征服世界的灌木

對麻藥跟毒品而言，猶他（Utah）是個很不友善的環境。猶他州有將近三分之二的人口是摩門教徒，而摩門教的信仰對各類麻醉性物質備齊了嚴峻的限制。在像猶他州這種摩門教的地盤上，你一定要到專賣店或外食的餐館，否則你甭想喝到乙醇濃度超過百分之三點二的酒（這樣的東西除非你連灌三四罐，否則跟喝開水差不多）。咖啡是沒有明文說不准喝，但部分虔誠的摩門教徒是不會在自家店裡賣這種東西的。

我猛然了解到這種狀況，是第一次開車路過猶他的時候，那年我二十二歲。命運的那天我把車子轉進一家卡車休息站，一方面是車子需要加油，再來是我需要咖啡。當時我已經疲倦到一個境界，所以你把堪稱「穩將好朋友」的提神藥丸拿來，我是會吞的。畢竟深夜獨行，穿越在千篇一律且動輒數百英里的荒漠裡，任何興奮劑我都建議你來者不拒。

結果卡車休息站裡竟然沒賣咖啡，**卡車休息站沒賣咖啡，卡車休息站沒賣咖啡**（很誇張所以要說三遍）。我只好挑了無咖啡因的花草茶。「是啦，」我在腦子裡想，「最好這可以讓我不會在駕駛座上睡死，然後醒來儀表板變成一整棵仙人掌。」

如果時間倒轉一世紀，我會比較有機會找到其他摻了興奮劑的替代品。把摩門信仰帶回到西部拓荒時期那段腦袋很需要麻醉的歲月，猶他可是特產一種跟冰毒（甲基安非他命結晶）有著相同成分的茶。

綠麻黃（*Ephedra viridis*）在海拔三百英尺以上的美國西部是一種常見的植物。你不難在陽光普照的內華達野外發現山區長滿一整片有著修長青綠莖桿的綠麻黃草叢。傳說早期的摩門教移民是透過原住民認識麻黃。對原住民來講，麻黃是一種可以提神跟治百病的藥用茶飲。

麻黃會變成大家口中的「摩門茶」，是因爲這東西沒違反「不准太開心」的摩門教戒律，但又讓胼手胝足的拓荒移民能專心又充滿活力。

不過要是上網去搜尋摩門茶的歷史，你會看到關於摩門教會究竟有沒有眞的給摩門茶開綠燈，其實有很多爭議。拓荒的摩門教徒有喝一種被稱爲「組合茶」（composition tea）的煮茶，這點是確定的，而麻黃很可能就是煮茶裡的一項成分。惟除了茶裡有麻黃這一點無誤外，學術界對所有其他的事情都吵成一堆。話說麻黃與摩門教之間的關係眞的是千絲萬縷，以至於時至今日，你還是會經常看到網路賣家把綠麻黃說成摩門茶在推銷。把在煮的時候加了麻黃的組合茶說成是「安非他命茶」，可能是有點誇張。但管他的，作者最大。我就是要叫它安非他命茶，怎麼樣？咬我啊！

北美還有另外一種麻黃品種是「抗梅毒麻黃」（Ephedra antisyphilitica）。**OK，笑夠沒？啊人家名字就真的是這個意思啊**。這種麻黃有另外一個別名是「窯子茶」（whorehouse tea），傳說是拿這種麻黃煮茶可治癒或至少改善淋病與梅毒的症狀。不過大家不用太興奮，因爲性病的民間偏方一向很多，但百分之九十九都沒用。什麼窯子茶，也只是祖先們隨便講講的啦。

不過摩門茶確實有讓人活力滿滿的作用，而這一點靠的是一種可愛的生物鹼叫做僞麻黃素（pseudoephedrine）。你可能會覺得這個名字很面熟，然後發現手邊某個醫師處方的過敏藥裡就有這項成分。僞麻黃素需要醫師處方，是因爲僞麻黃鹼又叫作異麻黃素，所以非常容易就可以合成我們討（ㄒㄧˇ）厭（ㄏㄨㄢ）得要死的甲基安非他命。

所以化學擺一邊，把摩門（安非他命）茶當成麻藥的效果到底好不好呢？

第一次〇〇就上手：煮摩門茶

只要你對麻藥跟化學有點概念，然後又會煮一鍋好茶，那這會是本書裡偏簡單的一道食譜。很簡單的原料包括：

兩到三撮扎扎實實磨成粉的綠麻黃（這東西網路上不難找，重點是關鍵字你要打「Mormon Tea」，也就是摩門茶。我的綠麻黃來源是一個網站叫作herbsfirst.com，而送來的東西是大大的銀色包裝。）

一個空茶包、濾茶器，或法式壓壺

水（我是不是不小心說了廢話）

水你喜歡多燙都無妨，但請先用半個茶包的量來「試試水溫」，順便抓一下水量，我自己是傾向於茶寧濃勿淡。不過有一點要小心，一個茶包的綠麻黃雖然也含不了太多的偽麻黃鹼，但這東西會快速累積。而且跟咖啡因不一樣的是應該很少人會已經對偽麻黃素免疫。

總之把咖啡跟摩門茶來個超級比一比，會出現什麼情形呢？

實驗名稱：今天早上不喝咖啡，改喝摩門茶一杯

我身上的特色，科學家基本上都沒有，科學家有的特色，我基本上也都沒有。但即便如此，我還是想不自量力地來做個準科學實驗，看看摩門茶究竟有沒有搞頭。我在Cracked.com的同事都很奴，工時都很長，而他們當中有不少人都靠咖啡度日。我

網路上沒有你找不到的麻藥

塔薇亞・莫拉（Tavia Morra）繪製

把這些同事都找來，要他們把早上那杯咖啡換成以綠麻黃為基底的摩門茶。規則很簡單：摩門茶必須是他們每天早上第一種攝取的興奮劑。其中我們的總監艾伯・艾波森（Abe Epperson）平常也沒在喝咖啡，但出於不知名的原因也跑來參一咖。最後我接連在週間的五個上班日都滴「啡」未沾，每天都只寄望於摩門茶能「電擊我的神經」。話說這茶的味道還可以，但它每天早上讓我「真正醒來」的本事很差。相較於咖啡可以瞬間讓人從半醒變成全醒，茶就不太有這種能力。

不過這是一大早的狀況。我發現在認真運動完或在洛杉磯車陣中塞好塞滿九十分鐘，坐下來要寫東西的時候，摩門茶的效果就會比較顯著。就在那下巴拖到地板，嘴裡說著「不想上班喔」的午後時分，摩門茶確實能振作人的精神。在摩門茶的作用下，我感覺專注力不算太差。

我兩位咖啡派的同事對摩門茶都只有滿滿的不屑，而兩個人抱怨的事情也一模一樣，咖啡可以讓他們盡速脫離睡眼惺忪跟半夢半醒的狀態，而摩門茶完全沒有任何鳥用。至於（跟古摩門教徒一樣）咖啡跟茶都不喝的艾伯則有著天差地遠的體驗。他覺得摩門茶既能提神，又能讓人活力滿分。

所以儘管很愛茶，但我的體驗就溫和許多。總結一下就是綠麻黃對平日就對咖啡敬而遠之的人兒來說，提神與喚醒身體機能的效果算相當不錯。這麼一來，古時摩門教的墾荒者會如此肯定綠麻黃的衝勁，也就很合理了。

第十一章或許小巧可愛，但你是不是感覺到一個醜惡的疑問一直靠過來：**麻黃茶會不會很危險**？二十一世紀的第一個十年你如果已經出生而且懂事，那如今（第二個十年的）你應該還有印象有人吃麻黃減肥藥而喪生。所以我把同事跟朋友找來做實驗，是打算要他們陪我玩命嗎？

麻黃是超級健康食品（只要你不亂搞它！）

應該沒那麼嚇人啦！

萃取出的純麻黃素（ephedrine）有升高血壓的醫療用途。美國林務局（US Forest Service）說「綠麻黃」（摩門茶的說法他們也用）同時含有麻黃素跟僞麻黃素，但摩門茶卻似乎會使人的血壓下降，這也使得人類把麻黃素加工成冰毒的做法：變成在搬石頭砸自己的腳，這眞的是很悲哀的事情，因爲人類的實驗精神在此例中產生了百分之九十九的反效果。

只要人類不自作聰明去胡搞瞎搞，麻黃其實是種很了不得，可以爲人類所用的工具。我是那種老天爺特別眷顧，什麼東西我都可以過敏的行動過敏原資料庫。幸好我都只會輕微地過敏，不會鬧出人命。但話又說回來，這世界上有百分之九十八的地方會讓我過敏，我不是準備鼻塞，就是正在鼻塞。全世界的植物都不怕麻煩地在找我麻煩。

面對植物界的不友善，麻黃茶其實可以幫助我表態一下。當然不是說麻黃茶可以讓我毫髮無傷，但總是比孤立無援好一點。僞麻黃素是一種支氣管擴張劑。有它在，氣管塞住就可以打開，春天的我也會稍微比較沒那麼慘。基本上，摩門茶就是超級弱化版的僞麻黃素，並且你可以不需要處方箋就可以買到，藥劑師也不會因爲你說要買這東西而賊賊地笑著看你，一副像在說：「你以爲我不知道你想幹嘛嗎？你想做安非他命吧！」（我應該沒有誤會什麼吧？藥劑師應該是這個意思吧？）

但等等，先別急著說麻黃不過爾爾！因爲麻黃還可以刺激人的新陳代謝，幫助你燃燒脂肪。當然喝摩門茶並不會產生什麼神效，但比起超級濃縮的麻黃素藥丸可能會讓你的心臟停止，摩門茶也十足安全許多。

你以爲麻黃的好處就這樣嗎？麻黃還是很好的「咖啡伴侶」，亦即在麻黃的作用下，也可以提升咖啡的效果。有在舉重的人就知道我在講什麼，他們管麻黃跟咖啡（因）的組合稱爲「EC組合」（EC stack），亦即麻黃（E）跟咖啡因（C）混合可以產生一加一大於二的效果，進而讓人的生產力升至單憑任何一方都到不了的高點。這包括你身體的新陳代謝率會獲得提升，而凸顯此二物質作爲興奮劑的效果。不過我在這兒就替美國食品藥物管理局（FDA）

宣傳一下好了（不用謝了），含有ＥＣ（麻黃＋咖啡因）或ＥＣＡ（麻黃＋咖啡因＋阿斯匹靈）組合的減肥藥丸對身體非常不好。

只當茶喝的話，麻黃就不會是心臟殺手。麻黃原本可以對人類有很大的貢獻，但這樣的植物卻被人**用心良苦**地改造成了現代藥品界裡某種殺人不眨眼的利劍。不過麻黃悲情早有足跡可循，歷史上的麻黃也曾經像是個悲劇英雄，從高貴的出身被打進到黑暗的淵藪……

悲劇英雄般的麻黃

我在本章的一開頭說麻黃是「征服世界」的灌木，而我這麼說是認眞的。綠麻黃從來沒說有多有名過，但它在遙遠的中國有個叫草麻黃（*Ephedra sinica*）的親戚創建過不只一個帝國。中國人在五千多年前就知道以麻黃入藥。在傳統中醫裡，麻黃的用途是誘發女性的初經，而中醫在這一點上可以說是做到了**適才適用**，因爲麻黃素會引發子宮收縮（所以孕婦一定要避開麻黃，免得造成小產）。

現代有雜牌減肥藥把麻黃、咖啡因、阿斯匹靈混在一起做撒尿牛丸，嗯不對，是做成會傷肝的ＥＣＡ組合，但其實拿麻黃去混出各種藥早就是歷史上的常態。推測寫成於西元前兩千八百年的《神農本草經》裡就宣稱麻黃加上「（肉）桂枝、杏桃與甘草」，可以用來治療頭部與後頸疼痛與緊繃、發燒、關節隱痛、脈搏浮緊、不發汗、胸悶、呼吸急促。

在日本的傳統醫學裡，麻黃也是常見的藥材。事實上在一八八五年，第一個合成出純麻黃素的就是日本人長井長義。而由於只是把一種無害的植物變成另一種致命的藥品，實在是太沒出息了，所以長井長義又再接再厲地追加了第二項發現，那就是把麻黃素變成甲基安非他命的手法，那一年是一八九三年。

「我寧可死，也不要苟活在一個麻黃只能變成『一種』殺人武器的世界上。」（長井長義肖像）

因爲美劇《絕命毒師》（*Breaking Bad*）而聲名大噪的「冰毒」，也就是甲基安非他命的結晶，會稍微遲到一點點在一九一九年出現。但冰毒的問世並不是長井長義的錯，這得怪另一個叫做緒方明的化學家。是因爲緒方明，麻黃才會從帶點毒性但整體還是很好用的藥材，變成了一門飛車黨組成暴力幫派來獨佔的非法買賣。

好巧不巧，緒方明跟長井長義都是在柏林念大學。話說十九世紀末跟二十世紀初的德國，嗯，怎麼說呢，是一個**豪情萬丈**的國家，德意志的很多夢想都需要充沛的「化學能」來作爲後盾。在這樣的背景下，安非他命會席捲德國，就像德國（兩次！）席捲歐洲，其實眞的也只是剛好而已。

從二次大戰期間，德國軍隊就開始配發安非他命給他們的士兵。當時德軍幾百萬幾百萬顆發的是一種叫做「波維汀」（Pervitin）的小藥錠。波維汀主要是發給參與閃電戰（Blitzkrieg）的士兵或執行夜間任務的飛行員等，但德國士兵不分階級都愛上了「安小姐的甜言蜜語」。在爲本章做功課的時候，我無意見看到鏡報（Der Spiegel）上有一篇安德瑞・尤利奇（Andreas Ulrich）的文章引用了諾貝爾文學獎得主亨利希・波爾（Heinrich Böll）從德意志國防軍（Wehrmacht）駐地寄給雙親的好幾封信：

一九三九年，波蘭：

這兒很辛苦，希望你們能諒解我很快就只能每二到四天寫一次信給你們。我今天寫這封信，只是希望你們能寄些波維汀給我……我愛你們，亨利。

一九四〇年五月：

你們能不能多弄些波維汀寄給我，我希望手邊能有點存貨會比較心安，好嗎？

然後是一九四〇年七月：

> 我知道很難，但可以的話，請再多寄些波維汀過來。

亨利希很顯然已經成癮，但他也不是特例。一九四〇年從四月到七月這短短三個月裡頭，德軍就配發了三千五百萬錠含波維汀在內的安非他命製劑給他們的士兵。一九四〇年後，被嚇壞了的醫師們紛紛跳出來限制安非他命的流通，而成效也不錯。只不過深入俄羅斯的作戰又帶起了新一波興奮劑的需求。等到納粹德國戰敗之際，他們的科學家已經在實驗階段做出了一種「超級藥丸」，裡頭有安非他命、古柯鹼與嗎啡。光聽就是一種若非同時犯下好幾條重罪，否則我會**毫不猶豫**想試試看的寶貝。

如此大量的安非他命，跟納粹的暴行間究竟有沒有關係，我們實在很難精確判定。德軍司令們也經常配發酒跟其他物質到部隊裡來作爲獎勵或誘因，所以把所有的錯都怪到安非他命頭上，似乎也有失公平。但全副武裝、血氣方剛的年輕小伙子手上有這麼多毒品，顯然也不是要他們愛惜自己或別人的生命。

比起波維汀，我這兒還有一個更殺千刀，而且很不利於安非他命形象的案例。安非他命正好也是混世魔王希特勒的最愛，而且因爲太愛了，所以藥丸的形式很快就滿足不了他。從一九四二年開始，私人醫師就會每天親自替這位第三帝國的最高元首注射安非他命，理由是不打到血管裡他嗨不上去。隨著二戰後期的戰局愈來愈不利於德軍，安非他命顯然沒有讓希特勒的精神更安定。

不過對於在前線作戰的士兵而言，安非他命好像還是有些助益。美國在一九四〇與五〇年代進行過多項關於安非他命的研究，結果顯示對「未對藥效疲乏」（non-fatigued）的受試者而言，安非他命可以讓他們在心智任務的執行上有百分之五的進步。另外安非他命也有助於縮短人的反應時間並強化手眼協調，睡眠不足者則會因此變得較爲警醒。安非他命的不少污名都是罪有應得，但在能提神這件事上它倒是沒有廣告不實——這藥難搞就難搞在這裡。

麻黃的污點還不只這樣（讓納粹加速「納粹化」還不夠壞就是了）。希特勒打完最後一管安非他命的幾十年之後，麻黃成爲了體育界的「顯學」，在運動員之間傳了開來（士兵需要專注力與反射神經活命，運動員則需要這兩樣東西提升數據）。美國國家大學體育協會（NCAA）在二〇〇一年做了一項研究，結果顯示從一九九九到二〇〇一年間，多達兩百八十萬名的美國人曾服用過內含高濃度麻黃的補充藥品，目的是要得到最耀眼的運動成績。

運動員吃禁藥，並不會讓他們去犯下什麼戰爭罪行，這是好事。但運動員不殺人不代表沒有人死！二〇〇三年，小布希政府終於意會到問題的嚴重性而頒布了麻黃補充品的禁令，但這時已經有至少一百條冤魂要算在安非他命的頭上。但很顯然徒法不足以自行，禁令並沒有讓安非他命銷聲匿跡。對於有一票考慮都不考慮就會把類固醇給違規用下去來雕塑肌肉的健身選手而言，來點麻黃素根本只是小菜一碟而已。

不過這可能也要看他們在不在乎自己的陰莖啦！在乎的人就會知道要怕。簡單google搜尋一下關鍵字「ephedra dick」，也就是「麻黃老二」，跳出來的會是一頁又一頁的男性擔心著麻黃素會不會讓自己的老二變成小二，或者是鋼筋變成牛筋。麻黃跟老二間到底有什麼關係，我是找不太到什麼科學證據或原理啦，但小道消息指出麻黃跟老二處得不太好。

摩門茶的狀況可能剛好相反，因爲麻黃其實是一款源遠流長的春藥。一九九八年，辛蒂．梅斯頓（Cindy M. Meston）跟茱莉亞．海曼（Julia R. Heiman）共同在期刊《性行爲檔案庫》（*Archives of Sexual Behavior*）上發表了他們的共同研究。這項研究在隨機雙盲的測試中讓二十名「性功能正常」的女性服下藥物並觀賞「情慾電影」，然後測量她們的陰道脈衝振幅。這聽起來很學術，但其實就是學者**拿小小的金屬衛生棉條塞進女性的體內，然後測量她們陰道的血液流量**。

結果凡是吃到麻黃素的女性，她們對A片的反應都明顯提高。但這完全是種生理上的反應，受試的女性並不覺得自己因爲麻黃素而比平常「想要」，只不過是身體表現出「好像想要」的樣子。我很幸運地結交了一位職業是「女同性戀A片女星」的朋友叫莉莉．凱德（Lily Cade），她表示願意幫忙測試摩門茶對她有沒有效。我抱的希望是一位把性事當成工作的專業人士，可以更敏感地掌握到摩門茶引發的微妙生理變化。

莉莉跟她的伴侶分別喝了兩回摩門茶：

我注意到摩門茶讓我感覺興奮，但（我的伴侶）沒有。不過她說摩門茶確實有讓她看到的顏色變鮮豔。我們喝第一次的時候，她人睡著了。喝第二次的時候，我們先做了愛然後一起睡著，所以摩門茶可能也有那種停藥後會「急墜」（crash）的戒斷現象，這點跟咖啡一樣。我個人是覺得還不錯啦，但我的她就覺得還好而已。

這樣的現身說法極度不科學，但在手握金屬衛生棉條的科學家受到這一章的文字感召，願意跳下來蒐集精確參數之前，我們也只能將就一下啦。那個有裝備的不要再躲了，趕快出來啦。

Chapter 12

古伊斯蘭那些喝咖啡的壞胚子臭男人

如果說人是鐵，飯是鋼，那人是車，咖啡就是油。我們能晚班上完緊接著夜班，能夠上班打卡下班責任制，能夠早上五點打電話叫房客起床，靠的都是咖啡。人類社會中最廣爲人所接受、使用與濫用的一種麻藥，絕對非咖啡莫屬。你說我憑什麼這麼說？不就是憑我們太多人喜歡咖啡，忘記咖啡眞的就是一種麻藥呢！

咖啡在現代社會已經是一種跟空氣一樣無所不在的存在，所以可能有人會難以接受咖啡放諸全球並不是一項很悠久的文化傳統。最早的證據顯示人類第一杯看得出是咖啡的咖啡出現在十七世紀前後。第一筆咖啡買賣估計發生在衣索匹亞人與葉門人之間，時間應該落在十六世紀初。咖啡從衣索匹亞的樹叢出發，穿越紅海，然後進入到嗷嗷待哺的穆斯林「伊瑪目」（imam，領導禱告的宗教領袖）口中，這些宗教領導人需要補充咖啡因來振作精神，以便度過在清眞寺裡帶禱的漫漫長夜。

到底咖啡這東西——咖啡一詞源自於阿拉伯語qahweh——最早出身於何處呢？灌木上的一種豆子被改造成史上席捲全球最徹底的麻藥，人類一路上是如何辦到的呢？這個問題，眞的很難有可以定於一尊的答案，但我這兒提供兩個最可能的咖啡前身給大家參考，讓大家在早上來杯咖啡的時候可以稍加思考。

第一次○○就上手：重現古代的咖啡因嗨

如果是以勾出咖啡豆蘊藏的能量為目的，那將咖啡豆磨粉後與沸水結合的做法則稱得上先進。人類一開始享受咖啡豆帶來的衝勁，多半是用吃跟嚼的，而不是用喝的。不過如果想一窺咖啡文青始祖的風采，我們不妨可以從衣索匹亞的奧羅莫（Oromo）人看起。奧羅莫人青睞的咖啡道是將整顆「咖啡櫻桃」（紅色外皮還在的咖啡果實）跟包在其外頭的甜美皮質果實一起拿去跟動物脂肪或澄清奶油研磨成一顆滋味豐富的肥美丸子。對此我會在本章後頭細談。至於另外一種可能的咖啡體驗起源，落腳在索馬利亞。索馬利亞除了海盜猖獗，那兒的人還熱愛一種東西叫做「包子」（bun）的東西。說白了，這就是把咖啡豆跟澄清奶油一起炸出來的一種點心。我對這種「包子」進行了詳盡的測試，首先這道菜需要以下的……

材料：

一杯完整的咖啡豆

二分之一杯蔬菜油

澄清奶油兩到三大匙——也就是酥油（ghee），謹獻給那些覺得澄清奶油這名字不夠酷的朋友們索馬利亞「包子」其實蠻容易做的。先把咖啡豆洗一洗，把油預熱，然後把豆子下鍋炸大約二十多分——聞到快要燒焦的味道就代表OK了。這時候你就再放入酥油。一切順利的話，整個房子會聞起來會有微微的咖啡焦香，然後你會覺得自己以前那麼多個早上都在幹嘛，現在這樣彷彿置身在天堂。酥油這東西又油又香，傳統上你應該抹一點在臉上，讓自己更加神清氣爽。當然臉上太多油，我的經驗顯示會猛冒青春痘，但作為一種興奮劑，索馬利亞包子真的是無可挑剔。咖啡豆的熱量低，味道足，嚼個四分之一杯就會讓你嗨到像連喝了好幾杯小的濃縮咖啡，但又不會心悸或坐立難安得那麼無解。我有一招不算很正統或道地，但如果認真想讓索馬利亞包子的體驗更上層樓，我建議你可以像下毛毛雨那樣，撒點鹽到煮好放在碗裡放涼的咖啡豆上。對於熟咖啡豆的香甜風味而言，差的那一味就是鹽的鹹味。鹹鹹的鹽巴跟酥油的脂香，會聯手讓索馬利亞包子像新款芝多司（八年級好像叫它奇多）似的在嘴裡迸出安非他命的新滋味，我高度推薦。

好像扯遠了，我們不是要談今天大家煮來喝的咖啡飲品嗎？喝咖啡這件事是怎麼開始的？嗯，這要看你問的是歷史上哪一位「大說謊家」（各位新警察：歷史裡沒有人說實話，有的只是啞巴跟大說謊家），有一說是人類與咖啡的不解之緣始於葉門古城摩卡（Mocha）城外的崎嶇山丘上。

咖啡起源的三大傳說

有句名言經常被賴給英國名相邱吉爾、法國偉人拿破崙或二戰大魔王希特勒的其中一人，這話是這麼講的：「寫歷史的是贏家。」或者另外一個版本是：「歷史是一組大家串供好的謊言。」但這話好像不太適用於咖啡的歷史，因為回顧世界咖啡史，我們看不到真正的勝利者，也沒有人在把謊言當真。總之關於第一杯咖啡的橫空出世，我找到了三種不同的故事。

故事一說的是在大約一二五八年，摩卡城之父一位有謝赫（Sheik）[1]頭銜的門徒歐瑪（Omar）因為亂睡人家後宮而惹毛了蘇丹，結果遭到放逐。因此，歐瑪跟他的追隨者（不要問為什麼這種人也會有人追隨）流落到了一個叫做屋薩（Ousab）[2]的地方。有天就在他們飢餓難耐到了極限的時候，歐瑪發現了一種野生的漿果。天人交戰之際他想說不吃必死無疑，吃下去頂多是中毒拉肚子而已。

在野外，咖啡豆臨幸我們卑微的人類文明，外頭會包裹著一層綠帶紅色的「櫻桃」果

1 譯註：謝赫是阿拉伯語裡一個常見的尊稱，可以理解為長老、教長或智者。

2 譯註：現代名為Wusab。

肉。話說在中美洲最深的阿蒂特蘭（Atitlan）湖畔有一個聖馬科斯（San Marcos）鎮，幾年前我曾經在那兒現採現吃咖啡櫻桃，開心度過了一個美好的早晨。但我開心也就只到上午為止，因為我下午的行程被改成把剛吃下去的咖啡櫻桃都吐出來。當然這是我的經驗啦，我相信你們不會這麼倒楣。

歐瑪一行人可能跟我的經驗比較類似，總之因為某種不知名的原因，他們認定咖啡豆外面那層營養的果肉不是他們亟需的食物。根據藏於巴黎國家圖書館（Bibliothèque Nationale）的古代手稿，也根據威廉・哈里森・阿克斯（William H. Ukers）在《咖啡大百科（暫譯）》（*All about Coffee*，一九二二年）的介紹，歐瑪跟他的狐群狗黨決定把漿果中央那帶嚼勁的綠色豆子做成更好入口的東西，「在沒有其他選擇的狀況下，他們拿煎鍋煮了咖啡，然後把煮出來的東西給喝了。」

這麼做顯然達到了效果，因為歐瑪跟他的追隨者活了下來，而且還因為他們「可治病」的煮汁而變得小有名氣。後來摩卡城的百姓知道了咖啡有多了不起，就迎回了歐瑪，還讓他擁有專屬的寺院，這在古伊斯蘭世界裡就是「送他一台超殺遊艇」的意思。

故事二把發現咖啡的功勞歸給了一名也叫歐瑪的人，但這個歐瑪是位托缽僧。托缽僧之間有種儀式性的旋轉舞，他們會跳來頌揚眞主的光榮。另外古代的托缽僧也是一種身分特殊的乞丐，托缽僧跟人要零錢，不是為了給自己買食物或酒（伊斯蘭禁酒），而是代表其他的窮人在乞討。不知道是因為旋轉舞還是因為乞討的行為，總之托缽僧歐瑪惹到了某個人，於是他也跟第一個故事裡的歐瑪一樣被趕出了摩卡城，流落到了沙漠。

第二個歐瑪沒有就這樣餓死，而是也發現了一種奇特的漿果。他不太喜歡這果子既苦又甜，於是就想說不然拿它來烤一烤，看能不能帶出比較爽口的滋味。火烤讓歐瑪的咖啡豆硬到咬不下去，所以他又加了水想把豆子煮軟。沒想到煮啊煮著水變成了咖啡色，而托缽僧也隨即就精神爲之一振，成爲了史上發明第一杯黑咖啡的人。他的發現讓他恢復了好人緣，也獲准回到了城內。沒多久他又發現自己多了個聖人的頭銜，這比起第一個歐瑪的專屬寺院是不會爛很多，但也不會是好太多的回饋。至於究竟是比較好還是比較爛，就要看聖人在當時究竟有沒有自己的光環。

第三個故事的主人翁還是歐瑪。雖然大家的處境都不一樣，但三位歐瑪都靠三樣東西化解了困境：神祕的豆子、水、火。最後一位歐瑪以弟子的身分拜在一名名喚沙黑利（Schadheli）的穆拉（mullah），也就是老師的名下。這名穆拉預言自己來日無多，但卻沒有想辦法去延年益壽，反而跟歐瑪說在他過往之後，會有一名蒙面的人物前來給他一項指令。穆拉教誨弟子要遵照這項指令去進行。

不久沙黑利果然一命嗚呼，而在經過一段時間後，歐瑪被一個長得像他師傅，但蒙著白色面紗的巨大鬼影給突襲。這個龐然大物般的鬼魅命令歐瑪裝滿一碗水，然後開始步行到水變得「文風不動」爲止。姑且不論這是什麼意思，碗裡的水後來還眞的變得怎麼晃都不會動，而歐瑪這才發現他來到了摩卡城。

這時的摩卡城正遭到可怕瘟疫的襲擊。歐瑪把水擱下，開始爲罹病與瀕死的百姓祈禱，同時也用老故事裡聖人必備的法力來替他們治療。一開始一切都很順利，但後來歐瑪治癒了美麗的公主，然後就自以爲自己是救命恩人就把人家給「上」了，因爲他覺得這**大抵**是眞主的意思。這麼魯莽的行爲讓他被逐出城外，流放到一個他只能靠野草果腹的洞穴裡。至此他終於巧遇了矮咖啡樹的漿果，並且靈機一動把這些頗具嚼勁的怪誕果實放一些到他晚餐裡。於是乎原本要喝的湯沒了，但咖啡於焉誕生。

話說咖啡的起源還有第四則傳說。這次故事裡的主人翁不再是差點餓死的歐瑪，而是變成了一隻隻被咖啡弄到嗨的可愛山羊。按照第四則故事，一個名字叫卡爾迪的放羊人出門去……嗯……放羊，然後放著放著，他那些毛孩子闖進了一片咖啡樹叢。羊兒開始卯起來嗨，然後如果傳說有幾分眞實性的話，牠們甚至開始原地轉圈圈，就像在跳舞似的。卡爾迪屬於那種樂於嘗新，而且連山羊的建議也願意聽的年輕族群。於是看到羊兒們在嚼那些果實跟豆子，卡爾迪也如法炮製。後來有些僧侶途經此地，在百無聊賴之餘（僧侶的日子應該天天都無趣，所以這麼說好像有點多餘）把豆子給煮了，然後煮出來的汁液讓他們非常驚喜，一位他們發現有了這東西，他們可以每天都熬夜拜上帝到上帝都沒了鬍鬚。

以上每個故事的可信度（與不可信度）都半斤八兩，但不論第一杯咖啡是如何在人類歷史上登場，無庸置疑的是咖啡從一開始就跟宗教崇拜有著密不可分的關係。「全寺院都醒著在拜阿拉」是很多人琅琅上口的故事，而我們幾乎可以確定第一群把咖啡因成癮當成教條之一的聖徒是蘇菲派的穆斯林。歷史上第一筆關於飲用咖啡的書面證據可回溯到十五世紀晚期，上頭紀載咖啡在蘇菲派的狄克爾（dhikr）儀式裡是虔誠信徒的「輔助工具」。

狄克爾在阿拉伯語裡的意思是「懷想、紀念」，而這樣的儀式是除了在夜裡進行，而且蘇菲派相信人愈能撐住不睡來禮拜阿拉，阿拉就會愈高興。所以說咖啡替蘇菲派穆斯林做的事情，就是咖啡替每一屆大學生在期末考前做的事情。到了十七世紀初，咖啡的使用進化成了敬拜本身的一環。伊克拉斯・卡爾瓦提（Ikhlas Khalwati）這名「謝赫」的追隨者會於每年冬天進行所謂的卡爾瓦（khalwa），也就是隱居齋戒三天，期間只喝咖啡。除了可以想像他們都有得胃潰瘍的高風險外，咖啡還讓他們可以一整夜進行狄克爾的儀典，祈禱到破曉都不必闔眼。

第一次〇〇就上手：重現咖啡界的老祖宗

之前提到那三位歐瑪的故事，雖然都蠻有趣的，但我們不能指望在當中找到關於第一杯咖啡豆飲料的精確資訊。事實上，歐瑪們喝的很有可能是一種叫做「奎喜爾」（quishier）的飲品：這是種用乾燥咖啡櫻桃與咖啡豆外殼做成的茶飲。時至今日，這種茶都還存在於衣索匹亞跟葉門，而這也就幾乎讓「咖啡如何進入阿拉伯世界？」成了一道送分題。衣索匹亞作為咖啡的原鄉，跟葉門只隔著窄窄的亞丁灣。咖啡幾乎可以確定是衣索匹亞渡過亞丁灣來到中東，而第一杯真正意義上的「阿拉比亞咖啡」（qahwa al-arabiya）或「阿拉伯咖啡」，幾乎可以確定本尊就是奎喜爾。

材料：

兩至三湯匙乾燥的咖啡櫻桃跟咖啡豆外殼

兩杯沸水

做法：

「反文化咖啡」（Counter Culture Coffee）這家位於美國北卡羅萊納州的咖啡豆烘焙公司曾經很用心地賣過一種產品叫做「卡斯卡拉」（Cascara），也就是經過乾燥的咖啡櫻桃和咖啡豆外殼。卡斯卡拉的用途是拿來泡茶。（說「賣過」，是因為該公司已經於二〇一五年十二月份停賣這項產品。公司現在對外是說這東西已經「絕版」了，外頭絕對買不到。）你可以上網找到一些食譜，但這些資料大都建議每八到十盎司（約二二七到二八三公克）容量的杯子用上兩到三湯匙的磨粉。在古代的衣索匹亞，泡奎喜爾並不是在做化學實驗，不會那麼準確，而我也建議用目測來取代用秤量。

首先把咖啡櫻桃跟豆子的外殼裝到杯子五分之一的高度，然後把沸騰（或微滾）的熱水整個澆到上面。讓食材在熱水中浸泡個幾分鐘，直到滿滿有如燒焦的琥珀色出現為止。這時候你就可以要嘛把渣濾掉，要嘛連渣拿起來喝——好證明你這個麻藥歷史學者是**玩真的**（咖啡櫻桃煮過還蠻好吃的啦）。茶本身帶點甜味，帶點酸味，一點點不舒服的餘韻，外加可圈可點的咖啡因嗨勁。

始祖咖啡溯源

（三位）歐瑪發明咖啡的故事充滿疑點，但摩卡古城位於葉門沿海是千眞萬確。在阿拉伯半島上，摩卡居民肯定是甚早有口福可以嘗到奎喜爾的其中一群人，而關乎第一杯看得出是咖啡的咖啡，摩卡也絕對是有利的起源地候選人。

奎席爾的直系後裔是衣索匹亞的另外一種飲品：用壓碎煮過的生咖啡豆做出的「邦亞」（bounya）。邦亞的食用方法是先把所有的液體喝掉——味道隱約就像我做出來的豌豆湯——

然後再把豆子都吃掉，豆子的口感在煮完之後會有嚼勁跑出來。整體而言邦亞並不好喝，豆子也不好吃，我兩樣都不推薦。但邦亞倒也不是一無是處，這東西給我了靈感去想像地球上編號〇〇〇一號的咖啡會是什麼滋味。第二位歐瑪，也就是把咖啡豆先烤後煮的那位托缽僧，他的故事聽來就像是邦亞跟咖啡之間失落的環節。

我決定給這個靈感一次機會。

第一次〇〇就上手：復原地球上的始祖咖啡

材料：

一杯綠色咖啡豆

一只鑄鐵煎鍋，要乾淨

一只長柄（平底）鍋，裝滿水

做法：

首先我讓綠色的咖啡豆放在煎鍋上，然後用中火慢慢地加熱到金黃色，邊緣還要帶點焦黑。經過十分鐘左右（因為對山居而飢腸轆轆的托缽僧而言，這應該已經是忍耐的極限了），我拿起了一顆豆子來試吃。結果咖啡豆的口感除了硬還帶點脆、有點Q。然後我拿出了杵臼，努力把豆子磨了磨，但結果只有大概一半的豆子有乖乖地粉碎。磨出來的東西被我一股腦兒倒進了平底鍋，然後在裡頭再煮十分鐘，直到水變成微微的焦糖色為止。我找了吾友布蘭登跟我一起享用這始祖咖啡，而他也附議說：「這不是我喝過最棒的咖啡，但也不是最不堪的。」始祖咖啡沒有黑到像義式濃縮咖啡那種墨汁感，然後味道有點焦（焦味不等於焦香），但打分數的話算是**及格**。平日煮咖啡時所期待的那種悸動，在這杯始祖咖啡上並沒有落空。鍋底那些稍微煎煮過的咖啡豆，嘗起來……嗯……不優。但我在想，如果是我被流放，一個人獨居在荒野的山洞中餓到發慌，這味道肯定會非常香。更別說還有咖啡因的嗨——我一定會覺得這是上帝在打通我靈性的任督二脈。早期的人會被咖啡弄得如此服服貼貼，其實很好理解，因為我們可以合理推測他們有兩個特徵：一、體重非常輕量級；二、喝咖啡時餓到斃。咖啡因是一種普級的麻藥，所以每個有關咖啡起源的傳說，都會在故事裡強調發明人營養不良且快要小命不保。一個人如果骨瘦如柴，那咖啡因的效果就會放大。知道了這一點，是我們了解咖啡後續際遇的一大關鍵……

與咖啡相關的血腥迫害

只要是穆斯林，就知道伊斯蘭教信仰裡有禁酒令。相對之下，咖啡倒是沒有在古蘭經裡被明文禁止，甚至還可以說是切中要害遞補上了其他痲藥留下的缺口。於是，爪哇咖啡慢慢成了「伊斯蘭教的酒」。因爲伊斯蘭教禁酒禁得比鹽湖城（猶他州的州治所在，摩門教的大本營）還兇，所以咖啡果然也很快就惹毛了伊斯蘭的高層。

第一次有宗教界發聲來砲轟咖啡，是在一五一一年，當時咖啡「滲進」伊斯蘭世界還不足百年。聖城麥加的宗教學者對喝咖啡這件事情恨之入骨，因爲他們沒辦法忍受人喝咖啡不是爲了熬夜禮拜，而是（別嚇到喔）**單純享受喝咖啡的樂趣**。咖啡的芳香美味對他們來講是眼中釘肉中刺，於是在一五一一年，一位名叫凱爾·貝格（Khair Beg）或卡伊爾·貝伊（Kha'ir Bey）的馬木路克帕夏[3]開全世界政治領袖之先河，頒布了禁喝咖啡的飭令（名字會鬧雙包，是因爲當時的人拼名字總是各行其是）。

作爲當時的麥加總督，貝格／貝伊在歷史上是出了名的愛鑽牛角尖。在火場當條淫毯子就算了，他是那種在潮濕浴室裡也堅持要當淫毯子的人。不同的出處對他有不同的記載，有一說他曾經在咖啡館外頭看到一群朋友聚會，直覺這群人在密謀叛變，另一說是他在古代相當於廁所牆壁的地方（嗯，其實也就是當時的廁所牆壁上）看到有污穢不堪的打油詩諷刺他，然後就不爽了。總之，貝格開始覺得咖啡很邪惡。他開始派黨羽四處搜尋，搜出來的咖啡都被焚毀殆盡。

第一輪的禁令沒有力行下去，主要是蘇丹作爲貝格總督的老大是咖啡派，所以他明快地否決了貝格的禁令，讓咖啡館通通恢復了生機。不過他確實有要求店家要「規矩一點」。蘇丹抱的一絲希望，是帝國中的神職者再怎麼跟樂趣有不共戴天之仇，這回也可以放咖啡一馬。但蘇丹的意志終究沒能扭轉乾坤。蘇丹對咖啡是眞愛，而現代土耳其文用kahvalti這個單字來表示早餐（直譯就是「咖啡之前的東西」），咖啡只能以「小兒科」的效力來麻醉人，但當時的基本教義派還是直呼「是可忍孰不可忍」。

一五三五年，咖啡在麥加累積的恨意已經達到沸點，再加上怒氣沖天的傳道者在一旁火上澆油地慫恿，反咖啡的抗議群眾於是集結成功，開始流竄在街上大鬧，咖啡館也一間間被燒。我只能想像燒咖啡館的味道會非常迷人。事實上在十六世紀，任何咖啡被燒都應該會非常受歡迎，因爲大家的鼻子都需要休息。爲什麼鼻子需要休息呢？很簡單，因爲處理污水與大體的火都還非常沒有效率，所以平日的氣味都不會太清新。

3 譯註：Mamluk pasha：馬木路克是原本服務阿拉伯哈里發與伊斯蘭阿尤布王朝的的蘇丹奴隸軍團，後來隨統治者衰微而自建王朝，帕夏是統治者之意。

雖然是在搞破壞，但燒咖啡的氣味眞的很好聞，結果麥加的咖啡迷一湧而出，都是要來保護他們的仙丹妙藥。結果兩方人馬一觸即發，大戰就在伊斯蘭的第一聖城中正式開打。衝突最後落幕，是因爲政府發公告來確立了咖啡的合法性。和平重新降臨，衆多穆斯林也又可以繼續他們每天早上的的例行公事，但這一切只是暫時。想禁咖啡的勢力並沒有喪失鬥志。

接下來的一世紀，咖啡的合法性與社會接受度時高時低。最後一次眞正的咖啡禁令，出現在十七世紀初期，精確一點說是我們的老朋友穆拉德四世的統治下。正當微服出巡的穆拉德忙著把癮君子釣出來砍頭的同時，他的一個下屬認定咖啡店也是對善良風俗的一種威脅。

當時像穆拉德這樣的蘇丹身邊會有宰相來經手許多重要的事務，算是替時間沒那麼多的蘇丹分憂。不論是要維繫獨裁政權，還是要打贏戰爭，宰相都具有強大的功能。或許是構陷跟謀害抽菸者比想像中花時間吧，穆拉德在統治晚期變得有點不務正業，基本的朝政不管，反而都去跟二手菸作戰。有位庫普瑞利（Kuprili）於是以宰相之姿趁勢而起，擔下了與敵國互相攻伐的重責大任。

戰爭沒有人喜歡，這場也不例外。庫普瑞利大宰相於是開始疑神疑鬼，老覺得他的敵人會利用帝國內的咖啡館來打擊他。當時咖啡館是知識分子聚集討論時事的地方。萬一一個不小心，這些讀書人在討論完做出了不利於政府的結論，那可不是開玩笑的。爲了避免有人推翻政府，庫普瑞利決定一不做二不休把咖啡列爲帝國的違禁品，持有買賣消費統統不准。關於宰相根據新法列出的罰則，讓我們（一百歲）的老朋友《咖啡大百科》來解釋一下：

凡違反飭令者，將受亂棍及身之刑；累犯則將縫入皮袋，沉入博斯普魯斯海。

活在鄂圖曼土耳其帝國到底是抽菸會被砍頭比較危險，還是喝咖啡會變成魚飼料比較危險，就交由各位讀者去評斷，但我想諸位讀者都會同意一件事情，那就是人生少了咖啡的芳香，好像有點生不如死。總之不論你怎麼看，庫普瑞利的禁令都很短暫。事實上在伊斯蘭教世界裡，大規模的咖啡禁令多在十六世紀中銷聲匿跡。但別以為咖啡這種烏漆抹黑的「安非他命Lite」從此就能星運大開，一路過站不停成了名利雙收的生活必需品。

基督教世界（也就是歐洲）很樂見有種黑色又好喝的茶飲可以讓人通宵達旦，但有做功課的我們已經知道咖啡的起源來自伊斯蘭教。對幾世紀前的善良基督教百姓來說，伊斯蘭教或穆斯林無疑是「奪人靈魂之邪惡」的同義語。對歐洲人來說，爛醉如泥到一邊吐一邊睡著，上帝會睜隻眼閉隻眼，但「伊斯蘭的酒」呢？這貨色肯定不是好東西，肯定在打什麼壞主意。事實證明歐洲人要普遍克服對咖啡出身的心理障礙，沒有那麼簡單。

所幸對於所有需要早起的基督徒來說，咖啡結交了一個跟上帝關係很好的盟友，那就是教宗克勉八世（Pope Clement VIII，一五三六至一六〇五年）。就在普魯士的腓特烈大帝（Frederick the Great）等歐洲領袖曖昧地想暫時禁止咖啡，理由是（等等先讓我大笑三聲，哈哈哈！）咖啡可能會影響到啤酒的生意、公共道德會因此降低的同時，克勉八世愛上了咖啡，就像一位教宗會義無反顧地去愛上……好，我想不到這裡要接什麼才會好笑。總之重點是「教宗愛咖啡」。所以他覺得這麼多基督徒同胞認爲咖啡是異教徒的飲料而不喝，真的是心如刀割。

那教宗意欲如何呢？咖啡的濫觴很顯然不只是牽扯到穆斯林的庶民，這東西的出身還跟伊斯蘭的神職者牽扯不清。所以如果是本事小一點的教宗應該會無奈地宣判咖啡死刑，然後認命地在私下啜飲。但克勉何等人也？他的教宗手腕非常高明。傳說是他公開初嚐了一小口，然後昭告天下說「咖啡應該接受浸禮變成基督教的飲品」。

我們可以合理推測在他演出這一幕之前，咖啡早就是他的「入幕之賓」了。有人懷疑咖啡進入歐洲的時間可以回推到一五二九年，也就是鄂圖曼帝國圍攻維也納的那年。傳說大軍撤退後，廢棄的鄂圖曼營地裡留下了咖啡壺，而這也讓守方的奧地利大公國煮出了超棒的戰利（飲）品。

史書把一件事說得非常清楚，克勉八世是咖啡「咖」，然後他一不做二不休地讓咖啡受浸，藉此洗清了咖啡是穆斯林飲品的污名。這個大絕一放，地上的基督徒就都可以光明正大地喝咖啡了——而且如果我的堅信禮課（confirmation class）沒白上的話，這代表天堂也會開始供應咖啡。

軍用咖啡

歷史上的軍隊都跟咖啡談過很長時間的戀愛。在「前咖啡」時代的戰場上，曾經有不可勝數的倒楣士兵得在冰冷夜裡站哨，而他們的禱告上帝聽到了。對得在酷寒中熬夜站崗的阿兵哥來說，「可以讓你醒著的熱飲」就像天降甘霖。十六世紀初，在率先引進咖啡到行伍中的軍事單位裡，有那麼一支部隊是鄂圖曼蘇丹的菁英衛隊。此後幾十年間雖然咖啡動輒得勢完又失勢，失勢完又得勢，而且過程往往相當暴力，但總結來說，咖啡的身影算是快速在軍隊中快速普及。

到了十九世紀中葉，咖啡香終於飄進了美國。美國的第二十五任總統威廉・麥金利（William McKinley）曾經在槍林彈雨中送過熱騰騰的咖啡給他的北軍同袍，這讓他在內戰中聲名大噪。戰爭的高壓環境，讓咖啡格外容易上癮，也讓咖啡在內戰士兵們的心目中顯得珍貴無比。而且從內戰到二十一世紀的現在，美軍都沒有把咖啡給戒掉。美軍現行配發的每一份野戰口糧，裡頭都會附一包即溶咖啡。

但咖啡第一次在人類的武力衝突中派上用場，時間要比鄂圖曼帝國早很多。甚至在那個當下，咖啡豆跟熱水是一對的觀念都還沒出現。這話要從衣索匹亞的奧羅米亞（Oromia）說起。奧羅米亞是個小地方，但它也是咖啡壯遊地球，最終制霸人類味蕾的起點。奧羅莫人是人類歷史上第一個咖啡因成癮的民族，他們的獵人與戰士愛上咖啡豆與咖啡櫻桃，不是因爲把它們當飲料喝，而是把它們當成長途跋涉或身處險境時的主食。

古代的奧羅莫戰士在去襲擊人的路上，會把咖啡櫻桃、咖啡豆連同酥油一起磨成泥，然後把泥揉成一顆球。這個咖啡口味的奶油球放在皮袋中帶著，餓了可邊走邊吃。現代人已經完全拋棄了咖啡櫻桃，但它們作爲食物的評價其實很高，蛋白質多、糖分多、味道足。這再加上脂肪跟奶油，你就有了一顆新石器時代的巧克力能量棒。好吧是能量球，畢竟形狀不一樣。

不過話說回來，這種以咖啡爲底的食物會好吃嗎？我好想知道喔。

第一次〇〇就上手：奧羅米亞風咖啡能量球

材料：

二分之一杯咖啡櫻桃跟咖啡豆外殼

二分之一杯乾燥的咖啡豆，最好烤過

二分之一杯酥油（澄清奶油）

一組杵臼
一個小皮囊

做法：

把咖啡櫻桃跟咖啡豆外殼放進杵臼裡，跟咖啡豆一起搗。用烤過的咖啡豆會是小小的作弊——只用乾燥咖啡豆會更接近原味，但用烤過的咖啡豆會比較香，就看你怎麼取捨。總之你天人交戰完後，記得把整團東西用杵磨成繡花針，嗯不對，是用杵把咖啡豆磨到盡可能接近粉狀，然後再徹底跟咖啡櫻桃與咖啡豆外殼混合均勻。除非你自己種咖啡樹，否則要找到成熟的咖啡櫻桃是不可能的任務，但也不用太擔心，因為乾燥的咖啡櫻桃效果也挺好。

接著加入酥油，一起奮力搗成泥。最後的成果應該要大到可以扎實地塞滿手掌。不過當我把東西做出來，卻一點也沒有覺得胃口大開。就賣相來看，這東西放進嘴裡應該會是「心臟病」口味。

但我知道光把這咖啡球吃下肚就算了，那是「不負責任」，我得要測試一下才好意思說「了不起，負責」。而因為吃這玩意兒的民族習慣長距離步行移動，所以我認為自己也應該照著做來看看會有什麼結果。

在執行面上，我決定來跑個大約二十一公里的半程馬拉松（俗稱半馬），並且一路上把內附咖啡球的小皮囊綁在我這個大皮囊的脖子上晃啊晃。我準備在能量下滑時把這顆能量球拿出來用，然後看看自己能不能撐到最後。

之前說過，我已經有覺悟這東西拿來當食物會很噁心，我做的心理準備是一咬下去就是嘔吐的開始。但沒想到，衣索匹亞人用來「急行軍」給敵人致命一擊的壓箱寶，竟然還挺**有效**。事實證明皮袋——我的資料來源是這樣指定的，但我原本以為這跟材質應該沒關係——是讓能量球更有效的關鍵之一。我把袋子掛上頸子並沒有經過深思，但我跑大約五英里左右身體的熱度竟然讓酥油開始融化，咖啡櫻桃、豆殼與咖啡粉則開始膨脹。最後袋子裡就變成好像是裹了一層油的「哥爸妻夫綜合果」，好吃到**讓人想罵髒話**。這行軍口糧滋味變得超豐富，巧克力感十足。而咖啡櫻桃、燕麥般的咖啡豆殼、還有咖啡豆子本身都很耐嚼，所以整個口感很有層次，讓人吃得滿口生香，愈吃愈「續嘴」。而且這玩意兒很有飽足感，我吃了兩三把就順利讓飢餓退散，能量重新充滿。

這東西當補給品一點都不委屈。我覺得能量棒界的名牌Cilf Bar、PowerBar，乃至於這幾年我試過大部分的綜合穀物，都比不上它。這東西真的像撒尿牛丸一樣又好吃，又能顧身體？嘸哩飲跨嘜嘛！這種好康不能只有我知道。要說這東西有什麼缺點嘛，那可能就是我發現在胸前掛著一個凸凸的袋子，感覺好像隨時會有隻小異形從我囚禁牠的胸骨裡爆出來。

我對自己煮出來的「奎喜爾」這種始祖咖啡並沒有特別愛，但索馬利亞的「包子」跟奧羅米亞風的咖啡能量球都還蠻好吃的。說到麻藥，遵循古法往往效果比較好──不要被之前尿跟菸草的組合嚇到。我想咖啡會在歷史上激發出那麼多的創新「手藝」，應該跟咖啡因作為麻藥的極其普及脫不了關係。

咖啡曾經短暫地被極力打壓。但重出江湖後，咖啡已經征服了地理的尺度，深入了世界上所有摩門教管不著的國度。現在喝杯咖啡，已經不用擔心會被蓋布袋，然後變成消波塊了。咖啡已經得到了所有人的愛，而這點完全不是什麼謎團。畢竟不論你是革命黨、是國王、是無神論的知識分子、是得在漫漫長夜裡禱告的神職者、是得在戰場上求生存的軍人，你都會深深覺得能用一種好喝的東西讓自己醒著，是何等的人生至樂。

Chapter 13

變態不是一天造成的

回答我！什麼東西或哪件事情不會被人類意淫？別急，你多想一會兒，我等你。

……

好的，那就容我假設大家都很會上網，所以也都很清楚這個問題的答案是個空集合。基本上你找不到這種東西，任何人事物站出來，都有人有本事能對著它（或想著它）打手槍。在網路色情剛萌芽的時代，這種狀況有一個無厘頭的名字叫做「第三十四號規定」（Rule 34），意思是凡是你想得到的東西，都有A片。我在二〇一五年訪問過一位男士，他是一位全職作家，但他寫的東西是**心靈控制的亂倫色情小說**。另外有一個網站裡滿滿的是各種已故創作歌手洛伊．奧比森（Roy Orbison）被保鮮膜纏住的「性感故事」。

我們幹嘛這麼變態？

這個問題在我經年訪問性虐待女王、色情製片家與各種性工作者的過程中，自問過不知多少次。我相信大家也一定拿這個問題問過自己，就像各位也一定曾經在某個寂寞的深夜裡探索過網路的極限。人會因爲看到異性或同性的屁股、奶子、大腿、二頭肌等部位就「開機」，是極其合理的事情。但我們幹嘛爲了跟人體或性行爲無關的東西興奮呢？

這個問題的答案，可能得從戀足（鞋）癖——以腳爲目標的戀物癖——的歷史追起。波隆納大學（University of Bologna）的一份研究（Scorolli，二〇〇六年）發現腳是人體非生殖器官中第一名的戀物癖標的。在跟人體有關的性偏好症（paraphilia）裡，半數都跟足部牽扯不清。性偏好症的英文paraphilia是一個意義需要好好釐清的單字。你可能很喜歡你女朋友的腳，但除非你得看著你跟她的腳互動或用她的腳去性幻想才能達到高潮，否則這種「喜歡」還搆不著性變態的邊。這種內建在性變態中的「依存性」可以很溫和，也可以很狂暴。有人只要意思意思綁一下就可以高潮，有人則非五花大綁不能興奮。

在鹹濕而黏膩的人類性慾小百科當中，戀足癖何德何能可以在強敵環伺中脫穎而出，成爲最受歡迎的性變態，這有好幾種理論可以解釋。在《腦中的幽靈（暫譯）》（*Phantoms in the Brain*，一九九八年）一書中，神經學者維拉亞納爾・拉馬琛德蘭（Vilayanaur Ramachandran）表示：「這個原因其實沒有那麼複雜，主要是在人腦中，腳的感應位置就緊鄰生殖器官。」

各位看官，我們的大腦頂葉（parietal lobe）有著所謂的「身體形象地圖」。基本上，這就是我們大腦儲存身體各部分如何移動與感覺的資訊地區。斷了腿的人會有「幻肢症候群」，就是因爲被截肢的腿仍存在於我們腦中的身體形象地圖裡。因爲某種不知名的原因，人的腳跟生殖器官在身體形象地圖裡是鄰居。拉瑪琛德蘭博士認爲足部跟陰部的神經線路可能有「岔線」，所以戀足癖才會莫名其妙地這麼普及（博士還提及某些遭截肢的病人自陳透過足部幻肢達到高潮）。

拉馬琛德蘭博士的理論或許可以解釋戀足癖爲什麼這麼「受歡迎」，但還是無助於我們理解爲什麼人類會以性的眼光去看待各種光怪陸離，但照理說並不性感的物體。我們的身體形象地圖中絕無一塊區域是對「被打扮成蝙蝠俠的肥胖太監拳打腳踢」而有反應，但我保證在這世界上的某個角落，一定有人在自慰時腦中就是這幅畫面。性偏好症在人類生活中實在太搶戲了，所以這看似噁心的東西必然曾在演化的長河中助過我們一臂之力。

一九九八年，詹姆士·吉阿尼尼博士（Dr. James Gianinni）讓我們第一次得以窺探到可能的證據。他名為《女性足部的性慾化作為對流行性性傳染病的一種回應（暫譯）》（*Sexualization of the Female Foot As A Response to Sexually Transmitted Epidemics*）作為一項劃時代的研究，比較了數百年來有關戀物癖文獻與藝術作品。研究團隊發現到戀物癖的高峰似乎與歷史上性傳染病的盛行亦步亦趨。十三世紀，飢渴又沒戴套的大批十字軍造成淋病大起，在此同時，中世紀的寫手與詩人也開始長篇大論，深入淺出地寫情書給人類的足部。到了十六世紀，梅毒崛起，戀足癖也捲土重來。

吉阿尼尼博士與他的團隊注意到每次性病的爆發過後約三至六十年，戀足癖就會慢慢「退流行」，同時「在沒有性病干擾的期間，人類的性慾就會很正常地圍繞著的胸部、臀部與大腿。」

吉阿尼尼博士的資訊雖然很有說服力，但我們對中世紀情慾所能掌握的紀錄仍殘缺到有如一場「悲劇」。於是吉阿尼尼跟他天不怕地不怕的組員做了一件事情。他們勇闖三十年份的色情雜誌，蒐集了八本美國暢銷成人刊物的「精彩內容」。從一九六〇到一九八〇年代，吉阿尼尼團隊統計出每本雜誌平均有五到十張以足部為主角的照片。而從一九八六年，愛滋病開始擴散算起，雜誌平均的足部照片數也開始直線上升。到了一九八八年，學者數出每本雜誌平均有超過四十張的足部照片。

基本數據可以用很多方法來解釋。有一種可能是大腦變得愈來愈靈活，看什麼東西都可以想到性的能力，這是一種「安全機制」。有了這種能力，我們就可以一方面滿足性慾，一方面又不用爲了「雞雞」會生病而擔心。不過戀足癖只是知名度最高，最好找到文獻的性偏好症，其他的性偏好症在人類的性慾「工具箱」裡還所在多有，要比年資那更是一堆戀足癖的前輩……

性玩具的驚奇古代史

我們非常可能在還沒變成智人（Homo sapiens）前，當開始「自尋開心」的時候就已經「傢私」一堆了。事實上，如果人類遠親黑猩猩的案例有參考性，那麼人類歷史上最早的性玩具，應該會是一片樹葉。

第一次在黑猩猩身上觀察到「切割樹葉」（leaf clipping）的行爲，是一九八七年的事情，地點是坦尚尼亞的馬哈勒（Mahale）山區。所謂切樹葉，說穿了就是「公黑猩猩咬著乾癟的樹葉來吸引母猩猩的注意」。黑猩猩學者托希沙達·尼希篤（Toshishada Nishidu）在第一次講述到這種行爲時是這麼說的（引述Christopher Boesch在《野生黑猩猩的創新》〈*innocation in wild chimpanzees*〉的敘述）：

黑猩猩會摘下一到五片不等發硬的樹葉，把葉柄控制在拇指與食指之間，然後反覆左右拉動樹葉，以門牙把葉片取下，最後再把葉片咬成碎片。其中取下葉片的過程會發出一種獨特的撕裂聲。等到只剩下主葉脈跟一點點葉片，黑猩猩就會把手中的葉子扔掉，另外再去找葉子重複這個流程。

被咬碎的樹葉不會被吞下肚。公猩猩做這種事，唯一的目的看來應該是要引起母猩猩的注意。而只要有機會跟母猩猩認識，公猩猩就有機會用個性（如果猩猩的世界裡有這種東西的話）去吸引母猩猩，進而跟母猩猩「完事」。確實，咬樹葉的行爲跟地下室被改裝成施虐／受虐的遊戲間不同，跟滿抽屜的按摩棒也看不出什麼關係，但這三件事情其實有著類似的本質——咬樹葉是人類第一次觀察到其他靈長類會用「助性工具」去達成「上床」的目的。

史前人類祖先最早發展出的是什麼樣的助性工具，恐怕永遠是個謎。考古學家目前所發現最古老的「性玩具」，是出土於德國斯瓦比亞汝拉山（Swabian Jura/Alps）上赫勒菲爾（Hohle Fels）洞穴中的粉砂岩（siltstone）陰莖，而且比例尺跟實物比還是一比一。赫勒菲爾洞裡有人類歷史上最早的手工製品，包括這個距今至少**兩萬八千年**（舊石器時代）的手動「按摩棒」。

根據考古學家掌握的證據，假陽具在人類歷史上比比皆是。雙頭的按摩棒可以至少回溯到古希臘人的年代：不論在風行的喜劇裡或在花瓶上，我們都可以經常看到假陽具的身影。描述雅典女性以「不讓男人碰」作爲要脅，希望能爲伯羅奔尼撒戰爭（Peloponnesian War）劃下句點的《利西翠妲》（*Lysistrata*）一劇，裡頭就含有文學史上最早期的性玩具紀錄：

> ……就連通姦者的一絲火花都沒有留下，因為從米勒斯人（Milesians）背叛我們的那天起，我就再沒見過八指長的假陽具了……

根據瑪格麗特·約翰遜（Marguerite Johnson）和特里·瑞安（Terry Ryan）在《希臘羅馬社會與文學中的性慾》（*Sexuality in Greek and Roman Society and Literature*，二〇〇五年）一書中指出「八指」大約是五到六英寸（十二點七到十五點二四公分長），而這句話是利西翠妲在抱怨戰爭奪走了雅典女性的許多小確幸，包括用**迷你**假陽具滿足自己。此處她口中的「婚姻輔具」（marital aids）很可能是皮製品。但希臘人在假陽具的製作上並不只「單戀」一種材質，他們還有做吃下去也沒關係的「拋棄式」陽具麵包。

這種東西的希臘文名字是「olisbo-kollix」，直譯就是「假陽具—長棍麵包」（dildo-baguette）。陽具麵包可能不只一項功能。現存的工藝品上可以看到女性扛著大到不像話，不可能拿來做「非食用」用途的陽具麵包。合理的推斷是這些麵包會作爲宗教祭祀，但古物上也有不止一處的描述顯示「olisbo-kollix」有一種尺寸小很多的版本叫「olisbo-ollixi」，這玩意兒就可能有更……嗯，怎麼說呢……更「日常」的實用功能了——至少古代性學專家薇琪·里昂（Vicki Leon）在《性之悅樂（暫譯）》（*The Joy of Sexus*）裡是這麼說的。皮革材質與滑順石頭所製成的假陽具，或許曾經是希臘社會裡有錢階級的專利，但麵包做成的「假老二」卻給了身爲貧農的女性一種便宜而隱晦，方便藏身於民間的按摩棒，而且超棒的是自爽玩了還可以把**老二**吃下肚來補充體力。陰道或許會偶爾感染酵母菌，但當時的女性應該會覺得這代價還算合理。

歷史上的假陽具也有不是拿來玩的。在中國的明朝（一三六八至一六四四年），紅杏出牆的女性會接受一種刑罰是要騎上名爲「木驢」的鞍具，木驢上有一根陶瓷做的陽具，然後「淫婦」得在上頭**搖到死為止**。值得注意的是古代中國也有不用來殺人的「原生性」性玩具，當中包括可以釋放液體來模擬射精的金屬假陽具。

假屌不是性玩具史的起點，更非其終結。用極其講究的工具去滿足我們其他比較不起眼的性怪癖，是人類已經做了幾千年的事情。如果你喜歡被鞭笞，那你或許會想知道你這種癖好非常古老，你的同道中人最早可回溯到**西元前四百九十年**——至少。

義大利塔爾奎尼亞（Tarquinia）的「鞭笞之墓」（Tomb of the Whipping）主人是上古伊特魯里亞（Etruria）文明中一名貴族女性。陵墓內部的牆垣裝飾有各式各樣的描繪，至於主題則有酒、舞蹈、音樂……以及……蛤……一名仕女被兩個男人用鞭子抽屁屁。啊你會說抽打屁股也不一定跟性慾有關啊。那請容我挑得更明——抽打女子的是兩位極度明顯勃起的男子，而且女方似乎一邊後面被上，一邊前面嘴巴很忙（我不想明說是口交，咦？）。花十分鐘上網google一下，你就能找到數千筆跟這幅壁畫同樣情節的現代「藝術品」。

從壁畫到現在歷經了許多個世紀，人類也不斷開發出嶄新的招數來對應多元的情慾。像窒息式性愛就是一例。窒息式性愛始於十七世紀。在那個威而鋼還沒有發明的時代，窒息式性愛的初衷是要治療勃起障礙。橡膠／乳膠癖則可能起源於十九世紀中，而其誕生的契機可能是第一款麥金塔（Mackintosh）防水風衣推出時啟用了滿滿了年輕美女擔任廣告活動中的模特兒。二十世紀初，庶民社會裡出現了偵探故事漫畫與電影，而人一天到晚可以在裡頭看見被身子繩子綑綁、嘴裡被塞了東西的美女，而這也「啟發」了新一代的性玩具。所以你看出來的吧，人類會不斷推陳出新的不是只有手機，歷史上早就有過一代接一代的性玩具了。

性變態，對人類有恩，但我們不太會公開感謝這位恩人就是了。高中課本裡不會有一個字提到戀足癖或陽具麵包如何幫助古人避免掉瘟疫。但戀物癖在人類發展過程中有其一定的角色，不過**某些**文化是只要聽到「自爽」兩字就跳腳了。

向自慰宣戰

人類對自身性史的理解有一定程度的扭曲，主要是幾乎所有的紀錄都是直男的聲音。在這樣的背景下，西元前大約四百到兩百年間寫成於古印度的《愛經》（*Kama Sutra*）[1]堪稱是一本關於性生活描述得非常棒的歷史紀錄，當中甚至包含了一些史上最早的「綁縛／調教／施虐／受虐」（BDSM）書寫：

想讓人又痛又爽，最有效的辦法就是用牙咬，或用指甲抓。

但《愛經》畢竟也是一個富人寫出來的，所以當中有不少心態都跟現代搭訕文化裡最糟糕的部分如出一轍。《愛經》強調了女性性生活（爽度）的重要性，這點我們要給它肯定，但它裡頭也有些不堪入目的章節裡建議人用酒精把處女灌醉，然後再一舉襲奪她的童貞。

龐貝古城的遺跡，讓性史沾染了一些民主的色彩。西元七九年遭維蘇威火山爆發後掩埋的龐貝，基本上就是古羅馬的洛杉磯。全城瞬間遭到埋沒固然是一場悲劇，但這也爲後世埋下了一個古羅馬性習俗的時間膠囊。羅馬式臥房與浴所牆上的浮雕描繪了女權獲得伸張的性體位，當中包括（《愛經》反對的）舔陰，也就是由男性爲女性口交（圖一）、兩男一女的三人行（3P。圖二）、還有女上男下的「女牛仔」的姿勢（羅馬時代應該不這麼叫啦，畢竟當時還沒有牛仔這種東西。圖三）

圖一

圖二

圖三

1 編註：又名《欲經》。

對於維蘇威火山爆發造成數以千計的古羅馬人死於非命，我致上誠摯的哀悼之意，但這對我們了解人類性慾的演進，眞是個天大的好消息。要是維蘇威火山乖乖地很安靜，龐貝城再撐個幾世紀，那牆上的浮雕早不知淪落到哪裡去，根本不可能爲後人知悉。而在龐貝城遭毀的幾百年後，羅馬世界成爲了人類對自慰宣戰的大本營。

三四二年，從君士坦丁大帝（三〇五至三三七年在位）手中接下並瓜分大部分羅馬帝國的君士坦提烏斯一世（Constance I；三三七至三五〇年在位）跟君士坦提烏斯二世（Constantius II；三三七至三六一年在位）是帝國最早的兩位基督教皇帝，而且還都立法宣告同性戀爲非法的行爲。五三八年，查士丁尼一世（即查士丁尼大帝；五二七至五六五年在位）把同性戀禁令「發揚光大」爲所有「做完不會生小孩」的性行爲都不可以。在其《新律》（*Novellae Constitutiones Justiniani*）的第七十七條裡，查士丁尼呼籲所有基督教的良民要「潔身自愛地戒除如此下流且於法不容的慾念，以免上帝一怒之下以懲戒這種不虔誠的行爲爲名，將正義伸張在人身上，全城的百姓搞不好得一併陪葬。」

自慰也從一開始就讓天主教會看不慣，而天主教不只跟基督教系出同門，連在對自慰的指摘上都有志一同。一如擁有正式「教父」（church father）[2]頭銜，亞歷山大城的克雷孟神父（Clement of Alexandria）所闡釋：精液是一種「人類繁衍的神聖工具」，將之一舉射進襪子裡或另外一個男人的身體，是對上帝本人的一種挑釁。

自上頭兩位羅馬皇帝以後的一千兩百年，歐洲的性習俗並沒有在基督教的控制下變得開明多少。在十八跟十九世紀，正當龐貝城的羅馬異教徒跟伊特魯里亞人的變態遺跡如火如荼出土的同時，義大利貴族把所有「足勘質疑」的東西都鎖到了遠離公衆的一間美術博物館裡當成違禁品來收藏。不過這樣還算我們幸運，畢竟他們沒一把火把東西燒成灰燼。當年不少人都覺得龐貝城的居民死得好，誰叫這些古羅馬人如此不檢點，而放蕩的下場就是化為焦屍。一八〇〇年，天主教宗還不忘「鞭屍」，正式用他的權力把早已不在人世的龐貝市民給逐出了教會。

到了一九六〇年代，剛剛那間滿是異色收藏的博物館終於重新開放，主要是整個西方世界終於覺得關於「高潮」這件事情，大家可以不要再那麼緊張兮兮。有趣的是，這鬆綁的過程是始於一群企圖心十足的醫師跟他們的醫療用性玩具。

「歇斯底里」（hysteria）是女性「專用」心理疾病的鼻祖。作為一種沒有明確規範的病名，歇斯底里指的可以是非常接近恐慌症發作的各種症狀，也可以是用語極其模糊的「感性過剩」與「情慾幻想」。時至今日，我們已知歇斯底里不分男女，而且導火線也可以是各種事情。但有至少兩千年的時間，歇斯底里都是種「婦女病」，而且還是種女人幾乎都

2 譯註：教父原指父親或父老，擁此頭銜者多落在西元一世紀到四或八世紀之間，四個條件是年代久遠、教義正規、生活聖潔與教會嘉勉。

會得出一回的「疹子」。包括瑞秋・梅因（Rachel Maine）的《性高潮的技術（暫譯）》（*The Technology of Orgasm*，一九九九年）一書在內，不少資料來源都顯示在十七世紀如果發燒不算，那歇斯底里就是女性就醫時最常見的診斷。

舊時代的醫生說性高潮是歇斯底里的特效藥，但又不好鼓勵女性自慰，畢竟**自慰會讓惡魔跑進女生下面**。那怎麼辦呢？嗯，很簡單，醫生會叫被診斷爲歇斯底里的女生去找匹馬來騎。要是這樣還不行，那醫生就只好犧牲自己，手動把女病人弄到高潮來釋放歇斯底里的能量。但當時的醫生並不是真的樂於有求必應地爲所有女病人誘發「歇斯底里爆發」（hysterical paroxysm），於是法國在一七三〇年代發明了按摩棒，好讓這個「人工釋壓」的過程能更順暢。

本書半數（或更多？）讀者熟悉而且用得很順手的那種按摩棒，其實都是十八世紀的醫療用具的演化而來。這種結局誠然令人感到欣慰，但這也顯示了三百年間，我們對自慰的看法變化呈現出多麼大的反差。曾經有段時間，人類靠著無限的性幻想能力來讓我們轉移性慾的標的，進而免於受到性病的侵襲。也有人發明出假陽具（人類歷史上最早的其中一項工具）來幫助女性自慰……然後始祖假陽具三千年後的十八世紀，我們又設計出按摩棒來替醫生省事。

教室裡上的歷史，大抵都不會強調性偏好症或色情對人類發展的貢獻，惟凡事都有例外……這一點也不例外。

維倫多爾夫的維納斯：立體三級片或醫學的起源

出土於奧地利，「維倫多爾夫的維納斯」（Venus of Willendorf）被定年在西元前兩萬五千年，而這也讓這尊石像成了考古學上已知最最古老的裸女作品。人類的信史算有六千年左右吧（推至西元前四千年前後），距今至少三倍的人類為何要作出這樣的一種東西，確切的理由我們不得而知。但現行最流行的共識是——這是遠古的立體「謎片」。

在「維倫多爾夫的維納斯是史前靜態A片」的理論基礎上，學者們針對史前的情慾世界做出了若干相當大膽的推論。二〇一五年，美國公共電視（PBS）在其「藝術建構出的世界」（How Art Made the World）網站上，對維倫多爾夫的維納斯做出了以下的描寫：

做出這尊雕像的人類生活在嚴峻的冰河期環境裡，而在天寒地凍中，肥胖體型與生育能力都是高度

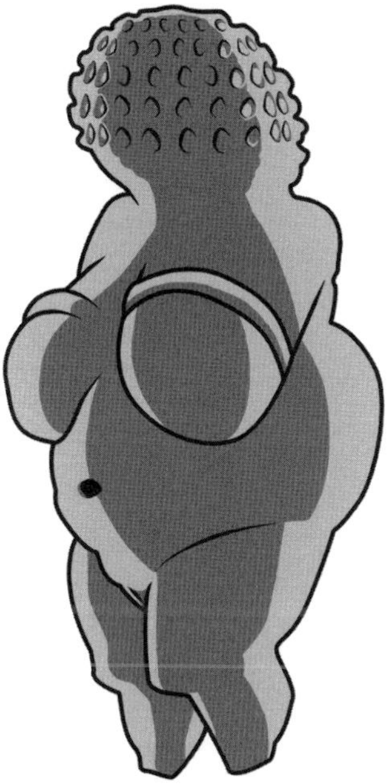

（Tavia Morra）繪製

受到追捧的特質。用神經學的術語來表達，就是說這些特質屬於超常態的刺激，可以活化大腦裡的神經元反應；而用舊石器時代人類懂得的意思來表達，就是說凡能有助於繁衍後代者，才算得上「最重要的身體部位」。因此胸部愈雄偉愈好，骨盆區也是愈大愈好。

請注意這裡的「舊石器時代人類」，其實是專指舊石器時代的**男性**人類。公共電視台——乃至於主流的考古學界——都是從古代男性的視角去定義「最重要的身體部位」。

按照藝術史學者克里斯多福．維特科姆（Christopher L. C. E. Witcombe）的說法，「史前維納斯等於色情」的論調從一九〇八年起就獲得了幾乎是全球性的認可。史前維納斯之所以五官付之闕如，就是因爲她屬於「不具名的性投射目標」。而她沒有腳，即代表她沒有行動能力與主體性。學界一開始稱呼她是維納斯，其實是替二十世紀（男性）考古人員開的一個性別歧視玩笑。在希臘神祇的行伍中，「米洛的維納斯」（Venus de Milo；建於西元前一百三十到一百年）是西方文明中的理想女性典型，而大腹便便，奶子又垂的維倫多爾夫石像則被戲謔地認爲是未經精緻文明洗禮、原始民族的「歪掉」版維納斯。

維多利亞時代的科學假設能毫髮未傷存活到二十一世紀，幾希矣。但維倫多爾夫維納斯作爲全人類藝術中的一顆基石，其實是某個男性做出來的自慰輔具，這個觀念到今天都還是廣泛獲得認同。只不過一九九六年，中央密蘇里州立大學（Central Missouri State University）的勒羅伊．麥可德莫（LeRoy McDermott）跳出來反駁。他的主張顛覆了傳統的認知，他認爲史前維納斯不是色情，而是女性形象的自我反映。

一九九六年，勒羅伊・麥可德莫與凱瑟琳・麥克伊德（Catherine McCoid）聯名發表了一篇文章叫〈朝向性別的去殖民化前進〉（Toward Decolonizing Gender）。兩位作者在文中指出胖版維納斯之所以是「無臉人」，是因爲史前女性看不到自己的臉。麥克伊德與麥可德莫點出了維納斯身材比例的玄機，兩人說這尊作品像透了孕婦的視角。孕婦一低頭，看到的會是這幅光景——胸部與肚肚連峰。

然後還有一張孕婦轉頭看背後的屁屁照片，同樣可以跟石像背面來加以比對（下圖）。

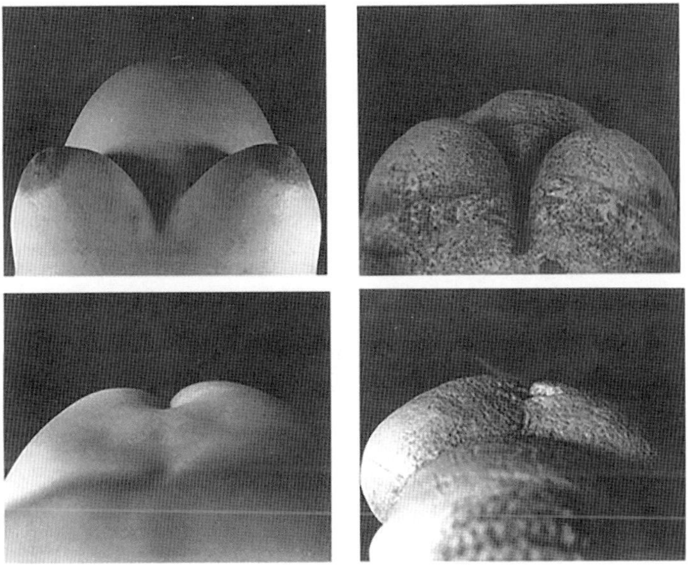

圖片提供：勒羅伊・麥可德莫（LeRoy McDermott）

所以說，人類最早的藝術家裡有一大群女性，是很合理的事情，而且其主力還會是懷孕的女性。她們會長時間靜靜地待著，不用跑來跑去捕獵動物或採集東西，而這也給了她們很多時間可以琢磨自己的技術。麥可德莫博士對我說：

如果積極參與女性與動物形象雕塑的人類是男性，男性的身體意象就不應該在遺跡中幾乎完全缺席，不是嗎？

麥可德莫博士推測維倫多爾夫的維納斯，乃至於考古學者在各個石器世代遺址中挖掘出的其他維納斯，其實是一種「產科的輔具」。這些石像的意義，在於方便女性追蹤與理解懷孕的程序，讓史前女性可以取得「符合實情與可能有用的視覺資訊」。所以說這些工藝品不但可能並非出自男性之手的色情，還可能其實代表著（得歸功於女人之）醫學發軔。

生育的痛苦是女性無可避免，但也只能獨力面對的生命威脅。很可能早在男性智力對懷孕過程感興趣的很久以前，女性就已經在腦中閃過要為其未雨綢繆的念頭了。

一九九六年，勒羅伊在《當代人類學》（*Current Anthropology*）期刊上發表了他的理論。他的文章經過了同儕審查，但不論是當時，還是現在，都沒有人能找到他推理中的漏洞。

但勒羅伊還是以「獨孤求敗」的口氣，不甘心地說出：「這理論沒有人挑戰，但也沒有人接受。老實說這理論與其說無敵，不如說是被無視。它在學界就像個孤兒似的。外界因爲找不到反駁的主張，就索性將排擠爲理論中的『怪咖』。」

麥可德莫博士爲人溫文儒雅，所以他只說自己有點「小不爽」。關於學術界如此排斥女性創造了胖胖維納斯跟大部分的史前藝品，我追問他覺得理由在哪。他回答說：

我實在是沒辦法告訴你，因為我自己也還沒完全弄清楚。

打對臺的理論有一個荒謬之處在於那副場景——古代男人迷戀著肥胖的女子。「你告訴我在冰河時期，女人有什麼辦法能肥成那樣子？」麥可德莫博士補了這麼一句。石像是裸女沒錯，但裸女並不一定是爲了吸引男人，女人還有其他的事情要擔心，可以嗎？

對照本書對其他傷風敗俗之事的描述，史前維納斯的故事可說完全是在高速公路上逆向飆車。正常來講，學校教的歷史會洗白我們的祖先是酒鬼的實情，會低調處理麻藥對偉大思想家的啟迪，會不讓後世知道娼嫖跟穢語左右了人類發展的路徑。換句話說，主流歷史會左一句「沒事兒，沒事兒」，右一句「反正我是相信了」，不遺餘力地讓歷史看起來好無菌，好冷靜。

唯一的例外，就是維倫多爾夫的維納斯。不知道哪根筋不對勁，我們就是非得跟孩子們說這石像是古代的色情不行，好像說「這東西是古代女性體貼其他女性而做出的精美醫學輔具」，地球就會停止轉動似地。

Chapter 14

模倣犯：狡詐家藥物的祕辛

想像一下你是居住在亞馬遜盆地裡的獵人，而且是活在一個美國或美洲的字眼都還不存在，所謂的船隻只是個會浮的棺材，無所謂原住民不原住民的時代。有天你踏進相當於遠古好市多（Costco）的叢林裡要補貨的時候，突然一隻美洲豹與你狹路相逢。考慮到對方兩百磅（九十公斤）的重量與四副利爪，你很有可能會失禁而造成兜襠布不保。

順道一提，美洲豹對你像是個神。你從小就看著廟宇雕刻跟聖者衣服刺繡上的美洲豹長大，而如今活生生的美洲豹在你面前出現，你發現自己的手腳都動不了。還好你走運，這隻大貓並不愛甜甜酸酸的人肉。事實上，你眼前的美洲豹正忙著嗨到最高潮，你就算自己過去把衣服脫掉，把鹽巴撒好，他也懶得咬。

你愈是觀察下去，愈確定這隻獵豹對你漠不關心。原來我們的美洲豹先生不是在睡覺，也不是剛剛吃完吼猴在剔牙縫，牠是在吸吮某棵樹的樹藤。這種樹藤還沒有名稱，名稱對植物與美洲豹沒有太大意義，但住附近的人類會慢慢開始管這種樹藤叫「死藤」（Ayahuasca）。幾個世紀後，穿著實驗室白袍的人類會把這種藤蔓的成分歸類爲一種強力的單胺氧化酶抑制劑（MAOI）。如今我們認知中的MAOIs是用來抗憂鬱的處方藥品。

但在亞馬遜叢林裡的你對這些資訊一無所悉，你只知道眼前動物不像美洲豹，反而有點像隻在地上打著滾的可愛小貓，可愛到你差點忘了牠正在甦醒，而你的當務之急是不顧一切屁滾尿流地逃命。終於你安全回到了家裡，身上沒少一根寒毛，也很方便地不用一回家就去尿尿，因爲你在外頭就已經嚇到全都尿完了。雖然差點沒命，但你還是等不及要跟親朋好友宣布一個好消息：

大家聽著，叢林裡有毒品可以吸！

這個虛構的小故事，交代的是「死藤水」（ayahuasca）一種可能的來歷，畢竟死藤水在麻藥界早已大名鼎鼎。死藤水裡的MAOI是一種貨眞價實的強效麻藥，但一定要跟一種黑金檀屬的「呦波」（yopo；又稱鈣樹）樹葉混合後才能發揮百分百的效果，主要是呦波樹裡正好含有二甲基色胺（DMT）。它跟DMT搭在一起，得到的就是一般稱爲死藤水的東西，而死藤水堪稱地球表面上排名前幾強的一種致幻劑。

今天任何一名西方人只要省下買蘋果筆電的閒錢，都有能力搭機飛到瓜地馬拉、哥斯大黎加、巴西或任何一個拉丁美洲國家，付點錢給薩滿巫師，然後薩滿就會領著他體驗死藤水的儀典。這絕對是一種非常刺激的體驗——你只要花一秒鐘google，就可以找到幾十筆當代的報告告訴你這件事情。但死藤這種植物的有趣之處，絕對不只是死藤水的嗨而已——事實上是差遠了。

死藤，也就是卡皮藤（Banisteriopsis caapi）裡的MAOIs成分是一種有效的用藥，但要能讓你幻覺綿延八小時然後改變你一生，必須要聯手DMT，至於DMT本身也是要跟MAOI結合，否則這東西會徹徹底底是死魚一條，因爲DMT會直接被胃分解掉。

如今已大紅大紫的死藤水會被發現，有可能是經年嘗試錯誤得到的結果，部落傳說是宣稱人先看到獵豹嚼卡皮藤，然後才開始注意到這種東西並開始有樣學樣，結果人類發現卡皮藤（裡的MAOIs）顯然會改變使用者對於若干藥物與食物的反應。古人發現到這點之後，便有些點子王（或嫌命長的人？）想說不然來「混藥」看會有什麼結果，於是他們就把卡皮藤跟其他也很討他們歡心的植物加在一起服用。這些勇者有些變成病人，有些直接變成死者，但總是有些腦袋比較靈光或運氣比較強的古人活了下來，也提供了夥伴暨後世可行的死藤水配方。

狡詐家藥物（designer drug）[1]如今已經是年產值數十億美元的生意，而其發軔與運作的模式也與死藤水大同小異。要說明狡詐家藥物如何走到今日，我們就不能不先聊聊什麼是……

與疼痛的戰爭

各位讀者可能很多人失戀過，但你們大多數人應該都無法眞的體會什麼叫「連呼吸也會痛」，但慢性疼痛的病人就知道什麼叫做醒著痛，睡著了也痛。讓我們一同向偉大的醫學界致敬，但在抗生素問世之前，在我們對營養素的作用有深入的了解之前，我們曾經過得是到處有人甲狀腺腫大，到處有人痛風，重症治不好就截肢的日子——那是一段身而為人，就永遠要與疼痛抗戰的歲月。

酒精、大麻與鴉片是人類最早懂得使用的幾種麻藥。但酒精跟大麻只能讓人稍微好過，眞正的劇痛它們還是束手無策。鴉片不論是當菸抽的還是當茶喝，都更有能力讓感覺變模糊，但你還是不可能靠鴉片撐過外科手術等級的痛楚。

化學在歷史上正式加入科學，關鍵人物是一個煉金師名叫帕拉賽爾蘇斯（Paracelsus，一四九三至一五四一年）。帕拉賽爾蘇斯是使用汞、砷、鉛等各種致命毒物來入藥的先驅，但當他在忙著把致命毒藥「種」在不同世代的病人身上之餘，也抽了點時間把酒精跟鴉片混在一起，發明了鴉片酊（laudanum）。

鴉片酊是美國拓荒時期的居家旅行良藥。在當時的西部，你要是拿著處方籤去藥房去領一種會成癮的成藥，那多半你拿到的就會是鴉片酊。這之後另一個拿鴉片做實驗的科學家是弗德列希・瑟忒莫（Friedrich Sertumer），他是十九世紀德國的一名學徒藥劑師。他注意到當時的鴉片產品很多，但參差不齊的品質有著很大的落差，而且大部分的效果都很差。

他並不是個受過專業訓練的化學專家，也不是醫師。當時是十九世紀，只要手中有試

1 譯註：管制麻藥（如海洛因）的合成版本。有些狡詐家藥物會透過分子結構的微調來避免被列為禁藥或毒品，有些則是作為現行藥劑的改良，主要是透過化學方式來凸顯需要的藥效而壓抑相關的副作用。

管，加上點小聰明跟大幹勁，任誰都有希望找到醫學上的重大發明。瑟忒莫捲起袖子，開始了年復一年的錯誤嘗試。他一心就想從鴉片裡蒸餾出高濃度的有效成分來。他最後知道自己終於大功告成，是因為某天牙齒痛得要命的他給自己打了一針自己最新的「作品」，沒想到痛痛馬上就完全不見了。

讓瑟忒莫牙齒不痛的東西，我們現在稱為嗎啡。瑟忒莫馬上變成了推廣嗎啡的急先鋒，包括他會在孩童的身上測試這種新藥——怎麼這麼亂來？你忘了這是十九世紀了嗎？十九世紀根本沒人管。不過現代醫學終於還是注意到了他的成就，等到南北戰爭在美國烽火四起的時候，嗎啡已經是當時止痛界的霸主了。

繼嗎啡之後，止痛界的第二任扛壩子是研發於一八九〇年代的海洛因，至於「海洛因之父」則是拜耳公司（Bayer）的一名化學專家海因里希・德雷澤（Heinrich Dreser）。如果你覺得英文單字裡的海洛因（heroin）跟英雄（hero）像得可以，那容我告訴你那是有原因的：Heroin拼法來自德文裡的heroisch，翻成英文就是heroic，也就是英雄般或力量強大的意思。確實，海洛因的藥效很強。它進入人腦的速度把嗎啡遠遠拋在後頭，並且海洛因止起痛來也比嗎啡來得得心應手。即便是海洛因，也還是有其力有未逮之處。但即便是你打滿一整隻手臂的海洛因，也不可能讓你斷手斷腳或被開腸剖肚還能在那兒笑嘻嘻。

有很長一段時間，外科手術少不了一組男性「助手」的幫助，而這群壯漢的工作就是把病人按住，否則醫生會沒辦法在動得太厲害的病人身上下刀。現在沒有這種工作了，是因為我們終於有了像樣的麻醉劑可以徹底阻斷大腦的痛覺傳導，而且效力可以維持到讓醫師把人切開再縫好。

諷刺的是，這顆可以讓痛覺瞬間灰飛煙滅的「原子彈」，其實早在一七七〇年代就已經發明出來，也就是說美國獨立戰爭、拿破崙戰爭、南北戰爭等所有絕對用得上一大堆麻醉藥品的廝殺都還沒打完或甚至還沒開打，這「終極武器」就已經存在於世界上了。英國人喬瑟夫・普利斯特里（Joseph Priestley）發現一氧化二氮，是在一七七二年，然後他對外發表了這項發現，是在一七七六年，也就是美利堅合衆國決定對祖國大英帝國比中指的那一年。

一七九九年，一氧化二氮被取了個別名叫「笑氣」，但如果你顧名思義地以爲笑氣就只能讓人笑的話，那你就太低估一氧化二氮能對人體做成的事了。一氧化二氮可以讓你靈魂出竅，劑量夠高的話更可以讓你完全感覺不到外頭還有一個世界。鴉片跟鴉片的衍生品是止痛劑，但一氧化二氮是一種「解離型」的藥物（dissociative drug），就跟號稱「天使塵」的苯環已哌啶（PCP）是同一個檔次的東西。止痛劑是跟痛覺對決然後把對方幹掉，解離型的藥物是讓你的意識坐進電梯，然後帶你向上達到一個痛不再存在的天地。

凡是有「啊啊啊～」一聲，然後讓牙醫在你嘴裡又鑽又挖過的朋友，就會知道笑氣多麼管用。前一分鐘你還如坐針氈地擔心電鑽一插進去你就會當場暴斃，而後一分鐘你已經飄在空中，低頭看著一個穿著白衣的殺人兇手在對著一具長得很像你的屍體亂來一通。作爲麻醉劑，一氧化二氮眞的有用，但我們在發現它之後會先忍個快一百年才用。

一氧化二氮還很快就在上流社會中崛起爲一種新奇的藥品兼玩具，有錢的公子哥兒們會聚集在大帳棚裡，在當中注滿笑氣，然後在場的每個人就會嗨到不能自己。而且沒錯，你猜對了，這些維多利亞時代的毒趴廣告就跟你想像中的一樣可笑：

在這張來自一八四五年，紐約市一場派對的廣告上，警語明明寫著說笑氣只會分發「第一流人品」的紳士，但圖上畫的好像是一名男子拿著一大袋那玩意兒逼著女士吸。吸笑氣在那個年代，似乎是一幅奇景。可能的狀況是看著朋友嗨的人多，眞正自己下去吸的人少。觀衆席裡會有人受邀上來當笑氣體驗者的保鑣，而這樣的考慮算是相當周全，畢竟笑氣會大大削弱人的運動機能。這張傳單上還有一點聲明「讓李組長覺得案情不單純」，主要是上頭寫著這麼一句話：「現場有人扭打起來的機率不算高。」

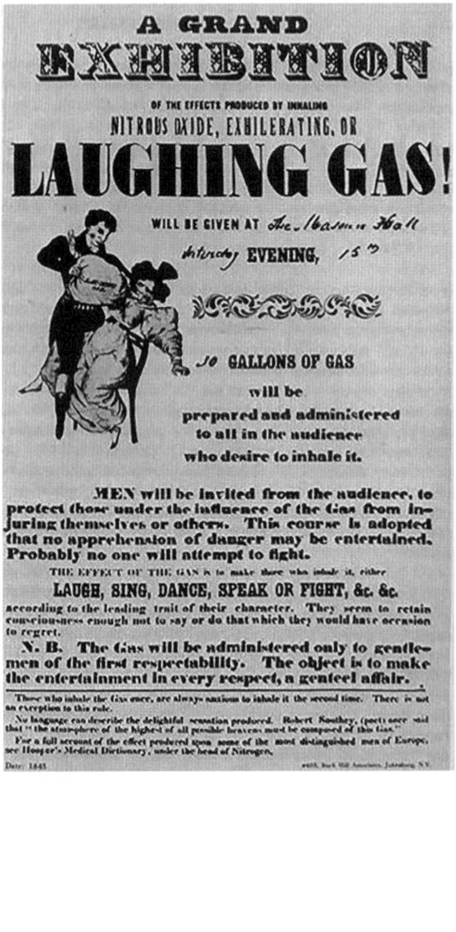

喬瑟夫・普利斯特里

在發現一氧化二氮的當下，就注意到這物質可以麻痺人的痛覺。而這之後的許多年月，也不斷有他的化學界同仁在報告中呼應他的看法。問題是一直要到十九世紀中，才有人想到這東西可以當麻醉劑。

乙醚的歷史跟笑氣有些許巧合之處。乙醚也是種解離藥劑，亦即吸進體內後，乙醚便會讓人體與所有痛覺脫鉤。乙醚跟笑氣都會引發強大到時不時會有點瘋狂的短暫成癮現象⋯⋯兩種物質在醫學上派上用場之前，都曾經一代傳一代地被用來當成一種樂子。乙醚為人所知，其實可以上溯到至少十六世紀（其實應該比這還早很多啦），但人類要拖到一八四六年，才由一位名叫威廉·莫頓（William Morton）的牙醫將之用在了手術病人身上。

在莫頓醫生做起他的實驗之前，乙醚就跟一氧化二氮一樣是以作為上流社會的高檔毒品聞名。特別是在哈佛大學的學生（與教職員）之間，用布沾乙醚來取樂的派對還蠻出名的。但莫頓知道乙醚的用處絕對不只如此。為了證明自己的觀點，莫頓在一八四六年十月十六日那天聚集了一群觀眾，然後在眾目睽睽之下拿海綿沾乙醚把病人弄到五感盡失，不省人事，然後一舉將腫瘤從他的頸側摘除。術後醒來，病人只說自個兒的脖子有被「抓過」的感覺。

所以說十月十六日是麻醉學的生日。而在那之後不久，一氧化二氮也加入了麻醉藥劑的陣容。雖然說在手術室裡還要再過個幾十年，麻醉病人的做法，才會比制伏病人變得更加普及，但莫頓的勝利仍代表了這場戰爭的結果是疼痛輸，人類贏。

一氧化二氮與乙醚的遭遇，一而再再而三地在一票麻藥身上重演。狡詐家藥物所遵循的就是這樣一個模式。人類發現了一種神奇的天然化學物質（或合成出一種神奇的人造化學物質），這種物質立刻在派對上紅遍半邊天，然後要再經過很漫長的一段時間，科學家才會找到安全而較無後遺症的使用說明，進而讓這些藥品爲人類生活做出貢獻。

狡詐家藥物的生、殺與死

按照美國緝毒局（Drug Enforcement Administration）跟無數憂國憂民的爲政者所言，任何麻醉藥品只要用來模擬現行非法麻藥的效果，就能稱得上是狡詐家藥物。幾年前曾經搶占過不少新聞版面的「浴鹽」，其設計就是要模仿安非他命等興奮劑的藥效。事實上包括甲基安非他命、迷幻藥，甚至是大麻等違禁藥品的本尊，都有他們各自來自「狡詐家藥物界」的模仿藝人。這些小弟有的幾乎能完全取代大哥，但也有的只有外表能勉強沾上邊。

第一代的狡詐家藥物，叫做吩坦尼（fentanyl）。一九七〇年代，爲了讓嗎啡跟海洛因能有一種非鴉片的替代品，有人發展出了吩坦尼這個大家庭，吩坦尼底下有各種幾乎一模一樣的版本，也就是各種類似物（analogues）。現今其中一個風行的吩坦尼衍生物——丁酸吩坦尼（butyrfentanyl）——據稱效力比嗎啡強上二十倍。

第一種在街頭流通的吩坦尼有個別名是「中國白」（China White）。中國白在一九七九年開始風行起來，然後就廢話不多說地開始讓人因爲意外過量而致命。短短不到十年的時間，各類吩坦尼就疊起了超過一百具的屍體。在爲本書進行研究的過程中，我很幸運地接觸到一名消息來源是某藥品市集網站內部的工作人員，而這個網站跟其他許許多多同類型的網站一樣，都把所謂的「研究用化學品」鋪貨到全美各個角落的吸毒者手中。對於這名內行人來說，吩坦尼是種讓人害怕的東西：

> 吃這玩意兒，你一定要搭配一台準確度非常高的毫克秤，否則非常容易過量……幾名青少年跟一個老人都曾經因為過量五毫克而翹辮子（讓大家有個概念，五毫克大概就只是一顆芥末籽的大小）。

我這名線人服務的公司並沒有販賣非常多種的吩坦尼衍生物，但他認爲吩坦尼會嚴重威脅到他所屬行業的未來。「我不覺得研究用化學品市場會有整個完蛋的一天，但受到重擊恐怕難免。」

大部分的娛樂用化學品之所以合法，是因爲把合法一詞的定義推到極限中的極限。美國在一九九六年通過的《聯邦化學類似物法案》（*Federal Analog Act*）規定要是有供人服用之虞，那政府單位可以把在結構上「顯著類似」於一、二級列管毒品的化學物質直接認定爲就是毒品。這意思就是說我的線人會因爲販售好幾種研究用化學品而被起訴或關進監獄。

研究用化學品跟狡詐家藥物之間的界線非常模糊，而其差別主要在於你製造時的心態。如果製藥的人是存心要模擬非法麻藥的效果，就像吩坦尼的衍生物或各種你可以在世界各地大麻店裡看到的「合法大麻」那樣，那這就算是狡詐家藥物。如果你在設計某種藥品的時候已經想好了成品要作爲何種研究用途，而且你也只是模糊地知道這好像會人有點「開心」，那這就還是會被歸類爲研究用化學品。

不論是研究用化學品，還是狡詐家藥物，在網路上都是排排站，一起在我線人顧著的那種網站上賣。有些化學物質會兼具兩種身分。比方說「甲硫苯丙胺」（MTA）是一九九〇年代開發出來的一種狡詐家藥物，而有段時間它是被當成「亞甲二氧甲基苯丙胺」（MDMA，快樂丸或搖頭丸的主要成分）的替代品在販賣。雖說是替代品，但毒品市場的實況是MTA會被壓成藥丸，然後就當成眞正的快樂丸或搖頭丸來販賣，藥頭認爲反正沒人分得出來。

MTA是一種狡詐家藥物，因爲創造者大衛・尼可斯博士（Dr. David Nichols）在設計MTA的時候，其用心就是要讓它在功能上等同MDMA。不過尼可斯博士並沒要讓MTA變成坊間毒癮的意思，他把MTA合成出來，是想在老鼠身上測試抗憂鬱藥品的效果。

他早期用MTA做的實驗讓人燃起了很高的期望。他出了一篇報告來發表研究成果，並在當中提及MTA的作用「激似MDMA」。我在線上藥品市場服務的那位線民提到尼可斯博士，口氣可是相當地尊敬。事實上尼可斯博士在狡詐家藥物產業裡，算得上小有名氣。丹麥有很多搞化學的人會像追劇一樣留意尼可斯博士實驗室流出的數據，他們會研究MTA，複製MTA，然後大量賣起MTA。尼可斯博士對我說：

我們當時不知道MTA是一種血清素（serotonin）的釋放劑，但MTA還會同時抑制酵素分解血清素，所以說MTA的服用會造成血清素濃度的累積與上升。

血清素是一種「叫人要快樂」的天然大腦傳導物質，也就是所謂的「快樂荷爾蒙」。但人腦接收血清素是有限度的，同一時間能處理的血清素就那麼多。過多的血清素囤積在體內，會引發致命的「血清素症候群」。因爲MTA而造成死亡，目前已經有五筆案例。尼可斯博士給我的解釋是：

我的了解是他們先吞了一顆，然後因為沒有等到MDMA帶給人的幸福感，所以他們就又猴急地追加了兩顆，然後血清素就一下子爆表了。

尼可斯博士投身醫療化學的領域，是要幫助推進人類知識的前沿，是要建立一個更理想的醫學界。所以說他的研究竟然有一部分造成了人命的損失，實在是非常大的一種諷刺。隨著坊間稱爲「心臟停止器」（flatliner）的MTA造成愈來愈多的後遺症，博士本人也首次注意到有些不肖的化學同業會追蹤他實驗室的動態。關於這一點，他是這麼跟我說的：

我看到有一個網站叫做「誠信化學公司」（Honest Chemical Company）……他們在網站上陳列了林林總總各種非法的化學產品，然後再補上一句「非供人類服用」。多年前在比利時有一名也是通路一員的化學從業人員受訪，他被問到的問題是：「你產品開發的靈感是怎麼來的？」……結果他回答說：「像大衛・尼可斯博士的實驗室就很有趣。」

尼可斯博士對這樣的態度「相當惱怒」。他眞的很受不了不肖的化學同業把完全未經測試而具有潛在危險的藥品塞給一知半解的客層，但尼可斯博士認爲最大的責任，還是應該歸給一路以來的毒品防制做法。如果像MDMA這樣有被研究摸清底細過，相對比較安全的藥品不要被禁到天荒地老，那些該讓他跟同事拿去好好研究一下的「研究用化學品」，就不會有在市場上生存的空間了。

說到他的同事，介紹狡詐家藥物的章節怎麼能漏了曾任職道氏化學（Dow）的亞歷山大・「薩沙」・叔金（Alexander "Sasha" Shulgin），好歹他也是MDMA會流行起來的一大推手。叔金另外還發明過超過兩百三十種全新的狡詐家藥物，並且還把自己、太太跟朋友當成白老鼠來測試。叔金的經歷——還有如何複製其研究的說明——都寫進了《PiHKAL：化學的愛情故事》（*PiHKAL: A Chemical Love Story*）與《TiHKAL：延續》（*TiHKAL: The Continuation*）這兩本書裡。

一路走來，叔金跟尼可斯都支持讓正當的研究以負責任的態度來使用致幻劑。多年來因爲有娛樂用藥產業跟美國聯邦緝毒局從中作梗，所以這些研究一直綁手綁腳。惟近期的發展似乎出現了些轉圜，科學家爸媽們所養育出的這些叛逆小孩，終於好像也開始可以期待改邪歸正後有一個光明的未來。

狡詐家藥物在治療用途上的展望

MDMA，也就是「3,4-亞甲二氧甲基苯丙胺」的縮寫（甲基苯丙胺＝甲基安非他命），江湖上人稱快樂丸、搖頭丸、「小茉莉」（Molly；取其字首爲M），乃至於其他每個禮拜都要換一批的別名。這樣的MDMA，有著在道上藥品間最令人想長嘆口氣的悲慘遭遇。一九一二年，MDMA第一次由默克公司（Merck）合成出來，是因爲他們內部的科學家想開發出一種化學上的中介物來扮演抗凝血劑。MDMA的人體實驗首見於何時，已經難以考據。總之到了一九七〇年，美國緝毒已查緝到MDMA藥丸的身影。

第一位正式測試MDMA並作成科學報告者，正是亞歷山大．叔金。一九七六年，他先是自個兒製備了一堆MDMA，然後勇敢「試吃」了下去。最後他成了親身見證快樂丸效果的第一人，也在無意間讓這藥紅了起來。但其實他破天荒的吸毒報告，用字遣詞算是非常克制到甚至有點無趣的境地：

> 我覺得我可以腦袋很清醒地把內心深處的話題拿出來談，有點像馬丁尼續完第二杯的感覺。我覺得自己變得口若懸河，思路清晰而冰雪聰明，分析能力尤其明顯增進。

叔金博士與他的夫人在共同著作的《PiHKAL：化學的愛情故事》裡描述了一百七十九種藥品的第一手測試，上面這只是其中一種——PiHKAL展開就是**Phenethylamines i Have Known And Loved**，意思是**我結識並愛過的各種苯乙胺**。在書裡登場的諸多藥品裡，MDMA並未顯得鶴立雞群。但也不知道什麼原因，MDMA就是能平步青雲。但這個世道就是棒打出頭鳥，MDMA的流行惹怒了大有爲的美國政府，官員們大手一揮，MDMA就在一九八五年成了永世不得翻身的禁藥，當時的時代背景正是反毒立法的高峰，「說不就是了」（Just Say No）的口號喊得震天價響。如果說MDMA被禁只是讓派對上少了一種供人消遣藥品，我們其實沒必要在這裡哭天搶地，問題是愈來愈多的證據顯示MDMA的能力其實可以做好多好多事情。

進入二十一世紀，牽涉到MDMA的臨床實驗開始紛紛出籠。截至二〇〇二年，新的千禧年就快速累積了將近三百名服用MDMA的受試者分散在各領域以MDMA藥效爲題的研究裡。這些研究的所在地也各異其趣，但不論是在美國的舊金山，還是遠從在瑞士的實驗室，傳來的結論都是非常一致：MDMA在臨床上是安全到不行的藥品。但是大規模對MDMA進行測試的阻力還是排山倒海而來。二〇〇一年，美國食品藥物管理局對南卡羅來納醫學大學（Medical University of South Carolina）的邁可．米特赫佛博士（Dr. Michael Mithoefer）開了綠燈，准許他開學術界之先河，測試MDMA治療創傷後壓力症候群（PTSD）的效果。但在實驗能夠成行之前，米特赫佛博士還有第二關要闖，那就是他得在學校內部拿到機構級審核委員會（IRB）的核可，方可進行符合學術倫理的人體實驗。而事實證明大魔王是後者：

很顯然的……即便是校內的審查委員們，也面臨到許多政治上的阻礙。想到要讓這樣的實驗進到校園裡，委員們還是會擔心太有爭議性。

於是米特赫佛博士跟團隊只好重新來過。這次花了三個月，他們終於讓食品藥物管理局點頭讓他可以在跟太太共有的私人辦公室裡進行研究。接著兩位米特赫佛博士又從某獨立的機構級審核委員會中手中拿到了人體實驗許可。

主管機關跟倫理審核都破關，就代表他們可以去跟美國緝毒局談了。沒想到就在感覺萬事俱備的時候，東風又抽腿了。原來是剛剛那間獨立的審核委員會又撤銷了他們發出的人體實驗許可。

一開始對方並沒有交代撤銷許可的理由，但後來搞了半天，委員會「悔婚」是因為喬治・瑞考特（George Ricuarte）的一篇文章。

《MDMA常見的娛樂性服用習性在靈長類體內造成的重度多巴胺神經毒性》（*Severe Dopaminergic Neurotoxicity in Primates after a Common Recreational Dose Regimen of MDMA*）這篇標題有趣到不行的文章在二〇〇二年由瑞考特博士發表。文章的內容指出以蜘蛛猴進行的實驗顯示快樂丸可能嚴重損害大腦的多巴胺受體，進而可能引起早發性的帕金森氏症，而且不知道多少倒楣的派對咖已經中標。二〇〇三年的《減低快樂丸對美國人之危害》法案能順利過關，瑞考特博士的文章算是發揮了臨門一腳的效果。這個縮寫爲RAVE的法案是一把尚方寶劍，執法單位因此可以拿店裡的禁藥處罰老闆。有些人會覺得光是讓一部法律跟銳舞派對撞名，這樣的國會議員就應該被褫奪立法或爲法律取名字的權利。本書的作者本人我有點同意，但我們只是小咖，所以隨便啦。

喬治・瑞考特的文章在二〇〇三年被正式撤回，主要是神經毒造成的損害被證明應歸咎於甲基安非他命，而不是MDMA。這個眞相讓邁可・米特赫佛感到有點挫折，因爲他早在一年多前就對瑞考特的研究有點扭曲事實而提出過疑慮，但這些意見就像肩膀上的頭皮屑一樣被順手拍掉，畢竟在《科學》（*Science*）雜誌以啟事抽回這篇文章之前，瑞考特博士都是有大量補助進駐的紅牌毒品濫用學者。這次風波之後，米特赫佛博士第三度取得了人體實驗的許可，但再一次向緝毒局叩關又花了足足兩年半，眞不愧是間公家機關。對於這樣的經驗，米特赫佛博士在我主持的訪問中回憶說：

有兩次拖延是因為他們把我的申請書給「搞丟了」（最好是），你知道，公文在官僚體系中裡旅行會發生的那種事情。然後他們還**找個外頭的委員會提供審查意見**。我們的溝通倒一直都算開誠布公……沒有你嗆我我嗆你的情形，但空氣中確實有一股不想動的氛圍，就好像他們希望慢慢拖，拖到我們受不了會自動滾蛋似的。

但米特赫佛博士夫妻是兩顆不識趣的鐵蛋。這對夫妻檔不但沒有走開，而且他們的首波研究還在二〇一〇年出版。他們這初期的研究將二十名創傷後壓力症候群的患者分成兩組，實驗組十二人會使用真正的MDMA，對照組八人則會拿到安慰劑。兩組人都在實驗的前、中、後進行心理治療的分析。話說這二十人都在之前接受過其他的藥物與心理輔導治療，但均無明顯或甚至毫無成效。初期研究的結果可以說是「大放異彩」。在MDMA的幫助下，實驗組有百分之八十三的人病情大幅好轉，狂勝吃安慰劑的對照組才百分之二十五。接續的研究顯示絕大多數的病人在追蹤超過三年之後，仍持續從MDMA治療中獲得幫助。

MDMA的第一期臨床測試可以說成功到一個境界，於是乎米特赫佛博士順利拿到資金跟許可來推動第二期研究。相對於第一期研究中的創傷後壓力症候群患者多爲犯罪或暴力性侵的受害人，第二期的病人主力是伊拉克與阿富汗戰爭的退伍軍人。同時相對於第一期的受試者召募有一定難度，第二期的問題剛剛好相反。如果第一期叫做門可羅雀，那第二期就是門庭若市。問題是太多人是多少人呢？

我們接到全美各地超過六百名退伍軍人的來電，每一個都說有興趣，但我們這都還沒有廣告呢（顯然也不用了）。電話跟來信多到……快把我們給淹沒了。但我們不可能全部收，所以只能忍痛讓大部分人向隅。

而在成功擠進這窄門的幸運兒裡面，其中兩位分別是東尼．梅西（Tony Macie）跟尼可拉斯．布萊克斯頓（Nicholas Blackston）。他們倆都參與了伊拉克戰爭，也都從戰鬥中帶回了讓生活餘波盪漾的**無形紀念品**——影響到日常作息的創傷後壓力症候群。我跟布萊克斯頓先生有過一段交談，而他很明確地指出了讓他受苦的單一最大事件。他的描述是：

他們（敵軍）朝我的悍馬車射了一發火箭彈，而落彈處就在我的正前方。駕駛兵……很不幸被金屬片劃中股動脈。身為機槍手……我的彈箱被砲火擊中而爆炸，所以我是被自個兒的彈藥流彈擊中……我們前一秒鐘還有說有笑，沒想到眼睛一眨我已經不省人事。

同車的駕駛兵跟尼可拉斯有不淺的交情，所以他的死不只讓尼可拉斯失去了一名同袍，更讓他失去了一位摯友。尼可拉斯跟東尼都在派駐伊拉克的期間目睹了能壓垮靈魂的慘事，而兩人回到美國的行李中也都包括嚴重到讓他們完全無法正常生活的創傷後壓力症候群。所幸ＭＤＭＡ配合上由兩位米特赫佛博士提供的輔導課程，成功讓這兩名勞苦功高的退伍軍人恢復了精神。在這之前，兩人也不是沒嘗試過傳統的醫療與心理輔導，但結果都是徒勞。東尼形容ＭＤＭＡ一針打下去就「非常有感」，而且他還能回想起他意會到藥物開始起作用的瞬間：

〔米特赫佛博士〕先問了句：「你感覺如何？」然後（他）不斷地跟我確認我的焦慮水準。他讓我從一到五分來選擇。

「零分？」我這時還有點遲疑。

「不是，你要在一到五分之間來選。」

這次我對博士硬了起來。「沒辦法，真的就是零分。」

按照尼可拉斯·布萊克斯頓的現身說法，ＭＤＭＡ強在讓他第一次可以跟治療師暢談在戰地的經歷。

你會感覺自己在治療師面前好自在，好想講話，你會覺得自己放得開到一個難以想像的境界。創傷後壓力症候群……會讓你覺得自己沒辦法跟人有任何交集，而那等於所有的治療都堵死了。但一旦你讓這樣的壓力宣洩出來……治療的選項就變得海闊天空。明明才四個小時，你卻感覺好像一口氣補齊了四年份的療程。

若是體驗過ＭＤＭＡ，你就會明白它的療效爲什麼會好成這樣。快樂丸會讓你的大腦變成催產素（oxytocin）的一片汪洋，而催產素顧名思義，就是大腦會在人生小孩時瞬間大量分泌的東西。高劑量的快樂丸可以用幻覺讓人失去行爲能力，但治療用的劑量會讓你覺得幾乎跟正常清醒時沒有兩樣。ＭＤＭＡ是一分大鬧你的腦袋，但九分都在讓你停止感覺焦慮。焦慮不見了，代表你的被害妄想或疑神疑鬼也不見了，取而代之的會是信任與同理心。晚近的造影研究也顯示ＭＤＭＡ可以讓腦部稱爲杏仁核（amygdala）的恐懼中心冷靜下來。這樣的ＭＤＭＡ是可以緩解創傷後壓力症候群的好東西。

在歷經ＭＤＭＡ的治療之前，布萊克斯頓覺得跟自己的情緒面脫節。如今「我覺得我找回了自己的情緒，」他說。他形容以前治療創傷後壓力症候群，就像「關著燈摸黑打掃房間，然後一撞到頭就狂飆挫折感」。他後補了一句：「ＭＤＭＡ把我頭殼裡的燈給打亮了。」

東尼．梅西則對我解釋說：

> 對我來說，ＭＤＭＡ溶解了我的自我，他讓我覺得：「去你媽的不會吧，我體驗到的這些東西既沒有好，也沒有什麼不好，反正事實橫豎就是如此。」我也就接受了……我的**我執**

整個消散掉了……我的**意識流**不見了，我了解到事情發生就發生了，事實就是事實，不多不少。我不否認自己的經歷，我只是接受了自己發生過這樣的事情。

就他觀察，米特赫佛博士說ＭＤＭＡ：

似乎會讓人意識到自身潛意識的存在，並且會變得有能力跟意願去把這些潛意識表達出來。ＭＤＭＡ會讓你深入問題，掌握全局，讓你正視事情，因此潛藏著極大的療癒力。ＭＤＭＡ可以打通心理輔導的任督二脈。有這東西跟沒這東西，輔導的效果完全不可同日而語。這當然不是說沒有ＭＤＭＡ，療傷止痛就辦不到。但是確實對很多人來說，ＭＤＭＡ是啟動治療過程的重要藥引。

他補充說快樂丸不是「仙丹」。他的研究對象並沒有因爲吞兩顆快樂丸，一個人關起門來嗨到在地上打幾個滾，心病就好了。再說這個過程也不是說多嗨。「我們就有三個受試者說：『我不懂這東西爲什麼叫快樂丸。』這個療程並不會因爲加入了ＭＤＭＡ就變得像在公園散步一樣愜意。這段過程依舊非常痛苦而艱辛。」

痛苦而艱辛，但療效也好到出奇，由此米特赫佛博士的研究推開了門，帶我們通往……

迷幻藥醫學的光明未來

如果說米特赫佛（目前進入第三階段）的研究繼續開花結果，那博士本人預期MDMA最快可以在二〇一七年取得食品藥物管理局的藥證。這意味著將來有一天，醫療人員將可以讓MDMA為自己所用，使其成為醫護濟世救人的一項利器。很多腦袋瓜很好的人正在努力為了這個未來而奮鬥。簡稱MAPS的多領域迷幻藥研究協會（Multidisciplinary Association for Psychedelic Studies）以資金挹注了米特赫佛的劃時代研究。他們鍥而不捨地努力著，是希望有一天我們這些成熟的大人不會因為幾個十九歲的小屁孩喜歡亂吞藥之後把螢光棒當成甘蔗啃，就不分青紅皂白地把可以救人的良藥給打入十八層地獄。

雖然創造出MTA讓他惹了一身腥，但大衛·尼可斯博士仍持續奉獻著心力，希望增進人類對於迷幻藥的了解。他是海夫特研究所（Heffter Research Institute）的董事會成員，而該機構的宗旨是促進「高品質的研究」，而他們研究的對象是多數美國人要看過電影《賭城風情畫》（*Fear and Loathing in Las Vegas*），才會隨劇情開展認識到的藥物。事實上米特赫佛博士研究裡用上的MDMA，就是尼可斯幾十年前合法合成出來的——幾十年前MDMA還不是禁藥，記得嗎？

但即便是如今，他也身懷全球僅有的幾張「免死金牌」而可以合法製備LSD、DMT、

MDMA，乃至於裸蓋菇素等足以致幻的化學物質。但這張「證照」實屬來之不易。可以想見要拿到製造一級管制藥品的「通行證」，你一定會一直被找麻煩。首先你必須向美國緝毒局繳交一份研究計畫，但緝毒局的幹員可不是吃素的，他們的本體都是警察，什麼科學啊，研究啊，對他們來說根本就是天書，因爲他們只看得懂起訴書。於是乎緝毒局會把你的研究計畫像燙手山芋丟給食品藥物管理局裡的一個諮詢委員會，但尼可斯博士說這根本是件「百分百的冗事」——其必要性不是低，而是零。他說：「硬多這一道程序，只是爲了拉長公文旅行。」

鏡頭拉到食品藥物管理局，上述的諮詢委員會判定收到的研究是否爲「名正言順的科學」。這完全是歧視性的差別待遇，因爲有些沒被禁的藥品也一樣能「蠱惑人心」，但那些藥就不用被這樣審來審去。

很少人去惹這個麻煩，因為很少人不怕麻煩。

凡是研究對象是禁藥的科學宅（家），都會被緝毒局用有色眼光看待。尼可斯博士發表過的論文，大部分人一輩子都唸不完，但緝毒局還是把他當成嫌犯，終日與壞人爲伍的他們總覺得尼可斯博士大半輩子以來的科學人生，其實是一個跨越三大洋五大洲，鋪天蓋地無所不用其極的騙局，目的就是要隱藏他科學家面具背後的迷幻藥頭身分。

我在想他們是不是不太喜歡我。

爲了研究，尼可斯博士得日復一日餵老鼠吃ＬＳＤ，這是爲了讓牠們取得「吃迷幻藥的專業訓練」。但他給老鼠們下藥並不是因爲覺得這樣好玩，他這麼做是爲了解開精神病在腦部發動的機轉之謎。二〇〇五年，這份研究在《精神科藥學期刊》（*Journal of Psychopharmacology*）上發表。請注意如果你覺得本書到目前爲止出現過的論文名稱都非常惱人，那是因爲你少見多怪，更精確地說是因爲你還沒有見著尼可斯博士的這篇大魔王：《ＬＳＤ之行爲藥物學中的獨特時相：老鼠所受由多巴胺Ｄ２受體媒介的影響暨該影響對精神病的啟發》（*Distinct Temporal Phases in the Behavioral Pharmacology of LSD: Dopamine D2 Receptor-mediated Effects in the Rat and Implications for Psychosis*）。還ＯＫ嗎？總之這份研究用證據證明了腦部的多巴胺受體與精神病的發作脫不了干係。

這兒有一個亮點，你注意到了嗎？尼可斯博士的研究是**給老鼠**下藥，不是**給人下藥**，這兩者間隔了一個太平洋好嗎？會用迷幻藥不爲別的，只因爲它在老鼠腦部刺激出來的，正好是尼可斯團隊想觀察的傳導路徑。

但對於緝毒局來說，這些他們都聽不進去。反正他們就是認定這研究跟ＬＳＤ迷幻藥「過從甚密」，而尼可斯博士就是該死被懷疑，而且是跳到黃河也洗不清。尼可斯博士還記得來檢查他實驗室的幹員們非常搞不清楚狀況，他們根本不清楚法律的線畫在哪裡，尼可斯博士的權限又到哪裡。

他們問說：「你哪來這麼多LSD？」

我說：「我們自己做的。」

「你們可以自己做LSD喔？」

我說：「是的，我們可以，不信你去翻翻六法全書，我的研究許可是容許我這麼做的。」

「華府的長官知道你們在這麼幹嗎？」

顯然地，長官們知道很多幹員們不知道的事情，因爲緝毒局跟食品藥物管理局在華府的本部沒先點頭的話，尼可斯博士的研究是怎麼開始的？但不論尼可斯博士之前爲了拿到研究許可是歷經了何等的千辛萬苦，在來臨檢的幹員心裡都是個屁。他們不嫌煩地把他實驗室執照下「罩」的那十五種管制物質通通問過一遍，每一樣東西的用途他們都要知道。

「我不得不把實驗室的權利義務搬出來重新解釋過一遍。」

但尼可斯博士發現他等於在跟一群門外漢解釋太空科學。基本上，包括他在內的學者想要對ＬＳＤ、ＭＤＭＡ等迷幻藥有更深一層的了解，都必須跑過兩個流程：一、對一票文科大官解釋自己的研究重要在哪兒，讓他們願意蓋章；二、等著更多的文科幹員上門問一些幼稚園程度的化學問題，然後把之前跟華府長官們解釋過的事情再解釋一遍。

我們打擊毒品算是一敗塗地（不信你可以去現地考察一下電音舞曲的聽衆群），但我們打擊藥物研究卻是一刀斃命。ＬＳＤ在一九六五年被禁，但胡士托（Woodstock）音樂節照舊變成年輕人渾身泥巴的吸毒大會，禁令的唯一效果就是讓ＬＳＤ的研究實質停擺，更令人扼腕的是連已經做出來的研究都受到打壓而難見天日。

二〇一二年，登上《精神科藥學期刊》的一篇研究終於「集評」了挪威在一九六六年到一九七〇年間共六份研究，合計五百名受試者做出來的結果。這些研究是嘗試以ＬＳＤ來治療酗酒的人，結果顯示只要一劑迷幻藥，病人的酒精攝取量就會降低長達六個月之久。在服用了ＬＳＤ的實驗組裡頭，百分之五十九的人改善了酗酒的問題，控制組的表現則只有百分之三十八。

但即便拉酒精成癮者一把的表現如此亮麗，ＬＳＤ研究依舊沒能避開其無疾而終的命運。法所不容，讓ＬＳＤ研究一停擺就是幾十年。不過近幾年，ＬＳＤ研究開始重拾了生機。包括在二〇一五年，倫敦帝國理工學院（Imperial College London）的科學家另起爐灶，號召了僅僅二十名志工來啟動了另外一項研究。二〇一一年，柏林的科學家也發表過研究，他們認爲某種ＬＳＤ類似物可以作爲叢擊性頭痛的有效療法。在瑞士，一項前導性質的研究顯示

LSD有助於絕症末期病人坦然接受死亡。

不論你管它叫作研究用的化學物質、狡詐家藥物，還是其他你覺得更名符其實的名字，都改變不了有人會在趴踢上吞它的現實。正所謂野火燒不盡，有百分之九十九點九九九的機率，各式各樣有槍有徽章的警務人員會臨檢毒趴到天荒地老、海枯石爛，但毒品的國祚也不會中斷。所幸在幾位科學界勇者的衝鋒陷陣下，我們將有機會活著看到人類不再消極地判這些藥品無期徒刑，而是積極地運用這些「有教化可能」的藥品來造福人群。受訪的時候，米特赫佛博士給我唸了段LSD研究先驅史坦尼斯拉夫·葛羅富博士（Dr. Stanislav Grof）說過的話，他覺得這話拿來爲迷幻藥的醫療應用前景下個註解，堪稱一針見血：

> 只要使用得宜，不要大意，我們可以不過分地說，迷幻藥之於精神（科）醫學，會像是顯微鏡對於生物學跟醫學的一種存在，抑或像是望遠鏡對於天文學的一種存在。

那些年我們一起禁的藥品，好像終於要成爲精神科醫師手中的望遠鏡了。

Chapter 15

蠑螈白蘭地的奇幻之旅

斯洛維尼亞（Slovenia）是個與義大利、奧地利、匈牙利與克羅埃西亞接壤的歐洲小國。這個小國家誕生於一九一八年，也就是一戰的尾巴，然後重生在一九九一年，那一年南斯拉夫分崩離析。斯洛維尼亞的人口剛破兩百萬，連洛杉磯的四分之一都不到。論實力，斯洛維尼亞不是國際政治舞台上的強權，論面積，斯洛維尼亞只要一兩個小時就可以（開車）從東到西。但如果謠言不是謠言，那她其實有一項特產獨步全世界：

蠑螈白蘭地（Salamander brandy）。

有強力致幻劑之稱的蠑螈白蘭地是把毒蠑螈泡到白蘭地裡淹死，然後就——登登——完成了。話說蠑螈這種兩棲類在死於非命的同時，會從皮膚分泌出毒液來跟酒精混合，進而賦予白蘭地一種頗為驚世駭俗的精神藥物的效果。據傳拿蠑螈白蘭地喝到嗨，你就會開始覺得無生物好性感。

為了替本章的書寫做功課，我在網路論壇上逛到好幾篇貼文的作者意欲神遊太虛，進而在網路上徵求這種珍稀的妙藥。但賣家卻是一個都沒見著。有幾篇文章的「樓主」分享了蠑螈白蘭地喝下肚的體驗，甚至有人發表了一章真假難辨的酒瓶照片，但橫看豎看，都看不出這種藥曾外流出斯洛維尼亞。

蠑螈白蘭地據信是以斯洛維尼亞的「內地」作為主要產地，什科菲亞洛卡（Skofja Loka）

等城鎮山丘上的老農與小酒廠是製作的主力。近二十年來，這些（未經證實的）產地被斯洛維尼亞的麻藥文化戴上了神話般的光環。主要是一九九五年，某位布拉茲．歐格羅契（Blaz Ogorevc）先生寫了篇經驗分享登在左翼雜誌《青年》（*Mladina*）週刊上。自此蠑螈白蘭地就成了一種另類的「斯洛維尼亞之光」。

《青年》週刊的賣點在於新聞，也在嗆辣。他們在南斯拉夫時期爆料過官員貪腐，而爆料的文章旁邊就是爲了讓年輕人會想瞄兩眼而畫成漫畫的時事。作爲《青年》週刊掛刊頭的稿源，布拉茲．歐格羅契受敬重的原因有兩方面：他一方面是很會挖眞相的新聞界前輩，另一方面在六〇年代有過豐富的嗑藥經驗。換句話說，蠑螈白蘭地從起源就顯得非常矛盾，讓這東西出名的既是一本既嚴肅又輕鬆的刊物，也是一個大家又信賴，又知道他很愛嗑完藥到處逗人笑的大男孩。

我白天在Cracked上班，這是個目標讀者群跟《青年》週刊重疊的網站（當然我們是講英文的，所以不會互搶地盤），我們也一樣想用調性比較軟，觸感不那麼冰的喜劇來「偷渡」嚴肅的眞相與重要的觀念。所以說二〇〇九年八月十八日，在Cracked網站以一篇〈六種能讓你嗨翻的動物〉（*6 Animals That Can Get You High*）來把蠑螈白蘭地介紹到世人眼前，眞的可以說**剛好而已**。

自從讀了這篇文章之後，我就一直納悶著蠑螈白蘭地究竟是不是鄉野傳奇，畢竟從以不人道的方式對待兩棲類，到喝了這酒會讓你愛上不會呼吸的東西，樣樣都讓人起疑。在開始寫這本書的時候，我就知道我一定要把這蠑螈白蘭地給寫進去，而且還要追根究柢，否則我對自己的好奇心會交代不過去。我對於蠑螈白蘭地的研究，要從一個很簡單的問題說起：

「把有毒動物的屍體拿來喝，嗨不嗨得起來？」

把動物屍體做成麻藥的簡史

現代人的雙手沾滿了動物的鮮血。爲了取動物的性命，我們可以搬出一拖拉庫的理由。有時候我們是爲了吃牛／羊／雞／豬／鮪魚／鱷魚／鴕鳥（其他）排，有時候是需要手套或外套來禦寒。但不論動物屍體在西方國家的用途有多怪，那都不會讓人變嗨。這並不是個道不道德的問題。假設青蛙血可以嗨，做起來又不麻煩，那在美國的中西部青蛙農場會一間間地開，要不就是新墨西哥州的拖車公園裡會藏著一間間的地下青蛙養殖場，一點都不需要大驚小怪。

勤勞一點跑一趟西貢，或者是越南任何一個觀光業發達的地區，你都不難看到一瓶瓶眼鏡蛇酒。瓶子裡常見的內容物還會有蜥蜴、昆蟲、青蛙、烏龜，或任何小販在「組裝產品」時經過的動物。當地的攤販會在叫賣聲中宣稱這東西可以壯陽，希望出門在外的觀光客可以買帳。但除非你是個戀（蛇）屍狂，那我沒話講，否則拜託你千萬別上當。

事實上，觀光客買到的根本就只是泡在烈酒裡的動物死屍而已。甚至商人要是更沒良心點，你喝到的會是擦拭酒精。所以不要說喝了，在地民衆都知道要離這東西遠點。但話說回來，東南亞乃至於中國的古代醫學都有數千年視蛇酒爲良藥的傳統。不論是風濕、氣血循環差，甚至是癌症，他們都會寄望於可以**治百病**的蛇酒。

我只能說蛇酒之所以具有獨特的魅力，是因爲喝這東西等於是在向殺人不眨眼的毒蛇比中指。酒精會分解掉蛇毒中的蛋白質，使其變得在殺人能力上一文不値。因爲這個原因，蛇酒都是愈毒的蛇泡起來感覺愈好。我們不難想像在遙遠古代的中國，農民們之所以會拿讓令他們聞風喪膽的眼鏡蛇去泡米酒，多少有點想扳回一城的恨意。

換個場景到沖繩，沖繩人會泡一種叫作「波布酒」（はぶしゅ）的蛇酒，波布就是那條蛇的名字。在你把同理心浪費在波布蛇的身上之前，請讓我告訴你波布蛇是爬蟲王國裡最跟人過不去，也最該死的一種蛇。毒性超強就不說了，身長動輒可以長到超過五英尺（約一點五公尺）也不說了，最令人不能諒解的是牠們會主動去獵殺人類（牠們會埋伏在樹上向下撲，要死了）。波布酒據說喝了可以精力大增、性慾高漲，而此說的根據是波布蛇可以連續交配一整天。沖繩我去過，也在那兒喝過波布酒。我自個兒是不覺得有精力過剩，更沒有因此金槍不倒。不過搞不好這是我體質的關係，你還是可以試試看有沒有個體差異。

不知爲何，美國從來沒有流行過蛇泡酒。在美國，唯一已知可以把嗨跟動物連起來的事情，應該就是「舔蟾蜍」了，不過這個詞裡的「舔」字是誤導就是了。你把科學年鑑中已知的蟾蜍通通找來，一隻一隻舔，舔到太陽下山你也不會嗨。不過要是識貨的話，你倒是可以去弄一隻**科羅拉多河蟾**（Bufo alvarius），也就是「布佛蟾」，把牠體內的毒液收集起來，弄乾，那抽起來之嗨可眞不是蓋的。

不過就是提醒你一句：上頭這整個過程在「米國」，乃至於在世界上大部分的國家裡頭，都是犯法的。科羅拉多河蟾的毒液含有一種稱爲「5-甲氧基二甲基色胺」（5-MeO-DMT）的化學物質堪稱地表最強致幻劑（之一）。如果你覺得怎麼又是二甲基色胺（DMT）？那很正常，因爲它本來就存在於世界上多種植物當中，並且經常被中南美洲的薩滿跟各地的假薩滿拿去跟之前登場過的卡皮藤混藥。

我們來複習一下前一章的內容。卡皮藤內含一種單胺氧化酶抑制劑。直接拿含有DMT的蟾毒來服用，包括把無辜的蟾蜍拿起來舔，你舔到全身汗也不會有任何感覺——至少不會有你想要的感／幻覺。話說布佛蟾毒液中的其他成分都非常強，完全可以靠口服就讓你人生再次或最後一次住院。

科羅拉多河蟾不是唯一一種自備DMT的動物，長頸鹿的肝臟跟骨髓也都含有這種藥物。在蘇丹，屬於兩支美西里雅人（Messiria）中一支的紅族（Humr）人懂得把長頸鹿的這些部分加工成一種強力的致幻劑叫「烏姆・紐洛可」（Umm Nyolokh）。據說這種特殊的DMT製劑可讓人清晰地**幻視**或**幻聽**到長頸鹿。這種嗨法感覺會讓人罪惡感纏身，而且過程中也會嚇出一身冷汗，但這聽起來跟蠑螈白蘭地的一些二手回報不只七八分像。不信你看看歐格羅契是怎麼回憶的：

（但）好死不死，正好有幾隻蠑螈散步經過。牠們用神祕的蠑螈語說：「好傢伙，什麼風把你給吹來這兒的……」

幻視（聽）到用命換得你能嗨一下的動物，感覺起來還蠻合理的。這是一種「日有所思，夜有所夢」的概念——平常就已經彈跳在你腦波上的思緒，人嗨起來之後會噴出更大的震幅。不過歐格羅契還敘述到了另外一種狀況，一種對我來說是前所未聞的症狀：

所有的東西都出落地無比新奇與怪異，然後我好想找個什麼東西**上**一下喔，我不挑，什麼都好。在這超脫凡塵的瞬間……我選擇了樺樹……樺樹的樹幹，我愈看愈性感。

我之前說過，蠑螈白蘭地之所以會在迷幻藥界打響名號，憑的就是人喝了會對**無生物**產生性慾。這一點很特別，這是DMT或地表上任何一種麻藥都做不到的事情。可惜啊，現代科學界對解開蠑螈毒液**混淆人視聽**之謎的努力少得嚇人，大部分人都好像在發楞，就只有一個名叫伊凡．瓦倫希奇（Ivan Valencic）的迷幻藥學者分析了現存少少的資料，然後把矛頭指向了一種天然存在於歐洲火蠑螈黏液中的化學物質——蠑螈鹼（samandarin）。

蠑螈鹼經由皮膚或黏膜被人體吸收後，會造成血壓升高與痙攣，再者就是會有痲痺感。含蠑螈鹼的黏液其實只有火蠑螈有，斯洛維尼亞當然有其他種類的蠑螈，至於是火蠑螈還是其他蠑螈能做出比較帶勁的蠑螈白蘭地，至今仍是個謎。意思就是蠑螈白蘭地能致幻還有第二個嫌疑犯，那就是火蠑螈以外每種蠑螈都喜歡的一種致命毒素——河豚毒素（tetrodotoxin）。沒錯，就是日本人拚著肌肉癱瘓，也要吃的河豚午餐。令人玩味的是關於蠑螈白蘭地，當地也流傳說這東西喝完會讓人難以動彈。

不論犯人到底是誰，蠑螈白蘭地具有某種精神活性都是可以想像的，科學並無法排除這種可能性……只不過科學也無法完全證實這點就是了。在欠缺清晰科學答案的狀況下，我不得不選擇相信痲藥人類學家前輩們所提供的鄉野傳奇。

解開蠑螈白蘭地之謎

不是沒有其他人想給布拉茲·歐格羅契的蠑螈白蘭地體驗一個合理的解釋，其中的第一棒看來就是一九九八年的伊凡·瓦倫希奇。他點名火蠑螈是蠑螈白蘭地的主要原料，並表示在地人常在這飲料中混入苦艾（wormwood）（就我所知，他是唯一一個這麼認爲的學者，而且他也沒有客觀的證據來支持這點）。伊凡宣稱每年從八月開始捕捉蠑螈是一種傳統，並且蠑螈白蘭地的釀造史已經有數個世紀之久。

這些說法令人振奮，當然前提要是伊凡所說爲眞。壞就壞在伊凡的文章非常倚重他自身的民族誌研究還有在斯洛維尼亞的訪查，而他僅有的事實根據就只有一九九五年那篇歐格羅契的文章。瓦倫希奇既無化學背景，也不是生物學者，但他對蠑螈白蘭地的用心程度要遠甚於歐格羅契。按照瓦倫希奇的說法，蠑螈白蘭地的酒精濃度平均爲百分之四十五，而五六隻身長二十公分的蠑螈可以做出驚人的三十公升白蘭地酒。

其實想想三十公升也不算太多啦，搞不好你想在林地裡開性派對來慶祝植樹節嘛。

這些細節說得煞有其事，但伊凡似乎對享用蠑螈白蘭地的劑量掌握不是太好，他說一次從五十毫升（大約一個龍舌蘭酒杯的量）到兩百毫升都行。話說不論是哪種麻藥或毒品，這麼廣的劑量範圍也未免太狂了。但想到蠑螈白蘭地是一種鄉野傳說，那這一點就又說得通了。會把動物淹死來爛醉一場的人，你覺得他會在乎什麼標準化這種東西嗎？

伊凡還說蠑螈白蘭地清清如水，但這種說法也跟你實際可以在網路上找到的照片大異其趣。二〇〇〇年由約翰・莫里斯（John Morris）貼到網路上的這張照片裡有隻火蠑螈就飄在淡藍色瓶身的烈酒裡面。約翰曾在《每日電訊報》（*Daily Telegraph*）負責撰寫一個專欄叫作《找尋聖杯之路》（*Grail Trail*）。他曾親赴斯洛維尼亞，而且顯然也在那兒找到了一瓶蠑螈白蘭地：

在什科菲亞洛卡（Skofja Loka），我必須壓低聲音一個接著一個問人，還得在「菸」霧瀰漫的小酒館裡待天知道多少個小時，最終才尋到寶。這白蘭地要在當地喝才對味，因為在當地你才能新鮮喝，喝完就直接跟一整片林裡的大樹談戀愛。大喇喇地開口要喝這種神奇的飲品，你會碰得一鼻子灰，但只要你錢出的夠多，當地的農民還是會在罵完你之後，「就那麼巧」發現自己剛好手邊還剩一點存貨。

莫里斯說一瓶蠑螈白蘭地的行情在二十五到三十塊美元之間，並且（蠑螈準備冬眠前的）秋天是買酒最好的季節。此外他還重提了一次歐格羅契講過蠑螈白蘭地會讓人一整個發情的說法：

這飲料用來催情的威力你不用懷疑，問題是你會變得有點來者不拒，包括自然界的所有東西，都會突然變得性感莫名——樹啊、植物啊、動物啊，**甚至連人**都會引發你的「性」趣。

不過話又說回來，莫里斯對藥效的描述很少是第一手，然後他還在文章裡感謝了歐格羅契的幫忙。所以說莫里斯對這種兩棲類口味致幻烈酒說了這麼多拉哩拉雜，至多只能算是拾人牙慧外加錦上添花，跟一槍斃命的證據形象完全不搭嘎。如果「這飲料是種迷幻藥，而且可以讓人對著樹幹說我可以」是歐格羅契導演的詐騙案，那莫里斯完全是一個非常稱職的共犯。

我發現不只一個動物權益網站覺得蠑螈白蘭地不是可以開玩笑的事情。「救救蠑螈」（Save the Salamanders）網站把蠑螈白蘭地列在「威脅」的選單之下，並且用上了一張莫里斯文章裡的照片。至於網站裡的資訊，貌似百分百都是讀完照抄莫里斯的文字，所謂的研究就到此爲止：

> 蠑螈被捕捉跟殺害的另外一個動機，就是要製作蠑螈白蘭地，意思是酒裡有一具貨真價實的蠑螈屍體。在各種不人道的蠑螈白蘭地生產手法中，其中一種是把兩條活生生的蠑螈丟進一大桶發酵中的水果，一個月之後再回來把這桶東西拿去蒸餾。

認爲蠑螈白蘭地是子虛烏有的這派有一位精神領袖，他一個人就包辦了否定派幾乎全部的論述。這位盧布爾雅那大學（University of Ljubljana）任教的米哈．柯佐羅格（Miha Kozorog）教授曾寫過兩篇相關的論文，一篇在二〇〇三年由他服務的學校出版，另一篇在二〇一四年隨《可以吃的身分：化身爲食物的文化傳承（暫譯）》（*Edible Identities: Food as Cultural Heritage*）一書出版。他在論文裡提到蠑螈白蘭地在他家鄉的麻藥文化裡頗負盛名，於是他便親赴鄉間去考察了一下。而他確實也在那而找到了一些被喚作蠑螈白蘭地的飲品。

他的發現證明了蠑螈白蘭地確實存在，而且在斯洛維尼亞是一種歷史悠久的傳統酒水，但這項傳統裡並未提及強大的致幻力。眞相是蠑螈白蘭地是一些不肖酒家的產品。這些酒廠愛拿一些有的沒有的添加物來「灌水」，這樣他們的釀酒產量就會自然增加。教授拿蠑螈白蘭地的事情問在地的酒廠，對方的回答不是「我們一向是老老實實做白蘭地的酒家」，就是「釀蠑螈白蘭地是件很丟臉的事情」。

柯佐羅格總結說：「沒人提到蠑螈白蘭地可以左右人的意識，而是所有人都在講製作白蘭地時偷工減料。大家都是喝完白蘭地身體出現異狀時會罵說這是**蠑螈白蘭地**，這包括身體部分癱瘓（不是因爲喝醉）與身體不舒服。」

換句話說，很有可能蠑螈的毒黏液被誤喝會產生某種癱瘓的現象，而這當然讓原本開心喝酒的你不爽。但從柯佐羅格的研究看來，歐格羅契實在不太可能喝了蠑螈白蘭地就像服用了奇淫合歡散一樣。

但如果布拉茲・歐格羅契與約翰・莫里斯說的是謊話，那也要有個說謊的動機吧？我能想到唯一的解釋是愛國心。在遼闊的歐路上，斯洛維尼亞是個經常被無視的小國家。本土產的致幻劑要是又有獨特的春藥效果，那在社會上的某些階層裡就是個尊嚴的問題了。柯佐羅格本身的觀察是在他的某些同儕中，蠑螈白蘭地被視爲是「國寶」。

蠑螈白蘭地之所以吸引人，是因爲這東西新鮮、神奇，更重要是因爲這東西是「屬於我們的」。

蠑螈白蘭地存不存在，一直是個受到嚴重質疑的不解問題。爲了徹底讓這件事情水落石出，我看我還是免不了得跑一趟斯洛維尼亞，就看人到了那兒能不能用作者威能來擺平這個

千里探源：蠑螈白蘭地的真相能否大白？

我在二〇一五年八月來到了斯洛維尼亞，首都盧布爾雅是我的第一站。我在那兒待了數日，數日都在被藝術家們「佔地為王」的城中之城裡晃，遇到看來對麻藥並不陌生的年輕人就問他們知不知道蠑螈白蘭地，結果是沒有人不知道，至於他們會知道的話則不是讀過布拉茲．歐格羅契的文章，就是聽朋友在派對上聊到過。但聽過歸聽過，（自稱）喝過的人只有一名男子，理髮廳裡的一名年輕設計師說在一次派對上，他遇到有少量的蠑螈白蘭地在傳著喝。他說那酒有讓他嗨，但細節他不願意多講。

這傢伙有可能在說謊，因為盧布雅爾就只有他一個人吹噓過有喝過蠑螈白蘭地。我遇到的人都是說有朋友在派對上喝過，或是有朋友從家族裡的怪叔叔手中接到過。這些線索，我都一一追查過，但最終都一無所獲。經過四天的徒勞之後，抱定「不入虎穴，焉得虎子」的心態，我決心深入斯洛維尼亞的偏鄉。

按照歐格羅契所說，蠑螈白蘭地生產的重鎮是以仕科菲亞洛卡為核心的大小村落（這對歐格羅契來說算是很方便，因為仕科菲亞洛卡也正好是他的老家）。仕科菲亞洛卡是我造訪過最詩情畫意的地方。那兒本身是個中世紀風情不減的小鎮不說，其周遭還圍繞著壯闊的丘陵以及蒼鬱綿延的森林。當地有許多酒館與餐廳供鄉民們日落而息後去休憩，那兒有土產的拉斯哥（Laško）牌啤酒供應，然後大傢伙照例會一邊暢飲一邊打屁。

在仕科菲亞洛卡，我大部分的時間都跟翻譯尼莎（Neza）在這些小酒吧裡大海撈針。我們接觸的年輕人都講不出個所以然，因爲他們對於蠑螈白蘭地了解的程度，看來也都是只讀過歐格羅契文章的等級而已。頂多有些人有聽人聊到過。但從老一輩的人口中，我們問到的東西就多了。首先，老人家們釐清了一點，那就是這東西不是什麼蠑螈白蘭地，它就是拿史納普斯烈酒（schnapps）[1]去做的蠑螈酒。對於斯洛維尼亞山區的居民而言，白蘭地顯然不是很庶民的酒種，反之史納普斯就在斯洛維尼亞的內地享有悠久的傳統。尋常百姓在斯洛維尼亞的鄉下私製史納普斯，就像以前在美國的阿帕拉契山區會有人背著禁酒令，趁夜偷做號稱「白閃電」（White Lightning）或「月光」（Moonshine）的私酒一樣。

一位叫做易斯托克（Ystok）的先生說他曾經在鄰近的波楊斯卡谷地（Poljanska Valley）開過餐廳。他宣稱這個被所有外地人稱爲「是非之地」的小鎮正是蠑螈史納普斯的生產中心。據他所說，這裡之所以會惡名昭彰，是因爲這裡聚集了那種你一看就覺得他會想把蠑螈淹死來省錢嗨一下的鄉巴佬。易斯托克還說現在我們想找到蠑螈史納普斯，談何容易，主要是做史納普斯必備的大型蒸餾器因重稅和嚴格管制，其實已經等於是被禁掉了。

易斯托克說他聽說的做法：會把一隻活生生的蠑螈關到一個被稱爲「帽子」的小盒子

裡，然後連蠑螈帶盒子一起被放在蒸餾器的上頭。這隻時運不濟的兩棲類會慢慢被蒸死，然後牠的毒液會緩緩地滴進史納普斯酒裡。一隻蠑螈就含有足夠的毒液可以製作出四到五公升的史納普斯。他形容這樣做出來的酒「毒得很」。他煞有介事（但也確實可能確有其事）地說出了谷裡一個醉漢的故事。他說這位老兄可以一個人輕鬆乾掉一瓶普通的史納普斯，但蠑螈版史納普斯只要兩杯，他整個人就「茫了！」易斯托克下了註腳，「有人說這東西是美酒，但它喝起來真的不是那回事。」

尼莎陪我跟易斯托克談了大概有二十分鐘吧，他幾個還在酒館裡待著的朋友才意會到我們在聊什麼。一發現我們對這有興趣，他們馬上就跑來對蠑螈史納普斯發表意見。其中一位說正常的史納普斯會被拿來（當胃藥喝）幫助消化，要不就是會被當成餐前酒，但蠑螈史納普斯則主要被用來讓自己「茫到一蹋糊塗」。

不論是在盧布爾雅那或在仕科非亞洛卡，有好幾位首先被我問到蠑螈史納普斯的人都堅稱那只是一種酒精飲料而已，這說法與米哈·柯佐羅格所給出的結論一致：把蠑螈加進酒裡，是不肖私酒商人想要讓產品更帶勁的做法，但蠑螈並不是什麼致幻劑。但在波楊斯卡，

1 譯註：泛指如琴酒（杜松子酒）等蒸餾酒或帶果香或香草味的甜味利口酒，字元是德文裡的動詞schnappen，取其用（烈酒）酒杯一飲而盡之意。

易斯托克跟他的死黨卻信誓旦旦地說蠑螈史納普斯是一種麻藥無誤，而且還是一種很強效的麻藥。我好幾次被警告說這東西「有毒」，喝之前一定要加水稀釋。

整體而言，老一輩的人會篤信蠑螈史納普斯存在，但在是不是能致幻的問題上分成兩派。年輕一輩則會只是單純知道有這麼個這東西，然後多少會把自己在布拉茲·歐格羅契文章裡讀到的東西給背出來，但除此之外，年輕人也就掰不出什麼有新意的東西了。

揮別易斯托克之後，我在仕科菲亞洛卡另一間小酒吧遇到了幾位深夜在一起喝酒的中年朋友。其中一位宣稱喝過蠑螈史納普斯。他發表起感想說：「喝了你會頭暈。」這個感想與伊凡·瓦倫希奇認為蠑螈史納普斯含有某種麻痺成分，讓人腳下不穩的的假說一致。

我坐下跟這群大叔們喝了兩個小時（其中一位大叔不是別人，就是酒吧老闆，因此啤酒都喝免錢的）。喝著喝著，剛剛說自己喝過蠑螈史納普斯的先生承認自己其實不確定那是眞貨。但他有些親戚就住在附近，說得更精確是住在通往「是非之地」路上的山區農場上。他說那些親戚應該會知道更多眞相。於是隔天，我們就由尼莎擔任駕駛前往波楊斯卡谷地一帶，包括要順路去造訪大叔親戚的農場。在享用了我人生中最棒的一餐之後（言語無法形容那香腸的美味），我訪問了那位老農夫。他說他不知道哪裡可以找得到蠑螈史納普斯，但他倒是給了我整趟旅程中最有力的一個線索。按照他的說法，蠑螈史納普斯在二戰剛結束的時候鋒頭最健，那是一段物資缺乏，想嗨一下都很困難的歲月。他說喝泡了蠑螈的史納普斯只會讓你爛醉如泥，之後會讓你頭痛欲裂。他證實了蠑螈史納普斯會讓人腳軟，還說有一個在地人曾經「喝太多……結果人像被石化一樣動彈不得」。老農夫說蠑螈史納普斯喝起來很苦澀，跟正常的史納普斯完全是兩碼子事，同時他還提到了另外一種製酒的方式：蠑螈會先被「砍頭」，然後熱熱的史納普斯會澆在被切下的頭上。這在生物學上是說得過去的，因爲火蠑螈的毒腺就位在頭部的後面。

在午餐跟訪談之後，我們便驅車朝「是非之地」的方向深入谷地。車開著開著，天空開始降下大雨，拖緩了我們在蜿蜒山路上行進的速度。在某個點上，我們經過了一個頭髮斑白的老人家在修復鐮刀，於是我便讓尼莎把車子靠邊停下，好讓我們能跟老人說說話。結果這位長者果然很多話。他是布拉茲·歐格羅契的粉絲，也熟知天字第一號蠑螈史納普斯文章的文字。但同時他也在這個地區住了一輩子，而他曾經聽說過另一個讓我覺得有趣的理論。

很顯然在二次大戰之後，在地的蒸餾酒廠開始使用一種新的義大利酵母來加速釀酒的發酵過程。那種酵母的名字很像蠑螈在斯洛維尼亞文裡的單字，而這可能就是蠑螈史納普斯的名號來源。他說他聽過不少人說這東西有迷幻藥的惡名，但就跟我們一樣，他對眞相也一頭霧水。

揮別鐮刀老人，我們往前又開了半個小時的車，這次我們終於抵達了波楊斯卡谷地。不知道是不是「是非之地」這名字帶來的反差，這裡意外的是個美麗的小鎮。但無論如何，我們沒有在這裡發現蠑螈史納普斯的蛛絲馬跡。有位鄉民是這麼說的：「以前大家很愛聊這東西，但那已經是過去的事了。」有點受到打擊的我們去到當地的酒吧，點了些啤酒當安慰獎。在那而我們遇到了一位超級一字眉的肌肉猛男。他透露說隔壁鎮上有一家史納普斯的蒸餾酒廠，而關於蠑螈史納普斯，對方可能會知道如今愈來愈少人知道的祕辛。

我們不想放棄，於是便開車到了肌肉男說的蒸餾酒廠，結果在試喝了一杯美味的蜂蜜史納普斯跟一杯爛透了的孜然史納普斯之後，我們跟老闆聊起了蠑螈口味的史納普斯。廠商說他們沒做（有他們也不會說），但他們倒是又貢獻了一個這東西怎麼冒出來的理論。他們（又是）聽說蠑螈被蒸餾器的熱源吸引而聚集，而老闆們也就「開始開門讓牠們進來」。他們重申蠑螈史納普斯是上一代人的麻藥，「喝過的人大概都已經死掉了。」

就這樣，我的斯洛維尼亞之旅畫下了句點。關於蠑螈白蘭地／史納普斯，我蒐集到了不少有趣的理論跟相互矛盾的傳言。但我並沒有採集到任何酒本身的樣本。這款**蠑螈系**致幻劑的史詩仍在進行，而其終結或許只能留待未來某個膽識過人的麻藥研究者來補齊。這對我來說當然是憾事一樁，我一點都不想再把這個故事拖長，我想要寫出的是的故事的最終章。

雖然沒有找出眞相，但天下無不散的筵席，一本書總是要結束在某個地方吧。我看這裡不錯，那就這樣吧，各位讀者再見，我們後會有期囉……

……開玩笑的啦。剛剛的**再見**只是考驗大家一下，大家都通過了，好棒棒給大家鼓鼓掌。好吧，我確實沒有在斯洛維尼亞找到蠑螈史納普斯的做法，那我看我就只能自己隨便弄點什麼來喝喝看囉。好的，那就容我爲大家帶來壓軸的……

第一次〇〇就上手：人道蠑螈史納普斯

顯然地，要我重現「傳統的」蠑螈史納普斯做法，會是強人所難。再怎麼了不起的書，也不能把小動物折磨致死的暴行合理化。但在思考過之後，我想到一個辦法可以保全我的人性跟小蠑螈的性命，但又能把埃文斯流蠑螈史納普斯給做出來，首先我需要以下這些……

材料：

一隻歐洲火蠑螈

一瓶蒸餾烈酒（史納普斯、白蘭地、伏特加都行。在斯洛維尼亞，我聽到用來做「史納普斯」的材料可以說五花八門，李子很正常，馬鈴薯也不奇怪）

一盒塑膠手套

一個透明玻璃罐

做法：

長話短說，我的計畫是買一條火蠑螈來養，然後像擠牛奶一樣把毒液從牠的毒腺中收集起來，這樣牠還是能活得好好的。我找到一個網站願意宅配蠑螈到我家門口，便二話不說訂了一隻。

我給這隻蠑螈取了個名字叫米契福特森二世，主要是為了紀念年初我搶救失敗而過世的蜂鳥。

我讓蠑螈住進了籠子，並給了牠三週的時間來適應環境。等確認牠已經**入境隨俗**後，我就準備來**擠奶**了。我買了塑膠手套來保護自己的手，買塑膠而不買乳膠是怕有動物會對後者過敏。我在三十天內擠了十回毒液。首先我會用蒸餾水將手套加以洗滌，以便把傷害到我蠑螈小朋友的機率降到最低，然後我會小心翼翼地從籠子裡把牠抓到手裡，按摩牠後腦杓上的毒腺，讓牠慢慢地把毒液分泌出一點點。手套上一看見毒液，我就會立刻用伏特加將之沖進玻璃罐裡。

瑪珍塔・馮恩（Magenta Vaughn）攝影

我不會為了替自己開脫而說米契福特森二世很享受當隻小乳牛，但我覺得牠看起來是沒有很難受啦。牠的胃口很理想，且截至本書動筆前都安居在我辦公室的假山裡面。經過三十天，我累積了大約一百五十毫升的蠑螈史納普斯——不知道是不是斯洛維尼亞境外第一瓶蠑螈史納普斯？總之我把酒在爐子上用小火煮了幾分鐘，然後將之倒回了罐子裡。

再來就是要見真章了。

結果

我用二十分鐘喝完了全部一百五十毫升的蠑螈史納普斯。一開始我的感覺跟微醉沒什麼差別。我乾掉了一整罐，然後在醉意之中覺得自己該去睡了。以這種方式醉倒，並沒有讓我覺得很驕傲。我覺得自己很失敗，因為我做出來的只是一罐不純的伏特加。

大概一個小時之後我起床尿尿。我平常喝了酒也常會睡一睡起來上廁所，所以我也沒想太多。我從床上一個鷂子翻身跳了下來，想說腳會撐住我的體重。

結果我幾乎摔了個四腳朝天。

話說，一個一口乾的烈酒酒杯大約四十二毫升。所以我大概等於連著灌了快要四杯。這幾杯酒讓我醉可以理解，但應該還不至於會讓我隔了一小時還這麼笨手笨腳吧。我照計畫上了廁所，然後搖搖晃晃來到廚房，喝了些水，最後回頭去睡覺。結論是有可能蠑螈伏特加真的起了某種作用，也可能我只是高估了自己的酒量。

隔天早上我醒來的時候，我**依舊**覺得有一點不對勁。我的胃在痛，吃過早餐則覺得有點噁心。起床大約一小時之後我人在加油站給車子加油，這時我突然覺得莫名的頭重腳輕與意識不明。我趕緊來了杯咖啡，但情況並沒有改善。我的身體感覺跟平常不一樣，協調性也很明顯跑掉了。這情形維持了幾個小時，但我並沒有覺得如傳說中的嗨或「性致」高昂，唯一符合我調查結果的就是腿軟這件事。

就第一手經驗來說，我應該可以斬釘截鐵地宣告蠑螈史納普斯不是什麼強效的致幻劑，就像布拉茲．歐格羅契所說的那樣。但話又說回來，我覺得這東西也不是單純的酒，這一點又比較像米哈．柯佐羅格講的那樣。蠑螈史納普斯不會讓你跟喝醉了有多不一樣，但那種醉意卻又比平常喝酒更加「餘音繞樑」。

結論是把蠑螈毒液跟烈酒混在一起會讓你宿醉更難醒，但不會讓你想對樹說：「你，我可以。」

結語

所以說，我的斯洛維尼亞之旅沒找到蠑螈史納普斯，最終我必須得自己硬做一罐出來。但跑這一趟我也並非一無所獲，我賺到了一杯又一杯的手工烈酒。主要是當地人一聽說我在找蠑螈酒，就搶著把自家釀的史納普斯拿出來分享。

但話又說回來，這些自家釀的史納普斯，大部分都……不好喝。但每一款都很有特色，而我遇到的每一個人，都對他們祖輩用浴缸釀出來，然後在自家廚房裡蒸餾出來的烈酒充滿了熱情。不論是斯洛維尼亞流史納普斯，還是蠑螈史納普斯，在學院派的口中都是所謂的「原地形成」（autochthonous）的麻藥。原地形成這術語很沒必要，反正它的意思就是這東西是土產，而不是來自於其他國家或文化的舶來品。

在途經巴爾幹半島諸國的過程中，我邂逅了不少「原地形成」的傳統烈酒文化。在塞爾維亞與波士尼亞，當地人會喝一種叫做「拉奇亞」（rachiya）的水果白蘭地，裡頭用上的水果包括西洋梨、李子、蘋果，基本上能發酵的水果都是選項。喝的時候，他們會用一種寬底長頸的烈酒酒杯。我跟拉奇亞的第一類接觸是在一個朋友的親戚的公寓裡頭。我們喝的是那位親戚釀的手工李子拉奇亞，嘗起來辣辣的，有點像在喝點著了的雪茄或香菸。幾杯下肚之後，親戚赫然從冰箱裡捧出一顆冰涼的羊頭，然後拿湯匙開始吃起羊腦，感覺就像在吃冰淇淋一樣。那是個星期五的晚上，而感覺上除了我以外，在場的大家都覺得這樣的吃法非常正常。

原地形成的麻藥在美國並不太多。迷幻藥LSD或搖頭丸MDMA會聲名大噪，自然是我們美國的功勞，同時美國的大麻產量早就是世界第一，但這些東西都不是以美國爲原產地。在一票巴爾幹半島國家裡，民眾都會用拉奇亞乾杯，會把拉奇亞當成餐前酒喝，也會用拉奇亞與朋友舉杯度過漫漫長夜。你可以回溯幾百年的光陰，然後發現巴爾幹民族不論是在拉奇亞的製作上或飲用方式上，都不曾有過太大的改變，而且喝它的理由更是自古至今都一模一樣。

現代人有手工啤酒、手工烈酒，有精品大麻，但這些都是**新**傳統的濫觴。禁酒令在一九二〇年代打斷了的飲酒傳統，以至於現代酒廠都是用老食譜在生產「禁令前」麥酒的仿品。大部分其他麻藥的罪刑化，也同樣限縮了這些物質取得文化上更大影響力的能力。而這絕對不是件正面的事情。

在第十章裡，我曾經提到過儀式性的行爲有能力節制麻藥的濫用。事實上，我在本書裡寫到每一種傷風敗俗的行爲，一開始都是某種儀式的一部分。尖酸跟引戰的語言，讓人類祖先得以壓制年輕人的血氣方剛。性交易原本是一種神聖的宗教義務，所以是祭司而非老鴇的地盤。

每一樣傷風敗俗的行爲，背後都有一股對應的衝動。要滿足這些衝動，我們可以用健康的方式爲之，可以用讓我們能更融入這世界，讓我們有所成長的方式爲之。抑或我們可以用讓自己更麻木更自閉的方式來滿足這些衝動。身爲作者，我希望這本書可以讓你看著自己的下一根菸，下一杯啤酒，下一口在派對上的大麻或任何藥品，都能意會那不只是一種可以消費的商品，而是一種文化的結晶。你可以感受一下手中那東西的歷史重量。你會發現自己能在二十一世紀輕鬆又安全無虞地墮落，前人的智慧與創意盡在其中。

盡情享受你的墮落，但也別忘了要帶著一份尊重。

誌謝

我要特別感謝我未過門的妻子瑪珍塔，還有我超配合的所有朋友——尤其是喬許・薩貞（Josh Sargent）、大衛・貝爾（David Bell）與布蘭登・芮恩波特（Rainboldt）——謝謝你們當白老鼠，把古代麻藥的複製品給吞下肚。還有就是對不起害你上醫院了，戴夫。

傷風敗俗文化史 : 十五個改寫人類文明的墮落惡習 / 羅伯 . 埃文斯 (Robert Evans) 著 ; 鄭煥昇譯 . -- 初版 . -- 臺北市 : 時報文化 , 2018.01
面； 公分 . -- (知識叢書 ; 1058)
譯自 : A brief history of vice : how bad behavior built civilization
ISBN 978-957-13-7280-8(平裝)

1. 倫理學 2. 文化史

190.9 106024457

ISBN 978-957-13-7280-8
Printed in Taiwan.

知識叢書 1058

傷風敗俗文化史

——— 十五個改寫人類文明的墮落惡習

A (Brief) History of Vice: How Bad Behavior Built Civilization

作者 羅伯 · 埃文斯 Robert Evans ｜ 譯者 鄭煥昇 ｜ 副主編 陳怡慈 ｜ 責任編輯 龍穎慧 ｜ 執行企畫 林進韋 ｜ 美術設計 小子設計 ｜ 內頁設計 李宜芝 ｜ 董事長 趙政岷 ｜ 出版者 時報文化出版企業股份有限公司 108019 台北市和平西路三段 240 號七樓 發行專線—(02)2306-6842 讀者服務專線—0800-231-705 · (02)2304-7103 讀者服務傳真—(02)2304-6858 郵撥—19344724 時報文化出版公司 信箱—10899 臺北華江橋郵局第 99 信箱 時報悅讀網—http://www.readingtimes.com.tw ｜人文科學線臉書—http://www.facebook.com/jinbunkagaku ｜ 法律顧問 理律法律事務所 陳長文律師、李念祖律師 ｜ 印刷 紘億印刷有限公司 ｜ 初版一刷 2018 年 1 月 19 日｜ 初版七刷 2022 年 9 月 22 日｜ 定價 新台幣 380 元 ｜

時報文化出版公司成立於一九七五年，並於一九九九年股票上櫃公開發行，於二〇〇八年脫離中時集團非屬旺中，以「尊重智慧與創意的文化事業」為信念。